The Portal to Cosmic Consciousness

ENCOUNTERS WITH STAR PEOPLE
Untold Stories of American Indians

遇見外星人
美國印第安人的幽浮接觸實錄

阿迪・六殺手・克拉克（Ardy Sixkiller Clarke） 著
丁凡 譯

史上第一本美國原住民接觸外星人的田野調查

40個不曾透露的故事

園丁的話

外星人存在與否，從來就不是件需要懷疑的事。

宇宙之大，如果只有地球這個小星球在時間長河中發展出有智能的生命，這樣的可能性反而是微乎其微，且不論這樣的想法是否過於「唯人類獨尊」。

如果把地球和地球上的國家與種族的概念放大，宇宙裡有眾多「星球國家」和「智能生命種族」，就是再自然不過的事了。

跟宇宙花園的其他書相較，這算是讀來輕鬆的故事書，雖然說是故事，並不損其真實。這本美國原住民接觸外星人的田野調查，只是又一個證明外星生命存在，而且與地球生命起源有密不可分關係的實例之一。

目錄

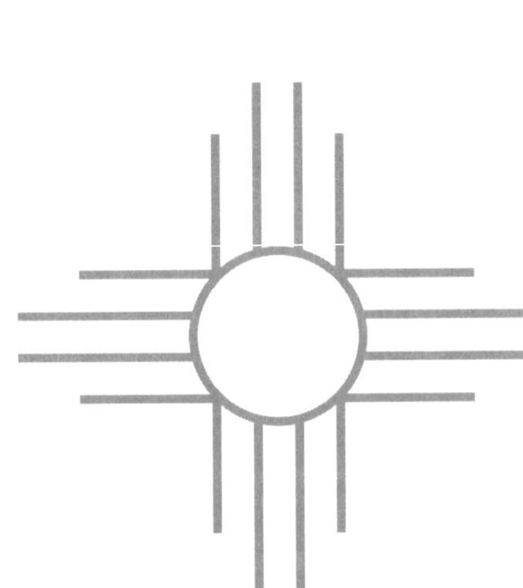

這本書獻給我的丈夫基普．史奇蓋爾（Kip Szczygiel）

以及所有相信的人……

作者說明

多年前，一群研究美國印第安人的學者聚在一起，決定了在寫作和研究的時候，我們可以用「美國印第安人」（American Indians）一詞來取代「美國原住民」（Native Americans）。我們作此決定，是因為不論是哪個種族，有越來越多出生在美國的人都稱自己是Native American（注：此詞也表示是土生土長的美國人）。

創立《拉科塔時報》（*Lakota Times*）、《印第安現代國度》（*Indian Country Today*）和《原住民太陽新聞報》（*Native Sun News*）的得獎新聞編輯和發行家提姆．基亞哥（Tim Giago）也贊成我們的立場。他說：「我們知道『印第安』一詞並不正確，但是為了一般性的目的，當我們提到許多不同族群的時候，不得不使用這個名詞……任何人如果認為拉科塔族或其他的印第安部落喜歡『美國原住民』這個身份標籤，或是使用此詞才算政治正確，那他就錯了。我們大部份人並不反對使用印第安人或『美國印第安人』一詞。正如我所說，任何出生在美國土地上的人都可以自稱是『美國本地人』。」

我同意提姆．基亞哥和其他美國印第安學者的看法，因此在本書中，我稱美國原住民為「美國印第安人」。

前言

我第一次聽到「星人」（Star People）一詞，是祖母告訴我有關族人的古老故事的時候。

我的童年生活裡有許多關於美國印第安人在遠古是來自昴宿星團的故事，還有介入人類生活的小小人，以及「星人」DNA——他們送給我們的魔法般的禮物——流入地球各個原住民族群血液的傳說。我從小就接受了來自天上的訪客和印第安人一起生活的說法，也把它當作族群傳承的一部份。

成年後，我把童年故事擱置一邊，直到一九八〇年，我在蒙大拿州立大學（Montana State University）任職副教授，這些成長時期所聽過的古老故事開始有了另一層意義。

我在擔任教職的第一年認識了一位同事。他曾經帶我到一處可以眺望他的保留區部落的地方，提議我們在那裡等待「祖先」。他解釋，「祖先」就是星人。聽他這麼直接披露，我雖然意外，卻也安靜的坐著等待「祖先」的出現。後來，我仔細回想此事，很好奇其他的美國印第安人是否也有類似的「星人」故事。於是我開始研究，尋找願意分享類似經驗的人。

接下來的二十年，我從美國、加拿大、墨西哥、中南美、澳洲、紐西蘭和南太平洋島嶼的原住民部落收集了將近一千個故事。大部份的故事都有錄音和詳盡的訪談文字紀錄。退休後，我謄寫錄音內容、整理訪談筆記。這本書就是我在美國本土和阿拉斯加訪談印第安人的研究報告。

書裡的內容都是美國印第安人和星人獨特且私密的接觸敘述。你即將讀到的故事來自各種各樣身份的人：父親、母親、姐妹、兄弟、兒子、女兒、工人、教師、警官、藝術家、退伍軍人、長老、家庭主婦、牛仔、大學生和社區領袖。有些人是碩士；有些人從未上過學。有些人擅長電腦；有些人完全沒用過手機、沒有電腦或電視。他們全都是美國印第安人；大部份住在美國各地的保留區。沒有人想要因此出名。為了保護他們的隱私，我更改了他們的名字和居住地。

書裡有幾個故事是發生在羅斯威爾事件之前，（譯注：指的是一九四七年夏季，一艘幽浮墜落在新墨西哥州羅斯威爾的一座牧場。）大部份則發生於一九九〇到二〇一〇年之間。

身為美國印第安人又是研究者，我遊走於兩個世界。以一個大學的研究員身份而言，我受過定性（qualitative）和定量（quantitative）研究方法的訓練，我最主要的考量就是我的定性研究不能影響到說故事的人。因此，我盡最大的努力，避免提出引導式的問題，或是說出會造成影響或暗示的話語。同樣重要的是，我必須接受對方所在意的本質上的文化差異（也就是認知到美國印第安文化脈絡中的「星人」和主流文化眼中的「外星人」、

「異形」是不同的概念）。

有些人類學者主張，在做定性研究時，可以採用兩個角度——研究者／客位角度（etic）或被研究者／主位角度（emic），也就是敘述者的角度。「研究者角度」是從外人的眼光，局外的立場來詮釋文化經驗。「敘述者角度」則是以文化中個體成員的角度來看待世界。也就是說，「敘述者角度」是局內人／自己人的角度。

身為美國印第安人，我選擇使用「敘述者／主位角度」作研究。因此之故，我從不質疑星人存在的想法，也不論故事在外人眼中看來是多麼不尋常或古怪，我都不懷疑這些接觸經驗。

在印第安社區裡建立可信度，是研究者對美國印第安人做研究時非常必要且特別的一點。對原住民來說，知道你擁有博士學位並不會讓他們自動信任你；要取得信任，一般都是要透過親戚或友人的介紹。而在研究非印第安文化時，學者通常喜歡採用隨機取樣，不太贊成經由親友介紹的研究方式。

研究印第安社區所用的另一個方法，便是透過口耳相傳或族人談話時的消息互換。也就是說，當某人聽說了你的研究，如果主題切合他的情況，他們就可能自願前來參與。還有另一種建立信任的方式，但這通常需要研究者成為某個大家族的「成員」。也就是說，為了得到個案信賴，研究者必須參與對方的日常生活，例如準備三餐、煮咖啡、聊天，讓可能合作的對象有時間慢慢觀察你，評估你的敏感與誠懇度。

在美國印第安社區做研究往往需要和個案在他指定的地點會面，例如他的家，或是對他而言比較方便的公開場所。書裡許多故事的訪談地點是在學校，或學校舉辦活動的地方。部份原因是因為我是教育工作者，經常拜訪各地學校做調查和大學校務工作。此外，在鄉下的原住民保留區，絕大多數的活動都是在學校舉行。學校就是進行社交、學術和體育活動的市民／社區中心，也是大家聚會的場所。

研究者要接近受訪者，通常需要準備食物或菸草作為禮物（這是為了表示尊重，尤其是對長者）。這跟在做定量研究時，研究者為了完成調查，經常會付研究對象少許費用並無不同，然而，許多研究者並不了解這個帶禮物儀式的重要性。

由於我出差主要是進行學術研究與工作，這些和幽浮及星人的相關訪談，是我利用下班後，或是周末的私人時間進行。許多訪問因此是約在傍晚或晚上。有的會談則是在暑假或假日。

有時候，我會跟某些受訪者成了朋友；這是「主位」的研究所獨有的現象。在「客位」的研究裡，研究者到了當地，進行訪談，離開，然後作出結論，然而「主位」的研究者則是「自己人」。研究美國印第安文化的學者非常少，尤其是研究星人，因此，願意分享個人接觸經驗的個案，往往會將研究者視為「可信賴的朋友」。而有些被訪談者也跟我一樣，他們會參加全國性的研討會，或是在同樣的專業圈子裡活動。

讀者也必須明瞭，幾乎毫無例外的，美國印第安人都比較重視隱私，他們希望對外隱藏真實姓名，不喜歡公開或成為名人。對他們來說，更重要的是保護自己的族人和保留區。幽浮和星人的故事很可能會吸引許多好奇的人湧入，我訪談過的人都不希望這種事發生。此外，受訪者中有許多專業人士擔心自己可能會因為透露這些外星接觸而失去工作。因此，訪談的條件之一就是名字和地點必須改變以保護他們。

在研究過程中，受訪者討論了他們的接觸經驗和他們對事件的觀點，動機則大致可分為兩類。第一類是將這種接觸看作文化傳承的一部份；這類大多是中年人或年長者，他們小時候就聽過星人的古老故事，因此很容易就接受星人的存在，對於星人的出現也不感到害怕。另一類則比較年輕，他們較受主流文化的同化，雖然可能聽過古老的敘事，卻傾向於將星人視為外星人而不是祖先。在老一輩之中，「星人」是「祖先」的說法非常普遍。

無論前述的區別是由於電視、電影和寄宿學校的影響結果，還是世代之間缺少傳統文化的傳承，這兩類受訪者看事情的角度確實有明顯差異。後者除了抱持懷疑的心態，還害怕因此失去工作，或是被家人，甚至友人取笑。揶揄他人在美國印第安人的日常生活是很常見的事，只是程度各有不同。它通常是社交互動和對話時的基本元素。因此，傳統的口頭用語，甚至開玩笑的風格，都是部落和個人身份的標記。

譬如說，在這本書裡，你會讀到兩位警察被同事戲稱為「小綠人的巡守」，這是因為他們報告看到了幽浮。這個綽號大概會永遠跟著他們，直到他們退休，離開警界為止，而且大家還會一直拿這件事取笑他們。而那些看到別人取笑，甚至自己也跟著取笑的年輕人，心知自己如果報告了這類接觸經驗，他們也一樣會成為被取笑的對象。因此年輕一輩寧可把接觸星人的秘密藏在心裡，以免被同儕嘲弄或羞辱。

也有些個案相信，一旦公開承認接觸經驗，他們很可能會失去工作，因為他們的工作性質要求信任感、冷靜、清醒，以及誠實面對公眾的能力。他們擔心，承認自己曾經接觸星人，會讓上司或雇主覺得他們的精神狀態不穩定。這樣的人雖然不多，但確實存在。

本書所呈現的各類敘述，顯示了受訪者普遍接受星人存在的世界觀。這些接觸都是在有意識，也就是神智清醒的情況下發生，而且所有的回憶及陳述並沒有透過催眠的協助，也沒有任何一位將此接觸經驗認為是夢。

原住民族群幾乎一致認為星人是他們的祖先；這個觀點本身，便使得他們能夠不懼怕地跟星人互動，並有助解釋這些獨特的接觸與經驗。

我曾與這些敘述者同行，傾聽著他們述說不同類型的接觸。我提出了疑問，而最後，我相信！

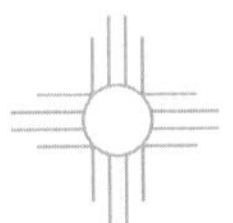

第一章 消失的時間

「消失的時間」（missing time）指的是被外星人綁架或和幽浮近身接觸時會出現的一種狀態。基本上，它表示在這段未知的時間裡，發生了某件事，但無法被個案清楚地回憶起來。消失的時間長度可以從幾分鐘到好幾天。在這段時間裡，發生了什麼事的記憶通常是靠催眠和作夢而重新憶起。大部份的心理醫師相信，個案無法記起「那段時間」的現象，只是因為某種生理或心理創傷。有些人則認為外星人使用心智控制術刪除了綁架時的記憶。

消失的時間很具爭議性，因為它跟其他有爭論的議題有關，像是重新恢復的記憶和催眠的暗示作用。曾經有過幾個例子，個案發誓自己只是因為身在幽浮的附近，便經歷到「消失的時間」。最有名的案例就是貝蒂（Betty）與巴尼·希爾（Barney Hill）。一九六一年的時候，他們宣稱自己被外星人綁架，並因此成為名人。

數以千計的人曾宣稱自己有過時間消失的經驗，而大多數人是透過催眠回憶起這樣的事件。你在本章將讀到一對夫妻的經歷，他們不用催眠的協助就記得自己有過時間消失的插曲。

莎拉和提姆

我在蒙大拿州彼林斯市（Billings）州際公路上的一家餐廳和莎拉跟她的丈夫提姆見面。我是透過一位共同的友人認識他們。朋友說，莎拉知道我在收集幽浮的故事，她和她丈夫想告訴我他們的經歷。

莎拉和提姆從未公開談論此事，他們從一開始就表明得很清楚，他們不想因此出名。然而，由於這個經驗的獨特性，他們認為或許可以藉此警示別人，因此決定把故事說出來。他們同意只要能保持匿名，便願意分享他們的故事。

我們是在二〇〇七年的春天見面。提姆曾在印第安部落當了十五年的警察，見面時他是在青少年犯罪部門任職，他會利用下班時間輔導保留區高危險犯罪群的青少年。莎拉雖是高中老師，但也花上很多時間在部落支持的青少年犯罪防範專案擔任志工。他們夫妻倆經常在週末督導青少年的舞會，或是年輕人的其他活動。

莎拉說：「我們跟幽浮的接觸發生在二〇〇六年的十一月二十六日，結婚二十週年紀念日。我們事先決定了那天要去彼林斯度週末，兩個人都很興奮，很期待能離開保留區幾天，享受獨處的時光。提姆周五下午四點就下班了，我們先去我母親家，把羅西和藍尼兩隻狗交給她照顧。五點半時，我們就已經出發上路。」

餐廳女侍這時走了過來，莎拉暫停說話。在我們三人都點了午餐特餐後，提姆開口說：「那是個清朗的夜晚，我們估計最晚十一點左右應該可以開到旅館。」莎拉這時插話：「這樣的話，我們就能趕在旅館廚房還沒關之前，點餐到房間。別人或許覺得好笑，可是對我們來說，住進旅館，然後在午夜點餐到房間享用，是種難得的享受。」她停頓了一下，繼續說：「在等候餐點送來的時候，我們會看看付費電影有什麼選項，然後選幾部新片子，熬夜看片。這是我們慶祝結婚紀念日的傳統。我們剛結婚的時候沒什麼錢，只能這樣慶祝，現在有一點錢了，我們還是喜歡保持這個傳統。」

我看著這對夫妻，聽他們說結婚紀念日的習慣。她的手溫柔的圈著提姆的手臂，他們倆經常把頭靠在一起，顯得很親愛。顯然的，這對夫妻不但相愛，而且也常對彼此表達愛意。我的朋友說莎拉和提姆從小就認識，很早就在一起，直到現在仍然深愛彼此。我認為這個描述很正確。

「在出發大概一小時後，快要到州際公路之前，兩線道的公路有幾處急轉彎。我們開到其中一處轉彎時，看到路邊有死掉的牛隻。」提姆說。

「提姆因為是警察，」莎拉插話，「他堅持我們必須停車下來查看。」

提姆接著說：「我從置物櫃裡拿出了槍和緊急照明燈，走出小貨車。我先是注意到空氣聞起來很不一樣。金屬味是我所能想到的最貼切形容。很像是機械工廠打磨金屬的

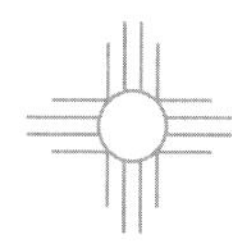

味道。我數了一下，有三隻死牛。顯然有怪事發生。那些牛身上有各種切割的痕跡，眼窩裡沒有眼珠，耳朵不見了。有隻牛的兩腿皮膚被削掉，一隻牛的四肢都沒了，第三隻的頭被割掉，頭也不見了。最奇怪的是沒有半點掙扎的痕跡。現場地上沒有血跡，也沒有腳印。我覺得很怪，因為那裡的草幾乎長到腰部那麼高，罪犯應該會留下什麼痕跡吧，但是什麼也沒有。」

「整個景象，最奇怪的就是牠們的頭或耳朵看起來並不像是被屠夫切掉的，因為那個切割是非常精準，傷口很平滑。」女侍端來飲料，提姆停了下來。

女侍走後，莎拉接著說：「提姆回到貨車，我們倆決定應該報告當局。我們正在想該向誰報告，我就聽到提姆說：『你看！』我轉頭，透過擋風玻璃往他指的方向看過去，可是看不到東西，於是我彎下來躺在他腿上看，這次我看到了。在樹梢後面有個微弱的光影。就在我躺在他腿上看著那個光時，那個光也在朝我們接近。提姆試著開動車子，他轉動鑰匙，但車子根本沒反應。我很害怕，伸手拿我的手機，可是沒有訊號。」

提姆解釋：「我們看著光，看了好一會兒，才明白那不只是光。它看起來像是一個大型的圓柱狀油槽，它繞著我們的卡車轉了一整圈，像是在研究我們。它非常巨大，至少有個足球場那麼大。」

女侍端來我們的午餐。有那麼幾分鐘，我們沉默地吃東西，沒說半句話。

「我很害怕。」莎拉說：「我告訴提姆，我們必須離開，可是他每次轉動車鑰匙，車

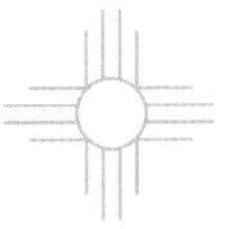

子都沒有反應。這時候，那個東西停下來了，就停在卡車上方，它照下來的光好強，我們根本什麼都看不到。我伸手去握提姆的手，這是我記得的最後一件事。……我們後來發現自己坐在卡車裡，車子卻停在原本停的對面車道上。太空船已經走了，更奇怪的是，牛也不見了。」

提姆說：「我在路上走來走去，用手電筒往每個方向照，可是就是沒有看到任何牛。」他不可置信的搖著頭。

「提姆回到車上，」莎拉接著說：「我們兩個都覺得奇怪，牛怎麼不見了。提姆伸手轉動鑰匙，車子這次立刻就發動了。我們重新上路，往彼林斯開去。一路上我們都沒說半句話。」提姆點頭表示同意。

「到了渡假旅館，我們登記了住宿，要求送餐服務，店員說，餐廳要到早上六點才會營業。我們看看錶，時間是半夜三點。」提姆說。

「我們兩人都嚇了一大跳。」莎拉說：「我們應該是十一點就會到了，就算中間有短暫停車，查看那些死牛。我們是在那個時候才意識到有四個小時不見了。我聽說過貝蒂與巴尼．希爾。我有個學生曾在圖書館找到一本舊書，他拿到班上，問我問題。後來我自己也看了那本書。雖然很有意思，但我壓根兒不相信。我認為有人想了這個方法來出書賺大錢，收演講費什麼的。給我一百萬年，我也想不到他們的故事有可能是真的。可是你看，現在我們坐在這裡，跟你說有四個小時消失了，還有被肢解的牛，聽起來就像他們的故事一樣荒謬不合理。」

「但你們和希爾夫妻不同，你們並沒有要公開你們的故事。」我說。

提姆回：「是不一樣，我是警察，莎拉是老師。我們不想被人稱作『被幽浮綁架的人』。如果我們說被外星人綁架，有誰會相信我們？而且，她的學生會有問不完的問題煩她。」

「不只這樣，」莎拉說：「如果一大堆記者跑到保留區來呢？上帝保佑！我們可不要記者媒體。部落不需要那樣的注意。」她停頓了一下，喝了一口可樂。

「你們記得消失時間裡發生的任何事嗎？」我問。

「這是最挫折的地方了。我們不知道到底發生了什麼事。到旅館房間後，我跟提姆說，我們需要脫掉衣服，互相檢查身體。我記得希爾的書裡有提到這點，可是我們什麼也沒發現。沒有任何痕跡。沒有傷痕。沒有任何跡象顯示我們曾像貝蒂與巴尼．希爾那樣被穿刺和檢查。我們身上沒有紅腫，也沒有突然出現的片段回憶。我們完全不記得發生了什麼事。我們就只是在公路上失去了四個小時。除了或許我們睡著了之外，沒有其他的解釋，可是那樣也無法解釋死掉的牛隻、那個光或是幽浮啊！而且提姆把車子停在公路一邊，我們醒來的時候卻是在對面。」

提姆接話：「那個晚上一定發生了什麼事。老實跟你說，我們想告訴你的唯一原因，就是我們覺得大家必須知道有些很奇怪的事正在發生。你可以在你的書裡告訴大家。我們兩個不是瘋子，我們沒有理由編出這樣的故事。」

莎拉補充：「還有，你要跟大家說，如果他們晚上在空曠無人的公路上看到奇怪的事，千萬不要停下來。就一直往前開，趕快離開。」

那晚，我在彼林斯採購了一些聖誕節禮物。第二天，我跟著莎拉和提姆到事發地點。那裡離彼林斯一個小時車程。我們停在公路旁，下了車，走到提姆看到死牛的地方。我注意到田野中間有一大群放牧的牛隻，沒有人在看管牠們。

提姆說：「我們抵達旅館沒多久，我發現我的槍不見了。一發現槍不見了，我完全無法入睡。我們立刻退房，離開旅館，回到事發地點。到的時候，天已經亮了。我們在路邊停車。找我的槍。」

「是我找到的。」莎拉說。她邊說邊帶我穿過公路，然後指著地上的一個凹洞。「槍就在這裡，像是被人丟在這裡似的。」

「最奇怪的是槍管融化了。」提姆說。他走向他的貨車，從駕駛座下面拿出一把槍。「你看看。」他把槍交給我。我仔細地檢查。這把槍乍看就像其他點三五七口徑的手槍一樣，但仔細看就會發現槍管整個被封住，看起來像是被熔化了。這可是塊不折不扣的金屬。我把槍翻來覆去地看，然後交還給提姆。

提姆說：「不管他們是誰，他們似乎不喜歡槍。」他伸手到座位底下，拿出一個紙袋，

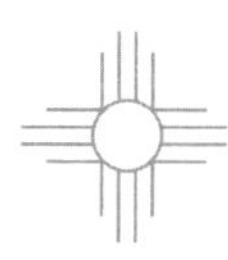

把槍放進去，收了起來。「還好這把槍是我自己的，不是公家發的。否則的話，我必須解釋這把槍是怎麼回事。我想，這會很難解釋吧！沒有人會相信我的故事。連我自己都很難相信了。」

不久後，我們相互道別，我往回開向彼林斯，前往波茲曼（Bozeman）。四天之後就是聖誕節了，我還需要買幾件禮物，但是我心裡總想到那把槍口熔化的手槍。那是我永遠不會忘記的畫面。

我後來有機會再去他們的保留區工作，偶爾會看到莎拉和提姆。莎拉還在教書，提姆升為警探了。毫無疑問的，他們的故事確實非常奇怪，然而，我確實看到了那把槍。因此，我相信他們的故事。

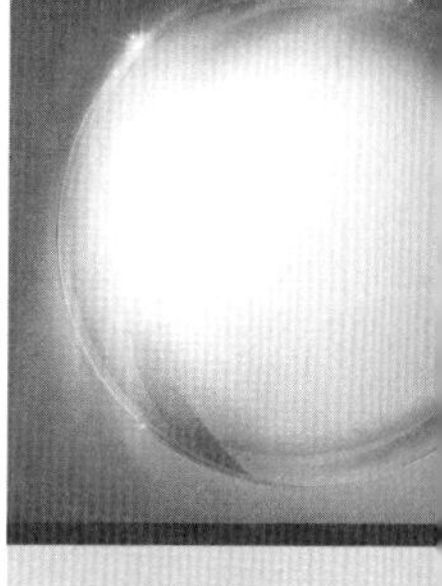

第二章

早於羅斯威爾事件前的外星接觸

古代太空人理論學者認為，從開天闢地以來，星人就一直造訪地球。為了支持他們的理論，他們經常使用美國印第安人的古老故事來證明人類和星人的互動。從美洲平原上的冒險家、牛仔、軍人、礦工口中，我們也聽到許多跟幽浮接觸、墜毀的幽浮與外星人的故事。

比較有名的一個例子發生在蒙大拿州，《聖路易民主黨人報》（*St. Louis Democrat*）和全國各地報紙都報導過這個案例。根據這篇報導，一八六五年的十月十九日，蒙大拿州的皮草獵人詹姆士．朗姆里（James Lumley）在密蘇里州北部一百七十五英里處，也就是現在的大瀑布（Great Falls）區捕獵。經過整天的獵捕後，他往露營處的方向回去，途中看到「天上有一個明亮的發光體」。這個東西飛著飛著，忽然燃燒起火爆炸。不久後，一陣強風吹來，像龍捲風似的掃過森林。空氣裡瀰漫著硫磺味。第二天，朗姆里決定調查是怎麼回事。他在森林裡發現一條「幾桿寬」的路，路盡頭的山壁埋著一個物體。研究一番之後，朗姆里發現這個東西裡有隔間，像房間一樣。他說，這個物體上面的標誌只有可能來自人類或其他具有高等智力的生物。

朗姆里的敘述並不是十九世紀晚期唯一跟幽浮有關的故事。舉例來說，根據德州奧羅拉（Aurora）居民的說法，當地公墓有一座墳，裡頭埋的是外星人。這位外星人的太空船是在一八九七年墜落在鎮中心。亞利桑那州托姆史東（Tombstone）的報紙檔案裡，也有一則新聞是牛仔對著一個巨大的、在天上飛的金屬大鳥射擊。一八九六年十一月十八日晚上，好幾百位目擊者看到一個巨大的太空船在加州史達克頓（Stockton）上空一千呎的高度盤旋。第二天晚上，蕭（H.G. Shaw）上校和兩位朋友在史達克頓市外，看到田野裡的巨大太空船。蕭上校描述太空船是金屬做的，圓柱狀，大約一百五十呎長，直徑約二十五呎。他聲稱看到三位非常高瘦，全身被白色短毛髮覆蓋的人。這些人試圖綁架他們，把他們帶上太空船。接下來的幾週，西岸和加拿大西部，甚至東至內布拉斯加州（Nebraska），都出現許多目擊神秘太空船的報告。

進入二十世紀後，目擊幽浮和太空船的報告持續出現。一九〇九年，一個騎兵部隊在美國西南部追逐墨西哥強盜。騎兵對這個地區瞭如指掌，卻發現了一個他們從未見過的山洞。他們進入洞裡，看到幾個馬蹄形的金屬飛行物體，還有據稱像是外星人的「灰色小惡魔」。馬匹被這些飛行物體和小小人嚇到，部隊於是離開了山洞。第二天，他們回到現場，但山洞已經整個消失，太空船和小小人完全不見蹤影。

散佈在北達科他州（North Dakota）、南達科他州（South Dakota）、懷俄明州（Wyoming）、愛達荷州（Idaho）和蒙大拿州的北方平原印第安人（Northern Plains Indian）也經常目擊幽浮。本章的故事就是來自北方平原部落一位非常受人尊敬的長者。

他與星人的接觸發生在羅斯威爾事件之前。在我記錄這個故事之後，當事人哈利森也過世了，但我和北方平原部落相處的那些年，已然改變了我的人生。

哈利森

在我們開車前往哈利森祖父留給他的農場的路上，哈利森說：「一九四五年夏天，我的祖父帶我去太空船的地方。我當時十二歲。一九四七年夏天，美國陸軍工程兵團來保留區調查河川和附近區域。他們想要建水庫。」

「所以，一開始那裡並沒有水庫。」我說。

「對。這裡有一條河流過。兵團來了後，沒收了祖父的地，給了他山頭另一邊沒什麼價值的地作補償。」我看著他指的方向，邊欣賞刮著風的草原美景，邊聽哈利森繼續他的故事：「我從六歲起的每一個暑假都待在祖父的農場。爸媽都在部落裡工作，他們不希望我暑假一個人在家裡。所以每到五月，我就整理兩個紙袋，一個紙袋放衣服，另一個放書、彈珠和我的玩具槍。爸媽把我帶來祖父家，我就從六月住到八月底。我很喜

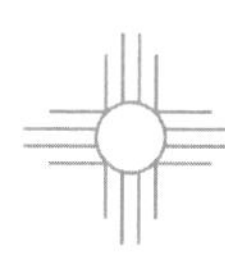

歡在那裡過夏天，我喜歡那裡，甚至喜歡那裡的孤單。我是幾里內唯一的小孩。我會騎馬、趕牛、幫忙家務。能做什麼我就做什麼。年紀大點後，工作更多，責任也更多。我們不像現在的小孩，我們當年並沒有電視或錄影帶。晚上，祖父說故事給我聽，告訴我族人的古老傳說。我們也下棋，或是玩大富翁。他很愛玩大富翁。我年紀更長了些後，會唸書給他聽。他很喜歡。」

隨著這段話的結束，我們也正好開下公路，轉進一條較適合牛群的小路上。我安靜的想像他孤獨的成長環境，就算是在今天，那一區的電話線和電力也常常一中斷就是好幾個星期。我想到我們的友誼。

我認識哈利森的時候，他大概五十出頭。我們的情誼是日積月累建立起來的，並不是一開始就很投契的那種。我到大學教了五年書才認識哈利森。他的學區請我協助申請一筆聯邦政府的經費。哈利森負責和我接洽，也負責陪我在保留區會見各種團體和家長，與他們討論這筆經費的申請。哈利森一開始就明白表示，他不明白他的族人為何申請協助。雖然他不情不願，我還是持續跟他合作了好幾年，並且逐漸獲得他的信任和信心。我認識他二十五年後，哈利森才問我相不相信星人。

我回答：「相信。你為什麼會問？」

「有人跟我說，你在收集星人的故事。我覺得很不尋常。」他說。

「我收集故事有好幾年了。我小時候就聽祖母說過星人的故事，所以無論我去哪裡，只要我是和原住民一起，我就會問他們關於幽浮和星人的事。或許哪天我會寫一本書。我從美國印第安人口中聽過一些很不可思議的敘述。」我說。

「如果你明天有時間的話，我想帶你去我祖父的地方。我有一個跟星人有關的故事，但是你必須親眼看到事情發生的地點，才能真正理解。」

當我接受他的邀請時，我完全不知道哈利森是在保留區裡這麼偏遠孤立的地方長大的。我們開了幾乎兩小時的車，才開到那條泥土路。這條泥路是農場的東邊界線。我們又花了四十五分鐘才到他祖父的房子。

「跟我來。」車子停在屋旁的一塊水泥地，哈利森這麼對我說。我看著這個活力十足的男人伸出手帶引我。他灰白的頭髮編成兩條辮子，髮長到腰際。他七十七歲了，宣稱女人仍然被他吸引。他有一次半開玩笑的說：「我的辮子是『女人吸鐵』。女人就是無法抗拒這兩條辮子，也無法抗拒我。我每次去華府，都得從一堆女人中想辦法脫身。唯一的解釋就是她們愛我的辮子。這就是為什麼我們印第安男人知道我們的力量來自頭髮。」當他一直在說他的辮子的力量時，我感覺得出他話中的幽默。其實，我知道為什麼女人被他吸引。他很英俊，雖然臉上的深紋顯示出年紀。他有六呎高，身手比年紀只有他一半的人還靈活。他很以自己的外貌為榮，他總是穿著漿得筆挺的西部襯衫，燙過的牛仔褲，邊邊還有直直的折痕。他的牛仔靴總是擦得雪亮。我從沒看過他有別的穿著。

他指著自己的靴尖說：「如果你站在這裡，朝著地平線看，那裡就是農場的最南端。」我看著他指的方向。農場非常遼闊。我轉了一圈，視線之內，沒有鄰居，沒有建物，只有一個老舊的單間木屋，以及一棟九百平方呎的牧場式長方形屋子。這是很典型的保留區房子。哈利森指著木屋說：「祖父就住在那個小木屋，一直到過世。八〇年代早期，族裡的人堅持要他參加互助計劃，所以才蓋了那個平房。我記得他在裡面只住了一晚就搬回小屋了。大房子空了很多年，親戚來的時候才會用到；他們會住在新屋子裡。這些年來，房子也已經年久失修了。」

「你不是說曾經有太空船墜毀在這裡？」我問。

「是的。事實上，我看過那艘船。我還上去了呢！它是長圓柱形，三十呎寬，六十呎長。我用步伐量過。大部份的船體卡在接近水平面的平頂山上。」他回答，指著下面山谷的水庫。「它被掩飾得很好。你現在看不到平頂山了。陸軍工程來這裡建了水庫後，整個山谷都被淹沒，現在那個平頂山都在水面下。」

「你祖父是怎麼發現太空船的？」我問。

「太空船墜毀時，地震得很厲害，祖父以為屋子要震垮了。你現在還可以看到小木屋的地基上有道裂縫，祖父說那就是太空船墜毀時留下的。馬都嚇壞了，祖父花了一個月的時間才把牠們都找回來。找回來後，牠們還嚇得一直想逃走。起初，祖父以為是地震，他跑出去，看到西邊天空有一大團灰塵揚起。灰塵飄散後，他就看到了太空船。撞擊的力道非常大，只有一小部份太空船體露在山壁外。祖父不只眼睛銳利，他對這片土地瞭若指掌。即使是小小的變化也逃不出他的眼睛。他先是坐著觀察了很長一段時間，看看有沒有任何生命跡象。他警戒了好些天。一個星期後，他才終於去墜毀的地點查看。」

「你祖父有看到任何生物嗎？」

「他說墜毀的星人活了下來，在太空船上住了五個月才被救回去。墜毀的時候，離我家最近的牧場在十英里外。時間就那麼剛好，墜毀的前幾天，那些鄰居才搬走。祖父很高興沒有別人知道星人存在的秘密。」

「他是怎麼接近他們？」我問。

「他去打獵，然後拿食物給他們，但他們跟他說，他們不吃肉。」

「他有描述他們的樣子嗎？」

「他們比他高，白皮膚。」他停頓了一下，然後繼續說：「祖父有六呎高。如果他們比他高了一呎，星人就有七呎高了。他說他們非常白，幾乎可以看到身體裡面。我不太明白他是什麼意思，只知道他說他們皮膚非常薄。」哈利森看看自己的手，然後看看我的手。「他們的手指很細很長，比人類的長很多。頭髮是白的。陽光照在上面時，祖父說頭上像有一圈光環似的。他說有時候他們看起來就像他的聖經裡畫的天使，只不過沒有穿長袍。他們的眼睛也是。他說光線改變的時候，他們眼睛的顏色也會改變。」

「這個觀察很有意思。他還有提到其他的臉部特徵嗎？」

「他說他們看起來是一家人，可能是兄弟還是表兄弟之類的。他們長得非常像，他簡直分不出誰是誰。他也看不出他們的年齡，不過他們看起來似乎都是同一個年紀。有些頭髮比較長，這是他提到過的唯一差別。」

「顯然他認為他們都是男性。」我說。

「我想是的。他對他們的衣服特別有興趣。他們的衣服是淺綠色，全身式的。他跟我說，有時他看到他們走進河裡，但接近看時，他們的衣服卻仍是乾的。他說他好希望有那麼一件衣服。」哈利森說著說著微笑了，顯然想起了祖父。「當我想到這位老人家，想到他怎麼看這些星人，我想他已經非常盡力在描述他所看到的了。我相信如果是發生在今天，觀察者可能描述得更詳細。」

我說：「聽起來他已經很擅長觀察了。」

哈利森微笑點頭。「他們有十四個人。祖父一直不確定墜毀時有沒有星人死亡。暑假我來的時候，到過太空船上，上面有十七個座位。」

「墜毀時，有任何跡象顯示有人傷亡嗎？」我問。

哈利森搖頭說：「完全沒有。」

「你祖父對於他們旅行的目的有什麼看法嗎？」

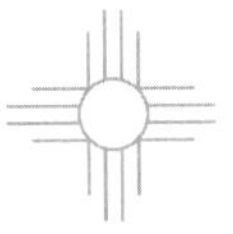

「祖父說他經常看到星人在收集石頭和植物。最初他們看到他的時候，會在他眼前消失。」

「消失？」

「對。消失不見。他從來沒有找出原因，但他希望自己也有那樣的能力。」哈利森笑了。「祖父認為這是最厲害的特質，想消失的時候就可以消失得無影無蹤。我無法想像他要這樣的能力幹什麼。過了一段時間，祖父說星人了解他沒有惡意，因此他去的時候，他們就不再消失。又過了一陣子，祖父發現他們很擔心那艘太空船，不想它被發現。」

「你祖父有沒有告訴你，他們後來怎麼了？」

「他說他們從十一月底住到四月。照他的說法，一九四五年的四月十七日有另一艘太空船出現，然後他再也沒有看過這些星人。他知道他們在等待救援船，所以並不意外。他跟我說，這艘船是探索地球的四艘太空船之一。這些太空船都是從另一艘更大、繞著地球轉的太空船出來的。」

「從另一艘出來？」

「祖父的瞭解是這樣。大船會回頭接他們，但不會馬上回來。他們得等一陣子。他們不怕被人發現，因為他們可以讓自己消失，但他們不能把太空船變不見。」

「你的祖父有看到救援船嗎？」我好奇地問。

「顯然有。他說救援船降落在屋子西邊的田野。樣子就和墜毀的那艘一模一樣。他看著他們準備離開。每一個離開前都過來跟他鞠躬道別。他知道他們謝謝他沒對外張揚。」

「他們離開前，有沒有試圖遮掩太空船或是毀掉它？」

「太空船可不是什麼普通的機器。祖父說，它可以改變形狀，然後又恢復原形。」

「我不確定我明白你在說什麼。」我說。

「他們墜落時，太空船嚴重受損，但是它讓自己看起來就像景觀的一部分。我不知道這要怎麼解釋。」他停頓了一會兒，雙手撐著頭。「祖父說，他剛看到太空船的時候，後面都是撞凹的傷痕，還有個大洞。但是太空船後來變形成一顆大石頭。他完全不理解這是如何做到的。」他又停頓了一會兒。「祖父也說，他們往山壁鑽，然後把太空船隱藏起來，所以肉眼只看得到一小部份。太空船和景色融合在一起。我也親眼看到，那個太空船本身是銀色，但是太空船入口和後面的部分看起來就像是沙漠山丘。」

「所以，他們可以改變太空船的外觀，但是無法修復墜毀的太空船。你是這個意思嗎？」我問。

「對。他們告訴祖父，他們無法控制導航。祖父聽不懂，我也不確定是什麼意思。可能就像飛機少了個機翼，或是船少了舵一樣吧！」

「你祖父對於他們可以改變太空船的外形有什麼看法？」

「他認為太空船是有生命的。他相信它在修復自己。我從來不知道要相信什麼。我當時太年輕，現在又太老了，想不懂。我只知道祖父跟我說的話，以及我親眼看到的。」

「星人有沒有跟你祖父說他們從哪裡來？」

「他們說他們來自金牛座（Taurus）的一個恆星系統。他們稱自己的世界為『恩揚』（Enyan），這讓我想到『因揚』（inyan）。這個字在我部落的語言正好是石頭的意思。」

我問：「他們有說是金牛星座？」

哈利森搖頭。「我高中的時候才從一位老師那裡知道是金牛星座。他們向祖父指出星座的位置。我問我的科學老師，那團星星有沒有名字。我們一起查出來的。」

「他們有沒有跟你祖父說他們為什麼在這裡？」

「祖父說他們是旅行者，在宇宙各處旅行，觀察其他世界的生物。好幾千年以來，他們一直來地球觀察、收集資料、注意有什麼變化。有一天，他們帶他去太空船裡，給他看他們家鄉的照片。從祖父的形容，我猜那是某種電視或電腦吧，但那時候還沒有這些東西，所以祖父很被這些他稱為『圖片機器』的東西吸引。他提到畫面顯示的是不同於地球的地方，讓他想到南達科他州惡地（Badlands）國家公園的那片荒地，而且是沒有半點植物。他們的房子是在地下。他問那裡是不是就是天堂，他們告訴他，他們並沒有像天堂一樣的地方。祖父對那個機器很感興趣，他又回去太空船好幾次，去看那些照片。星人告訴祖父，他們喜歡地球的綠意，覺得沿著河岸生長的紅柳在四月非常美麗。他們很喜歡水。在他們的世界，水是在地底下，地表上什麼也沒有。我祖父常常收集晶洞石給他們。當他敲開石頭，露出裡面的結晶石，他們都很驚訝。他們顯然很喜歡收集這些石頭。祖父也教他們紅柳的醫藥用途，還有如何用種子繁殖。」

「你祖父了解他們的靈性信仰嗎？」我問。

「祖父說他們對『天堂』很好奇。我記得他說他告訴他們兩種說法：白人的聖經和印第安人的說法。」他停了一下，笑了起來。「他常常提到『快樂的獵場』，我猜他跟他們說的就是這個吧。當我五月底到牧場的時候，星人已經離開了，進入太空船的入口也已經封住，但是祖父教我怎麼從靠近太空船後面一處偽裝得很好，幾乎看不到的門口進去。即使是最厲害的觀察者也不會看到這個開口。我從那裡進去，檢查了整艘船。」

我問：「你對太空船記得些什麼？」

「這個太空船就藏身在它墜落的山丘裡，隱藏得非常好，任何人經過都不會注意到。如果你擦掉泥土，下面就是平滑的金屬表面。它不是碟子的圓形。它是細細長長的，像我在漫畫書裡看過的火箭。我數了，共有十七個座位。我坐到一個座位上，結果座位就在我周圍融化。」

「融化？」

「椅子融化，把我包住了。我的第一個反應是我被困了。我很害怕。就在我掙扎想要逃離的時候，椅子鬆開了我。之後，我試了又試，每一次都一樣，它會把我包住，像是溫暖的擁抱，然後當我想要起身的時候，它就會放開我。好像它知道我想站起來了一

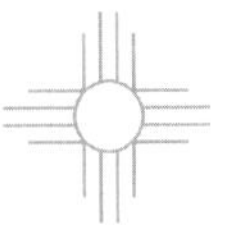

樣。」

我問：「你能描述太空船的內部嗎？」

「裡面都是單調的灰色金屬，連座椅也是。可是椅子很溫暖舒服，像擁抱。我以為椅子會又硬又冰冷，沒想到很軟很舒服。我現在閉上眼睛還可以想起那種感覺。」他停頓下來，像是在回憶，接著說：「太空船的內部很平滑，牆壁、座位、地板，幾乎沒有裝飾。有一些螢幕、按鈕和把手，有的下面寫了字，我當時完全讀不懂。我現在會說那像某種象形文字，但我十二歲時完全不懂這些。」他搖著頭，拿出一包口香糖，給了我一片。「椅子後面有另外一個房間還是空間什麼的。這個空間比較小，有個很大的圓柱，被一個很大，像是玻璃的球罩著。我一直不知道那是什麼。我記得自己在找武器，但是沒找到。有面牆上有罐子，裡面裝了某種濃稠黏滑，像蜂蜜的東西。我想把罐子拿起來，可是感到有股阻力，像是罐子被黏在牆上似的。現在回想，我認為可能是磁力。我也不確定。我猜母船回來的時候，他們把能帶走的東西都帶走了。船裡什麼也沒有了，除了那些罐子。」

「罐子裡面裝的是什麼？」

「我想拿一罐回家，可是祖父說這不是好主意。他說裡頭可能是他們的藥，那不是我們能用的，應該把它留在船上。我打開一罐聞了聞，味道讓我不能呼吸。聞起來像腐爛的堆肥，爛掉的泥土還是垃圾什麼的。祖父很有把握那是他們的藥。」

「這個墜毀事件為什麼這麼多年來都可以保持秘密？」我問。

「這裡是保留區。一整團的太空船降落在這裡都不會有人知道。你也要記得那是什麼時代。這個水庫建在五〇和六〇年代早期。即使是今天，也很少白人會到這裡。印第安人也沒有船。這裡太深入保留區了，沒有什麼人會經過。再加上很少人住在附近的公路在二十英里外，而且這裡也不會吸引什麼遊客。」他從我們坐著的石頭站起身，表示我們該回屋裡去了。「況且，太空船被石頭和泥土掩飾起來了。你要走到它前面才會注意到。它埋在岩石和土壤的方式，讓它看起來就像大自然景觀的一部分。陸軍工程兵團來這裡建了水庫，整個山谷都蓄了水，所有證據都被淹沒了。」他停了一下，然後補充說：「除非，軍隊發現了它，把它拖走了。」

「你的祖父曾經跟任何人提過星人嗎？」

「除了我，他沒有跟別人提過。他要我發誓不說出去。或許有少數幾個他的童年玩伴知道吧。他說他們墜毀的地方是他的土地，他認為他們是他的客人。兵團來了之後，祖父知道星人已經離開，所以也一直沒說出去。」

「你覺得太空船現在還在水庫的水裡嗎？」我問。

「他們來建水庫的時候，我就在這裡。祖父很不高興他們取走了他的土地，更糟的是，他們封鎖了一塊他的土地，裡面就包括墜落地點。不久後，他們告訴祖父，他必須離開，直到他們完成爆破工作。他們把他安置在保留區外面的旅館好幾個星期。那個暑假，我和他一起待在鎮上。我們有兩張雙人床，還有一家餐廳的免費用餐卷。很有意思的一段時間。祖父那時就像是被關在籠子裡的動物。他討厭旅館和餐廳食物。我們每天花好幾小時走在通往鎮外的泥土路上。他擔心他的馬和牛，他怕牠們沒有水喝。有時天氣太熱，無法在外面散步，我就讀西部小說，或是跟祖父下棋、打撲克牌。」

「你們何時回到牧場？」我問。

「將近七月底的時候。我記得我們花了整個八月把馬和牛趕齊了，準備過冬。我還擔心秋天回學校前無法幫他把事情做完。」

「你們不在的時候，那個地方有沒有什麼改變？」

「我們到的時候，景觀完全不同了。軍方挪了好幾噸的泥土。原本是草原的地方，現在都是山丘。完全認不出來原本的平頂山在哪裡了。祖父認為他們找到太空船，把太空船運走了。他可能是對的。」

「你要如何解釋政府拖走了一艘太空船，卻沒有引起任何人的注意呢？」我問。

「老實說，政府可以做幾乎任何事，但不會讓人知道或是質疑。為了建水庫，這裡來了很多大卡車和設備，大家都看呆了。有時候，大家會站在路旁，就為了看那些設備經過。任何東西都可能被運來運去，大家根本不會知道那是什麼。即使看到了，他們也不會瞭解自己看到了什麼。還有一件事你必須記得，那時候的印第安人非常害怕政府。有些還活著的老人還記得傷膝河（Wounded Knee，譯注：一八九〇年發生於南達科他州，美國第七騎兵團對印第安人的大屠殺事件）和小大角事件（Little Big Horn，譯注：一八七六年，美國政府軍與蘇族在蒙大拿州發生的戰爭）。」

「你祖父為什麼認為他們找到太空船了？」

「他跟我說有位工程師每天去拜訪他。工程師談到牧場很偏遠，問祖父有沒有看過什麼奇怪的事情。我猜祖父就說他日出而作、日落而息，中間沒時間管別的了之類的。祖父跟我說他都裝傻，但他明白這些問題的涵義。」

「你後來又去看了太空船幾次？」

「很可惜，我再也沒去過。我想去，可是祖父說那是神聖之地，我們不應該把它當作新奇或是要去探索的東西。在那個年代，小孩會聽長輩的話。我後來沒再去過了。」

「你對那裡發生的一切，有什麼結論還是想法嗎？」我問。

「印第安人相信，很久以前星人就會過來這裡。有人說星人是我們的親戚。有人相信星人是我們的保護者。因此，有太空船墜落在這裡並不令人驚奇。對我而言，這只確認了我早已相信的事實。那就是星人確實存在。」

「你可能是目前在世的極少數進過太空船，而且還可以描述的人。」我說。

他並不同意，他認為可能有好幾百，甚至好幾千人曾經有過類似經驗，只是他們不承認而已。

我問哈利森，他的祖父是否把這些星人看作是朋友，他停頓了一下，慎重的說：「我

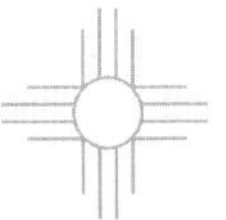

問過祖父同樣的問題。他告訴我，他們說他們不是我們的敵人，對地球人沒有惡意，但他們也不想跟地球人做朋友。他們從來不干預他們在宇宙所發現的生物的生活。這是他們的作法。顯然這也是為什麼他們費盡心思要把太空船隱藏起來。他們不想在地球上留下足跡。至少，祖父是這麼認為的。」

「再一個問題，星人說的是什麼語言？」

他若有所思地說：「我祖父會說英語，但比較喜歡說族人的語言。老實說，我從來沒想過要問他這個問題。」

我們回到屋裡，太陽已經西下，草原上有著長長的陰影。哈利森指著北方陽光照耀的一小片山丘，他說：「我小時候把那個山丘取名叫『藍莓山丘』。」

我問：「是以費茲多明諾（Fats Domino）的歌命名的嗎？」

他笑了：「應該是費茲多明諾之前的事了，雖然我很喜歡那首歌。」他又笑著說：「事實上，我小時候花很多時間在那個山丘摘藍莓。祖父和他的父親就埋在那裡。去年夏天，我把我的父親也葬在同樣地方。我太太瑪麗也是在那裡。我死的時候，也會是埋在那裡。」

天色漸暗，我們也準備要離開了。我們望著天空，聊著保留區這些年的許多變化。我看著銀河，那是許多原住民神話的來源。哈利森指著一群星辰，不發一語。我認出那是昴宿星團，古代祖先的家。

「我忘了說。祖父認為星人是來自昴宿星團，只是他們自己有別的名字稱它而已。」

有些晚上，當我望著夜空，我會想到哈利森。他的祖父說得沒錯。星人確實來自昴宿星團。至少，我祖母也是這樣告訴我的。

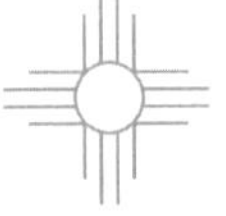

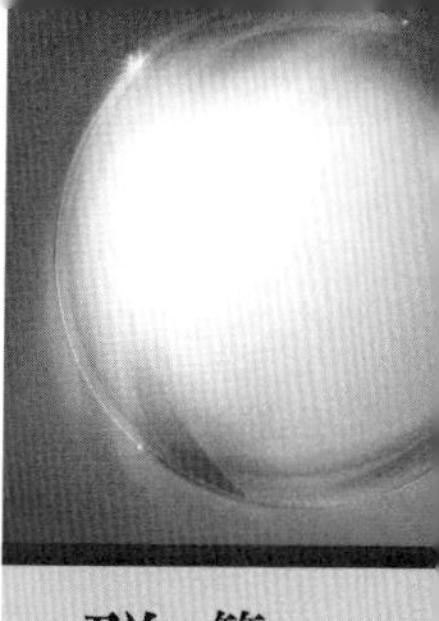

第三章 群體失蹤事件

一九三〇年，皮草獵人阿諾德・勞倫特（Arnaud Laurent）和他的兒子看到很奇怪的光，還有一架不尋常的飛行器飛過加拿大北方的天空，朝向安奇庫尼湖（Lake Anjikuni）而去。獵人描述這架飛行器是圓柱狀，形狀像子彈。不久後，另一位皮草獵人喬・拉貝爾（Joe Labelle）來到位於安奇庫尼湖邊的愛斯基摩漁村。這個村落住了兩千名愛斯基摩人，但當他抵達時，村落卻異常安靜。他查看了每間屋子和倉庫，發現爐子上有燒焦的鍋子，卻沒有看到任何人。整個村落完全沒有任何人類的蹤跡。拉貝爾很擔心這些失蹤的村民，於是直接到電報辦公室向皇家加拿大騎警報告這個奇怪的現象。幾小時後，騎警抵達，他們也同樣對整個村落人口集體失蹤感到困惑。

他們組織了尋人隊伍，但始終沒有任何發現。愛斯基摩人的雪撬犬全被埋在村落附近十二呎深的雪堆裡。這些狗全是被餓死的。他們也發現村子屋舍裡還有沒被動過的食物和存糧。

當晚稍晚，騎警看到一抹奇怪的藍光從地平線升起，劃過天際。這道光規則的閃爍著，不像加拿大這個地區常見的北極光。全世界的報紙都報導了兩千個愛斯基摩人莫名失蹤的事。很多人相信會有合理的解釋，然而，安奇庫尼群體失蹤事件至今依然無解。直到今天，愛斯基摩社群都還流傳著幽浮綁架了整個村落的故事。

加拿大的這起事件雖然極不尋常，但保留區裡有過許多整個家庭消失無蹤的類似故事。就像加拿大的失蹤事件一樣，這些事件發生時，也都出現了神秘的飛行物體。在我進行研究期間，我就聽說了兩起類似事件。其中之一是一家十四人一起失蹤，餐桌上是堆滿了食物的盤子，臥室的電視還開著，烤箱也還沒關。雖然找了很多年，但從沒找到任何一個人。失蹤者的親戚會帶你去看地上一塊燒焦的圓形痕跡，他們認為太空船就是在這裡降落，把人帶走的。

本章敘述的是曾發生過的集體失蹤事件。在此事件中，星人幾年後重返現場，尋找他們遺落的東西。

路瑟

我走出車子，路瑟問我：「你怕槍嗎？」他的右手拿著槍，左肩扛著一把點二二的來福槍。

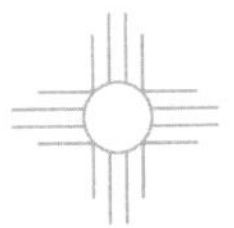

「不怕。」我拿起一袋食物，裡面有肉、蔬菜和一包菸草。我說：「我射擊過好幾次。我的家人都是獵人。」

他微笑，將肩膀上的來福槍舉起，扣了板機。我看到一隻草原土撥鼠在空中跳起約一呎後，趕緊進到牠新挖的洞。路瑟解釋：「土撥鼠快把我趕出家了。我每殺掉一隻，就又出現兩隻補位。村裡的一位老師說，草原土撥鼠在某些地方是被保護的動物。你能想像嗎？」他沒等我的回應，舉起來福槍，又開了一槍。我不用看，我知道他射中了目標。

「我買了些肉和蔬菜，可以煮湯。你要我幫你放到冰箱裡嗎？」

「你會煮飯嗎？」他問。

我回答：「當然會。」

「那就煮吧！」我打開紗門，走進小屋子裡。小木屋只有兩個房間。爐子上有個大鍋子，我先把牛肉丟進去，等牛肉變成褐色的時候，我洗了洋芋，切了兩個洋蔥進去，加了六杯水，切碎了一些胡蘿蔔、洋芋和香芹，加了鹽和胡椒。我留在廚房，直到湯開始滾。我把爐子火調小，拉開水槽上的窗簾，往外找路瑟。我看到他在附近追逐獵物。我決定把碗盤洗洗，心裡一直在想路瑟是否會跟我聊到星人，還是他只是需要有人幫他打掃家裡。我走到臥房，把床整理好，打開窗子讓空氣流通一些。

路瑟隱居在保留區的偏遠處，離北達科他州邊界不到一百英里。哈利森（請見第二章）建議我去看他。他說路瑟是他的好友，是一位正直的人。

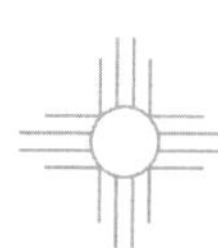

「他說的話，你可以相信。認識他以來，我從未見他說謊，他也不說別人壞話。他跟我說他曾經遇過兩個星人。我跟他提到你，他說他願意見你。他看起來有些粗魯，但他其實是那種只會叫、不會咬人的狗。就讓他用他自己的方式告訴你他的故事吧！」

那時是二〇〇七年的夏天，我終於來到路瑟家。整理好房間後，我走到外頭，路瑟正好打獵回來。他問：「你以前吃過草原土撥鼠燉肉嗎？」

「我在秘魯吃過烤草原土撥鼠，沒吃過燉的。」

「你知道他們其實跟老鼠一樣，是嚙齒動物吧？」

「我知道。我吃的時候試著不去想這件事。」我一面回答，一面跟著他走進屋裡。

「我小時候就常吃草原土撥鼠。有時候我們只有這個可以吃。草原土撥鼠，幾顆野蘿蔔，還有洋蔥。我現在殺牠們是不讓牠們把我的地方都拆了。」路瑟招呼我在廚房桌邊坐下。他滿頭粗糙的白髮，彎腰駝背，看起來年歲不小，一輩子都做粗活。他走到爐邊，拿起鍋蓋，看著鍋裡，臉上有讚許的笑容。他拿了咖啡壺和兩個杯子，回到桌邊，帶著微笑在我對面坐下，我注意到他雖然有些年紀，但雙眼仍然銳利明亮，這是射擊精準的必要條件。「我兩年前動過白內障手術。現在我可以射擊得像二十歲小伙子一樣準。」他說。

「你的朋友哈利森告訴我，你在大概二十歲的時候遇過星人。他說你看到兩個。你願意跟我談談這事嗎？」我問。

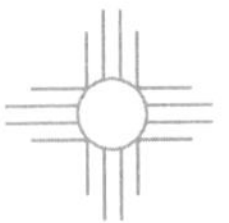

「你來的時候，看到水庫了嗎？」我點頭。「以前那裡是一條河，政府在上游築了水壩，把河變成湖了。我猜他們想弄個地方讓白人釣魚、開船。附近很多地都被淹沒了。那裡本來是印第安人的地，政府硬要他們搬走。被淹沒的地方，有一部分是族人的聖地。老人家說，星人在那裡為族人留了訊息，但一被淹沒，訊息就沒了，星人也不來了。有時候保留區裡會有人失蹤，有個說法是他們是被星人接去，住到外星上了。有一次是整家人都不見了。」

「什麼時候發生的事？」我問。

「那個家庭失蹤的時候，我還很年輕，剛從戰場退伍回來，大約是一九四六或一九四七年的事。這家人再也沒被找到。他們的親戚去探視時，看到的景象就像是他們晚飯吃到一半，人站起來就走了。因為桌上還有食物，一切都井然有序，就是人不見了。他們共七個，全不見了。保留區裡的人再也沒看到他們。族人辦了儀式，巫師說他們被帶去和星人一起生活了。」

「有人通知當局嗎？」我問。

「什麼當局？在那個年代，一群印第安人死掉或失蹤，沒人會在乎的。那時候的印第安人沒什麼價值，現在也一樣，但這又是另一回事了。你到處旅行，我想你一定也注意到了。」

我點頭，喝了一口黑咖啡。「哈利森說，你看到太空船。可以跟我說說嗎？」

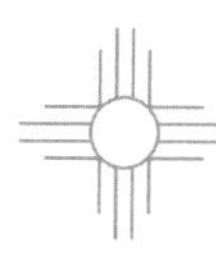

「那時候水壩剛蓋好。那個家庭失蹤了五、六年之後吧，有天晚上，我去了湖邊。黃昏時，馬都會去那邊喝水，我想幫一匹叫做花生的馬套上繮繩，把牠拴在馬房。那時太陽剛下山，忽然間，我身上的毛全豎了起來，好像觸電一樣。我轉頭看，就看到了。在這片地的北方的山丘那邊，有個巨大的東西飛過來。飛得很慢。它像艘戰艦那樣大。」

「你說它像戰艦那麼大？」

「對，我知道戰艦有多大。我打過仗，看過戰艦。那個東西底下全是亮的。一點聲音也沒有。」

「你有什麼反應嗎？」

「我就坐在湖邊看。馬都跑掉了，就我一個人。太空船飛到湖中央，停在那裡不動，就停在半空中。過一會兒，我往木屋走。我想就是在那個時候，他們看到我了。忽然有束強光直接照著我。我沒理會，就繼續走。我不知道還能怎麼做。我回到了木屋，走了進去。」

「你那時候一個人住在那裡嗎？」

「一個人。我叔叔前一年過世了。他把牧場留給我，那是我結婚前一年的事。我進屋後，沒有開燈。我進了臥房想往窗外看，我就是在那時候看到他們的。有兩個。他們在我的臥室。看到他們，我呆住了。他們看著我，好像也很驚訝。」

「你能夠描述他們的樣子嗎？」我問。

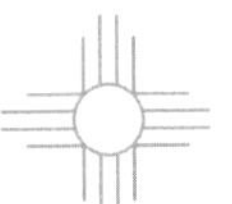

「當時很暗，但是外面的光線讓我大概看得出他們是五呎七吋或八吋高。他們穿淺色制服，當太空船的光照到時，衣服還會閃閃發光。我往門口退，他們說他們不會傷害我，他們在找一樣東西，那是他們之前留下來的，可是他們找不到。我問他們在找什麼，他們回答了，可是我不懂他們在說什麼。」

「現在回想，你知道他們可能在找什麼了嗎？」我問。

「他們說他們在找一樣東西，但我不知道那是什麼。他們重複說一個字，說了很多遍，可是我完全聽不懂。最後他們知道我沒有那個東西，就消失在黑暗中。我等了幾秒後走到外面，我看到太空船在移動，往西飛。他們先是在失蹤家庭的上空盤旋。政府建了湖之後，那家人住的小木屋也都被水淹沒了。我看了三十或四十分鐘，太空船就停在那裡，沒有動作也沒有聲音，然後忽然間就往上飛走了。我從此再也沒看過它了。」

「你覺得他們在做什麼？」我問。

「我想了很久。我覺得他們是想拿回某樣東西，他們把那家人帶走時沒有帶走的東西。可是水壩建好後，那個木屋就在水裡了。他們一定是誤以為我的木屋就是當年的木屋，所以過來這邊找。有時候，天熱的晚上，我會坐在外面，看著天空。我希望他們回來，如果他們告訴我他們在找什麼，我就可以幫得上忙。」他停了一下，微笑的看著我說：「這就是我的故事。是真的。我保證。」

「保留區有沒有別人看到他們？」

「以前有個混血家庭住在山脊上。一個印第安女人嫁了鎮裡的白人。你來的時候可能看到那個廢棄小屋了。你開車應該會經過。」我點頭。「第二天，我去他們家，可是他們什麼也沒看到。很多年後，那位老人家每次見了我都要問我還有沒有看到飛碟。他一直沒忘記這件事。我還記得他的笑聲。除了哈利森之外，我沒跟任何人說過。我還在好奇他們在找什麼，還有失蹤的那家人怎麼了。我認為這兩件事之間有關聯。」

「你對這件事還記得些什麼？」

「有件事我一直不懂。他們有個像長棍子的東西。我想那裡面有馬達，因為我記得上面有光在閃爍。那是我見過最奇怪的機器。我在打仗時見識過很多東西，但從沒見過那樣的。他們拿著桿子，朝著房間四處指。這根桿子一定跟他們說了些什麼，因為他們指過每個方向後，看起來似乎很滿意我沒有他們要找的東西。他們把桿子收進槍套就離開了。」

「槍套？」我問。

「我是叫它槍套啦，也許他們有別的名稱。套子綁在他們身上，桿子就放在套子裡。這讓我想到槍套。」

「你會怕他們嗎？」

「不怕。他們叫我不要怕，我也不怕。他們的舉動就好像我根本不在房裡似的。他們完全不在意我，就是很認真的在執行他們的任務。」

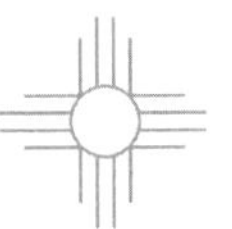

「你看得清楚他們長什麼樣子或是任何特徵嗎？」

「不記得了。樣子像人類。我記得他們有戴手套，因為他們在房間的時候，我特別看了那個桿子機器。我現在還是很好奇，那個機器怎麼知道他們要找的東西有沒有在我房間裡。」

這次見面之後，我再也沒見過路瑟。過了兩個月，哈利森告訴我路瑟過世了，他剛滿八十六歲。哈利森說，別人發現路瑟時，路瑟坐在前廊他最愛的搖椅上。他似是看著夜空，就此長眠。

第四章
射擊外星人的男子

雖然從來沒有星人綁架動物的報導（除了某些相信幽浮和動物肢解事件有所關聯的說法外），在本章裡，你將讀到有位受訪者確信有太空訪客想要綁架他的小狗。他也宣稱星人經常在他家附近逗留，想在他不注意的空檔，偷走他的狗。

強西

「保留區的人都知道我的祖父就是那位射擊星人的人。他會很喜歡那張海報。」蘇珊坐在我大學辦公桌的對面，指著牆上一張上面印了幽浮的照片，下面寫著「我相信」的海報。

我說：「那就送他吧，你可以拿去給他。」我拿下牆上的海報，捲起來，用橡皮筋圈住，交給她。她微笑著道謝。

一周後，蘇珊回到我的辦公室，告訴我她的祖父強西很喜歡那張海報。「他要我跟你說，如果你到保留區，一定要去他那裡看他。他想親自謝謝你。」

「我一定會去的。」我回答。

大約一個月後，我出差去蒙大拿州北部，招募保留區的學生來念蒙大拿州立大學。隨著週五晚上的到來，我的工作也即將結束，我決定留一晚，星期六去拜訪那位曾經射擊星人的蘇珊祖父。

強西住在族人聚居地三十英里外的偏遠地區，離加拿大邊境非常近。我去找他時，他已經八十八歲，後來在九十歲生日的前兩天過世。在那兩年間，我只要人在附近，都會找出時間，開三十英里的泥土路去看望他。

他仍然住在把十一個孩子養大的兩房木屋裡。根據院子裡的墓碑，他埋葬了四個孩子。他一生務農打獵，吃野兔、草原野雞，偶爾一隻鹿。孩子還在時，他也養牛。孩子長大離家後，他覺得養牛「太麻煩、不值得」，於是就不養了。他有四隻生蛋的母雞，所以總有夠吃的雞蛋。他還有一隻會抓老鼠的貓、一隻會警告他有闖入者的狗。

他的孫女告訴我他喜歡吃的東西，我去拜訪他前，先去雜貨店買了一大袋糖果、香菸、咖啡粉、小蛋糕、肉罐頭和香腸。我跟雜貨店老闆確認他住的方向後，便出發拜訪這位長輩。他是我此生遇過最難忘的人之一。

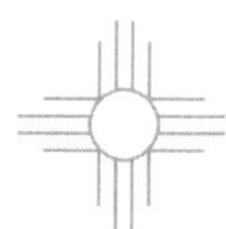

當我的車子駛進前院，一隻很大的黑狗跑了出來。我後來知道牠叫藍兒。我看到強西手上拿著來福槍，從角落出現，我小心地打開車門。強西看了我一眼，然後叫狗坐下。他說：「你一定是送我海報的那個大學女人。」

「就是我。」我回答。我一邊走近他，一邊伸出手，把那袋雜貨遞給他。他往裡面看了看，說：「你有買可樂嗎？」我說我的車子裡有個冷藏箱，裡面有可樂和三明治。他建議不該讓這些東西待在大太陽底下，我們可以邊聊邊喝可樂。

在我們共享了一個火腿乳酪三明治、幾個巧克力餅乾和兩罐可樂之後，強西很滿意的表示，他不但見過我的某些親戚，而且我可能和他還有遠親關係。對他來說，這意味著他會開誠佈公地告訴我一切。

他提議帶我看看他的地方。

他的屋子後面有個家庭墓園。我們走過用圍籬圍住的小菜圃，他停下來指著一角說：「我就是在那裡開槍射他。」我問他指的是外星人嗎？他點點頭。我們繞回前院，坐在走廊下。他又打開一罐可樂，我的目光被他手臂上的響尾蛇刺青吸引。當他舉起可樂罐喝的時候，響尾蛇的尾巴會擺動。他注意到我的眼光，解釋說，二次世界大戰時，他駐守夏威夷，響尾蛇就是某個晚上喝酒爭辯和狂歡的結果。他說：「我的老狗，藍的名字就刺在右手臂上。」他微微轉身給我看他的手臂。我看到一個愛心圖案，中間有個「藍」字。「那是藍兒的高祖父了。」他伸手拍拍坐在他腳邊的狗。「如果外星人如其所願，藍

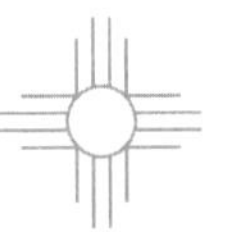

兒就會在別處了。對不對，你說？」狗狗發出一聲嚎叫，把頭放在強西腳上。

我提議：「或許你可以告訴我一些你射擊外星人的細節。」

「也許我該照實說，我看到你在錄音。」他微笑著說：「我並沒有擊中外星人。有些孫子喜歡編故事，但我從來沒有開槍打到過星人。這有點是家族裡的玩笑話。我只是嚇了他而已。」他望著草原，我看到他嘴角的微微笑意。「我看到他的時候，他是在屋子後面。」

「你是說外星人在屋子後面？」我要確定記錄他明確表示指的是外星人。

「對。外星人。那天天已經黑了，那晚是滿月。我聽到藍兒在嗚嗚叫，所以我起來，開了門，走進院子。藍兒往暗處邊叫邊衝。」他邊說邊摸著狗。我看著藍兒，牠翻眼看著老主人，當聽到我們說的話跟牠無關後，牠繼續睡。「就在我繞到屋子後面的時候，我看到那個星人。我就是那個時候看到的。他彎腰對著藍兒。起初我以為藍兒死了，於是對他開槍。」

「結果呢？」我問。

「他起了身，看著我。他走離陰暗的地方，站到滿月的光芒下，看到他時，我嚇了一大跳。他穿一種像是跳傘服，嬰兒的連身睡衣那樣的衣服。衣服顏色很深，當他移動時，衣服會發出很奇怪的光，有點像月光照到雪上所發出的閃光。我們兩個就站在那裡，互相看了幾秒。他朝我走近了些，我看到他的右肩有個徽章，腰部有條很寬的腰帶。不是一般的腰帶，沒有一般腰帶的那種扣鐶，而是用某種圓形的東西扣住。」他停了一下，不可置信的搖著頭。「我可沒預料到會有人穿成那樣在半夜出現。」

我問：「你能描述他的樣子嗎？」

「他是我這輩子見過最瘦的人了。看起來簡直像鬼，但他說他是從星星來的。我知道他沒有惡意，他只是對藍兒好奇，他不會傷害藍兒。他從來沒見過狗。」

當我問外星人為什麼會出現在他後院時，強西解釋太空船降落在平頂山後面，就在離他的屋子五十碼的地方。他說：「我可以帶你去，可是那邊現在什麼也沒有了。太空船離開時，藍兒和我一起陪他走過去。很小的太空船。太小了，不夠在星際間旅行。我這麼說的時候，他告訴我這是探索用的小船，還有大船在某處。那是他的基地。」

我看著他指向的天空某處，「所以他說有母船在天上？」我問。

「我想你可以這麼說吧。他倒是沒用那個字。他說的是基地。基地船。」

「你之前提到他想偷藍兒。我沒聽錯吧？」

「沒錯。就像我剛剛說的，藍兒和我陪他一起去他的太空船。路上我叫藍兒緊跟著我，星人感到有趣，他要我再對藍兒下命令，我示範藍兒會坐下、把棍子撿回來、翻身等等。每表演一個把戲，他就更有興趣。我們找到太空船後，他指著藍兒和他的太空船。我這時才明白他想要我的狗。我搖頭，把槍拿在手上。他就明白了。」

我問強西有沒有見過其他太空船，或這位星人是否曾回來過。他指著門口的來福槍，笑著說：「我想他們知道不該回到這裡。我見過很多太空船。他們會從上空飛過去。有時在附近盤旋，但都不降落。藍兒看到他們時，牠會坐在門口嗚嗚叫，要我開門讓牠進屋裡。一進了屋子，牠會爬到床下，直到他們離開。」

我問強西是否認為他們是友善的。他想了一下才說：「我也說不出他們友善不友善。任何人想要拿走別人的孩子，都不算很友善吧！藍兒是唯一陪著我的孩子。只有他陪我在這裡。其他孩子都離開家，住在別處了。」我對他微笑，想到我的小狗正在家裡等著我回去。我完全可以理解他對藍兒的情感。我的小狗也像我的孩子一樣。

「關於外星人，你還有什麼可以告訴我的嗎？」我問。

他想了一會兒，然後看著我，臉上表情嚴肅的說：「我認為他就像我們的太空人去了月球一樣。我有很多時間想這件事。你想，如果我們的太空人降落在另一個星球，發現一個像藍兒這種友善的生物，他們不會想把牠帶回地球嗎？」我知道他說得有理。哥倫布抓了一些原住民帶回西班牙，在皇后面前展示。因此，不難想像另一位探索者可能會選擇抓一隻狗。

「當星人發現藍兒很聰明，會對別人做出回應時，他很好奇。或許他們的星球上沒有狗，如果他們有，或許學不會簡單的指令。也或許他們根本沒有嘗試過。當他們發現有個星球，上面的人愛動物就跟愛人類一樣，也許他覺得很有意思。他在另一個星球上也許是個『人類學者』。」說完這句話，強西大笑起來。我聽懂了他在拿人類學者說笑。

許多人研究原住民，做出假設，發表論文，對於他們不了解的文化和族群充滿了誤解。

強西告訴我，他小時候就看過碟子形的飛行物體。「在這個地區很常見。有時候它們會列隊飛行，好像在練習一樣。有時候低空飛，像是在檢查還是觀察什麼。你只需要注意天空就會看到了。他們在天空外面，會來探視我們。我不知道他們的目的。也許我們的政府知道，卻不敢告訴我們。也許他們認為人類是野蠻人，就像以前白人來到美洲時，看到印第安人的想法一樣。」

就在我和強西見面兩年又兩個月後，他過世了。一個寒冷的十一月下午，我去參加了他的葬禮。他被葬在小木屋後面的家庭墳場裡。藍兒躺在新挖的墳上，我過去拍拍牠，牠把頭靠著我，我可以感覺到牠的哀傷。

典禮過後，我逗留了一會兒並和蘇珊小聊。我告訴她，我很愛她的祖父，謝謝她讓我加入她的大家族。她告訴我，強西最小的孫子和剛娶的媳婦會住進小屋。

我一面走向車子，一面問：「藍兒呢？牠怎麼辦？我真不願意看到牠這樣。」

蘇珊回答：「牠不會有事的。我明早會過來。我的孩子都很喜歡牠。我會把牠帶回家。現在，牠需要些時間哀傷。」

開車回家的路上，我無法忘記藍兒躺在強西墳上的樣子。我擔心牠晚上會害怕。沒有人會在那裡開門讓牠進屋了。我想到自己的小狗，想到牠可能正躺在門邊，等著聽到

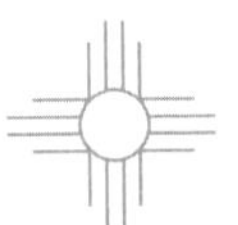

我的車子開進車庫的聲音。

兩週後，我又去了一趟保留區，順便去蘇珊工作的學校。我們打了招呼，聊了一下即將到來的假期。我問起了藍兒，她說她第二天早上去祖父的木屋時，狗狗已經不見了。他們找了好幾個小時，都沒有找到。她覺得牠可能跑掉了，跑到某處傷心過世。她說她聽說有時候動物會這樣。「藍兒大概十歲了，沒了強西爺爺，牠可能不想活了。」她這麼說。

我有很久一段時間總是會想到藍兒。我相信是星人回來帶牠走了。一旦強西不在，藍兒就落單了，沒有人可保護牠。有了這個經驗之後，我出門旅行時，總也無法放心讓狗單獨在家。我如果開車出去，就總是帶著牠。如果無法帶牠，就會安排一個人來住在家裡陪牠。有些朋友覺得我無法讓狗獨自待在家裡的行為很可愛，有些朋友則覺得我過度保護、太愛狗了，或就是覺得我很愚蠢。但我總覺得，如果強西在天上看到，一定會贊許我的作法。

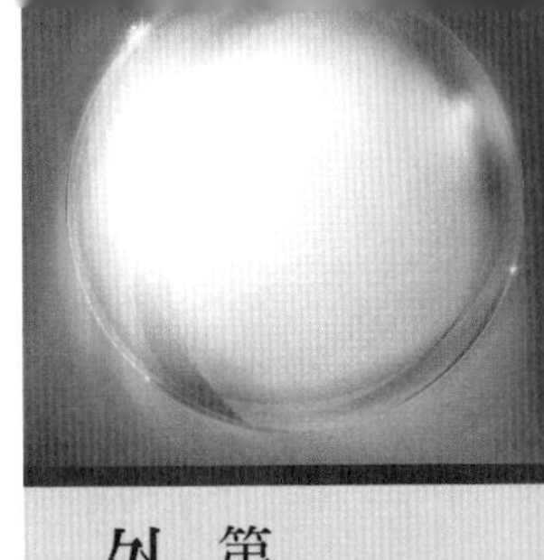

第五章
外星人、太空船和一場阿拉斯加暴風雪

世界知名的科學家史蒂芬・霍金（Stephen Hawking）相信外星人確實存在，而且人類與外星人接觸時應該小心謹慎。霍金認為，我們只要想想自己，就知道外星人可能不懷好意。他認為外星人住的星球可能已經資源耗盡，正在尋找新的星球佔領和移民。到了那天，他認為會發生類似哥倫布發現美洲新大陸的情形，這對於原本的住民而言，可不是什麼正面的事。

在本章中，一位阿拉斯加原住民在刮著暴風雪的路上遇見了外星人。根據阿拉斯加的習慣，他邀對方上車，怕他凍死在零下七十度的夜晚。

羅斯

一個穿著野戰外套、戴著橘色線帽的男人走到我的桌前，「督學說我可以在這裡找到你。你介意我坐下來嗎？」他說。

「請坐。歡迎。」我指著桌子對面的椅子說。

「我叫羅斯。」他脫掉右手的厚重手套，伸過桌面握手。

「羅斯，很高興認識你。有什麼事是我能為你服務的嗎？」我問。

「我要告訴你個故事，它發生在幾個月前，是跟外星人的接觸。說這個其實有點尷尬，但當我一聽說你這個人，我就決定要找你談談。我從未跟任何人說過。」羅斯用擔心的眼神四處張望。來這裡吃午餐的人半小時前就都離開了，只剩下一位遊客。這裡的漢堡據稱是阿拉斯加最好吃的漢堡。

「不急，你慢慢說。」我邊說邊看著菜單。

「督學告訴我，你向接觸過外星人和幽浮的印第安人收集故事。是這樣的嗎？」他在座位上不安的扭動身體，注視著女侍接近我們這桌。我知道他指的是我正在拜訪的這個學區的督學。

「我要一份你們有名的漢堡和一杯零卡可樂。」我向女侍點餐。

羅斯也說：「我要一份漢堡、薯條、一份藍乳酪醬的沙拉、一杯咖啡和加冰淇淋的蘋果派。」女侍離開後，羅斯微笑的對我解釋：「我開鏟雪車，負責五十英里的公路。我的胃口很大。」

「我之前一直在學校裡工作，正要回旅館。有位高中老師告訴我這個餐廳。我非得來吃吃他們的漢堡不可。」我回答。

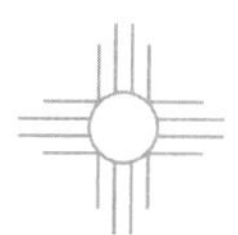

「嗯，這家餐廳很有名。女侍同時也是老板、調酒師和廚子。打烊前，她還負責清掃呢。什麼都自己來。這裡晚上很熱鬧，但她總有辦法對付最難纏的傢伙。」

「你說你有故事要說。督學跟你說的沒錯，我向接觸過幽浮和星人的印第安朋友收集故事。我計劃有一天寫本書。所以我想問你的是，你有過這類接觸嗎？」

羅斯脫掉外套，把它工整的掛在旁邊的椅子上，他個子很高，可能有六呎四吋，肩膀非常寬，就跟職業的美式足球員一樣。他的中分黑髮長及肩膀，他把頭髮塞到耳後，左耳戴著銀的箭頭耳環。他穿法蘭絨的黑和紅格子襯衫，領口開著，露出裡面至少還有三件衣服，看得出他在是阿拉斯加冬季的戶外工作。以世上任何文化的標準來看，這個男人都稱得上英俊。

「我生在阿拉斯加，就在離這裡不遠的兩房木屋裡。我是一半阿薩巴斯卡人（Athabascan）一半阿留申人（Aleut）的混血。我母親是阿薩巴斯卡人。夏天的時候，我們在河上有個捕魚的營地，可以捕魚曬魚。我們住在帳篷裡。你可以說我們過的是野外印第安人的生活。」他微笑著說：「我爸爸是阿留申人，我童年時他不常在身邊。我的舅舅們和我外祖父教導我傳統的阿薩巴斯卡生活，我學會如何在最寒冷的冬天生存，去哪裡獵捕食物，如何照顧自己。最重要的是，我學到如何保持冷靜，理性的評估狀況；這才是生存之道。遇到危機，慌張的人很少能夠存活。」

「聽起來他們把你教得很好。」我回答。

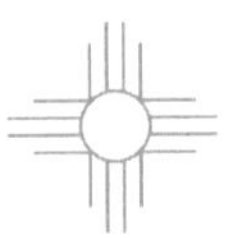

「六年前，我大學畢業。我原本想當老師和籃球教練，但事情有些變化，畢業後我就一直在開鏟雪車。這是我外祖父的工作，他過世後由我接手。薪水比教書和當教練來得好，我也覺得我欠老板一個人情，因為他在外祖父生病時，一直很照顧我們家。」

「你外祖父開鏟雪車，所以你八成很容易就上手了。」我說。

「我的老板就是這麼說的。我還小的時候，外祖父就會把我偷偷帶出門，讓我跟著他晚上剷雪。我的工作是讓他保持清醒，但大部份的時候我自己都睡著了。機器的聲音就像搖籃曲一樣。」他笑了。「時間一到，他會把我叫醒，帶我去吃麥當勞貴得要命的滿福堡，叫杯牛奶，然後再用鏟雪車送我上學。我當時七歲，是全校最被羨慕的人。」回憶起和外祖父相處的寶貴時光，他臉上有著微笑。「一年有八個月，我都在路上剷雪。通常是九月開始，六月結束。其他時候，我都在北邊的一塊五十畝的土地。我在開始鏟雪的第一年就買了這塊地。我正在蓋木屋，是給我媽媽住的。這會是她這輩子第一次擁有自己的房子。」

「你是在那裡接觸到星人的嗎？」我問。

「不。是二月暴風雪的時候。在我負責的那段公路上。」

「你是說，兩個月前的二月？」我問。

「對。兩個月前。」

「當時我也在這裡，被風雪困在附近的旅館，那次的暴風雪很可怕，據我所知好像

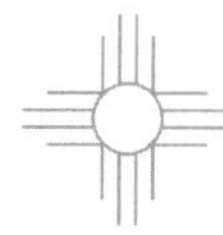

打破了一切記錄。」我說。

「那天大約晚上一點，我被叫去工作。風雪來得很突然，大家都沒有準備。風速有五十英里，溫度降到零下七十度。我們有兩個人負責這段五十英里的公路。我從北邊開始，我的夥伴比爾從南邊開始。我們在這段路上來回的開，保持公路的暢通。有時候我們一開就是十八個小時。有時更久。我們通常會在幸運基爾（Lucky Gil）碰頭。」

我知道他說的那個地方，那是公路上的一個小旅館，有酒吧、餐廳和禮品店。「開始鏟雪一小時後，我接到比爾的電話，提到幸運基爾的上空有奇怪的光。他問我看到沒有。我還來不及回答，就看到公路中央有個飛碟。它佔據了兩條車道，圓形的，底下有很亮的橘光。我在離它二十呎的地方停下來。我一直打車燈，我也試著聯絡比爾，可是無線電沒有作用。忽然間，飛碟發出很強的白光，它往上一飛，就不見蹤影了，我看著它消失在視線外，因為風雪的緣故，能見度幾乎是零。飛碟離開後，四周一片漆黑。」

他暫停說話，眼神看向走來的女侍。她把食物放在我們桌上，問我們是否還需要別的。羅斯要咖啡續杯。我把漢堡切成兩半，羅斯則是拿起他的咬了一大口。女侍回來續了咖啡，拿走羅斯的保溫杯，回到櫃台。

羅斯繼續說：「我坐在那裡好一會兒，無法相信剛剛看到的景象。這時我意識到車子引擎熄火了。我從來不關引擎的，因為怕在那麼低溫會無法再啟動。可是它現在是熄火的。我屏住呼吸，轉動鑰匙，幸好第一次就啟動了。我打了檔，開始前進。正在加速的時候，我感覺到右前輪震了一下，像是壓到了什麼。我嚇壞了，心想會不會是太空船上的什麼東西。我停了車，準備下去查看，就在我繫雪衣帽繩的時候，我看到一隻手舉起來敲我的車窗。然後又出現另一隻手。」他停下來，把整個漢堡吃完。「那是我這輩子見過最可怕的景象。我跟你發誓。那些手只有四根手指頭。」

我問：「你的反應是什麼？」

「我打開車裡面的燈，看到有張臉突然冒出來看著我。那張臉帶了某種保護裝置，但我可以看得到眼睛；又大又黑的眼睛盯著我看。突然間，那東西轉身跑過馬路，消失在樹叢後面。」

「去哪了？」

「他穿過馬路，跑到森林裡去了。我不想追上去。外面正刮著暴風雪，離開我的車子簡直就是玩命。我以為這件事就到此為止了，可是忽然間，他又出現在路中央，就在我面前。不知為何，我瞭解到他很冷，需要一個地方。我請他進到鏟雪車裡面，但他不肯接近。」

我問：「你是怎麼跟他溝通的？還有，你現在為什麼稱他是男的？」

「我不知道。他看起來比較像男的，不太像女的。總之，他站在路中央，跟我說他很冷，還說都是我的錯。」

「你的錯？」

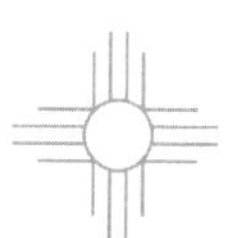

「他說太空船沒有帶他就離開了。我遇到太空船的時候，他正在船外面。為了趕快離開現場，其他組員沒有等他就走了。」

「那你怎麼做？」

「我又請他到剷雪車裡。我告訴他，他必須離開路面，我也不可能把他丟在外面的寒風中不管。他很不情願的進來了，可是不像你我，我們是爬上來的，他卻是就這樣忽然出現了。上一分鐘他還站在路中央，下一分鐘就和我在車子裡了。」

「對這點，你有什麼感覺？」

「如果我說我沒被嚇到，那就是騙人。我很緊張很害怕。我記起外祖父教我的：保持冷靜。我想我進入了求生模式。」這時女侍過來清理桌面，羅斯挪動了一下椅子，她再度加滿他的咖啡，還上了冰淇淋和蘋果派。「那是我這輩子最長的一晚。我一路順利開到了我要去的地方，外星人也一路坐在我旁邊副駕駛的位子上。」他停頓了一下，笑著說：「我想，我們兩個看起來一定很奇怪。」

「你還記得你和外星人在一起時候的事嗎？」我問。

「一到了五十英里的起點，我就調轉車頭往回開。雪下得很大，路上又積了四英寸的雪。回程時，太空船又出現了，就在路的中央，我剛剛遇見它的地方。我旁邊的星人忽然消失了，沒幾秒，我看到他站在太空船前面。一閃一閃的燈照亮了他的輪廓，在微光中，我看到他對著我很快的敬禮致意還是揮手什麼的，我不是很確定，然後他就不見了。他和太空船就這樣消失在黑夜中了。」

「你知不知道他們為什麼會在公路上？」

「他說太空船故障，他們為了修理太空船，暫停在路中央。他很好奇，跑到外面試雪。因為風雪太大了，他們並不知道他們降落在公路上。我的出現嚇到他們了，一陣慌亂中，他們丟下他就離開。他們並不預期會有人出現在暴風雪中。由於他們不可以和人類接觸，因此他很不安，怕被發現。同伴會立刻飛走把他留下，也是因為這樣。這整個過程中，他們觸犯了幾個旅行的禁忌。他說他們這組都很年輕，如果上級發現了他們的錯誤，他們很可能會失去探索者的身份。」

「很精彩的故事。」我說。

「是真的。不過如果別人跟我這麼說，我不確定自己是不是會相信他們。聽起來是捏造的，可是不是。我以上帝之名發誓，我說的是真話。」

「我聽過很多很精彩的故事。我必須承認，沒有一個跟你的故事一樣，但我相信你。你的經歷雖然不同，卻和我聽過的許多故事有一致性。」

「還有一件事。他對鏟雪車和它的功能很有興趣。他認為那是很原始的機器，但對它好奇。他對我說，人類太倚賴使用石油的器械了。他說人類應該花精力研究怎麼運用磁力推動來旅行。他不了解為什麼我們的科學家沒有朝這個方向努力。」

「你還記得什麼嗎？」

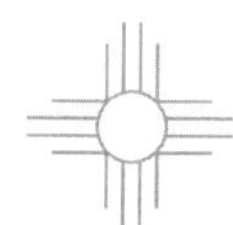

「他以前從沒見過雪，從沒體驗過這麼冷的天氣。他說在他的星球，氣候永遠不變。他一輩子沒那麼冷過，也希望再也不會有同樣的經驗了。」

酒吧的門忽然開了，兩個穿著厚重外套的男人走了進來。

其中一個說：「嗨，羅斯。」

羅斯往他們的方向看，揮揮手。

「你今天晚上要去看球賽嗎？」一個人問。

羅斯回答：「我今天晚上當班。天氣預報說會下雪。」那兩個人走到角落的撞球台打球。羅斯把注意力轉回我身上。

「你還記得什麼嗎？」我問。

「不多了。星人一直很安靜，我則是找不到話說。我不知道該問星人什麼問題，所以我也很安靜。他離開後，我才想到有一百萬個問題要問他，可是在當時，事情正發生的時候，我卻沒想到。」

「你可以說說他長什麼樣子嗎？」我問。

「他個子不大。看起來像人類，但不是人類。從遠處看有點像十歲的男孩。他可以就那樣突然出現和消失，這讓我覺得很有趣。我問了他，他只說他們那裡的人都可以這樣來來去去。他說我也可以，我只需要學會如何正確使用我的腦。我不瞭解他的意思。」

女侍拿了帳單過來，羅斯伸手接下。我要求看帳單，他不肯。「我請客。」他邊說邊

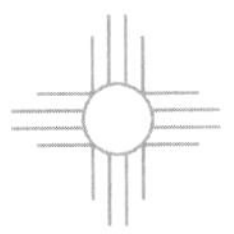

拿出口袋裡的皮夾。

「謝謝。」我說：「但我沒打算讓你請。」

「我知道，但只要是跟我一起吃飯，我從不讓女士付帳的。」他微笑，拿出兩張二十元的鈔票交給正在清理桌子的女侍。

我說：「如果你又想起些什麼，接下來兩天我都會在旅館裡。」他微笑點頭。

「還有一件事。我不確定重要不重要。」他邊說邊站起身，幫我穿上大衣。「第二天，幾個軍人出現在我上班的地方，問有沒有人在暴風雪那晚看到奇怪的光或幽浮。當然，我的老板跟他們說沒有人報告這類事。我沒有報告，另一位駕駛比爾也沒有。我覺得最好不要作聲，我從來不提外星人的事，軍人來的時候，我裝傻。我不想因為什麼政府的調查而失去工作。而且，軍人對我們已經控制太多了。」

「你提醒了我，我想問問另一位司機的事。你說是他打電話跟你說幸運基爾那邊有奇怪的光。你有沒有告訴他星人的事？」

「我們從來沒談這件事。我從來沒想過要說，他也從來沒問我關於光的事。」

拿回找錢，放了小費後，羅斯陪我走向我租的車，幫我開了車門。他說：「希望還有機會見到你。很高興認識你。」

「羅斯，我也很高興認識你。如果你再看到幽浮，你知道要去哪裡找我。」我說。

「你會是第一個知道的。」他微笑著回答。

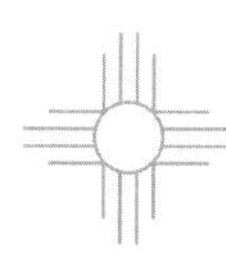

我再也沒見到羅斯。我在阿拉斯加的研究於二〇〇七年春天結束，到今天還沒回去過。我們之間的共同友人跟我說，羅斯不開鏟雪車了。她聽說羅斯和他媽媽搬到了木屋，羅斯在新家附近的村子裡教書、當教練。他現在正在蓋第二間木屋，那是他和他的未婚妻將來要住的地方。

無論羅斯在哪裡，我相信在寒冬的阿拉斯加夜裡，他一定會留意天空橘色的光，就如我在蒙大拿一樣。

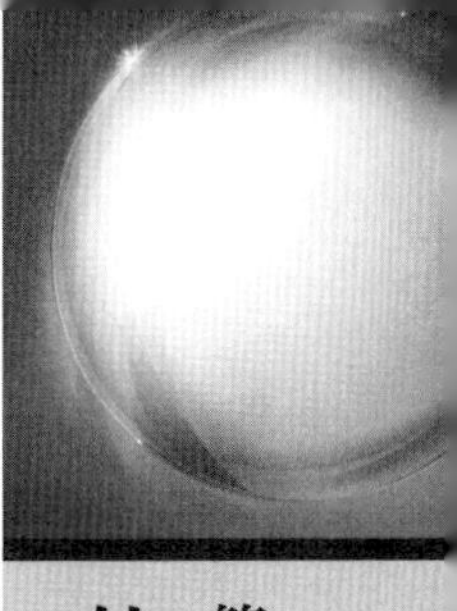

第六章 他們就在我們之中

有好幾個資料來源報告指出，看似人類的外星人混居在人類社會裡，而且住在主要的人口中心。根據這些資料來源，軍隊和政府完全知道這些外星人的存在。

喬治・亞當斯基（George Adamski）是第一位指出外星人和人類一同生活的人。他的書《在飛碟裡》（*Inside the Flying Saucers*）描述了他和外星人的接觸經驗。雖然亞當斯被普遍認為是騙子，但他堅稱外星人看起來和人類非常類似，類似到可以生活在我們周遭而完全不被發現。他們有工作、也開車，能夠輕易地融入人類社區。

最近，陸軍中士羅伯特・迪恩（Robert Dean）宣稱看到北大西洋公約組織（NATO）的一份秘密研究，指出四類不同的外星人族群曾經探訪地球。迪恩曾於一九六三到一九六七年間，在北大西洋公約組織最高總部的指揮中心工作，具有接觸最高機密的權限。

二〇〇九年的十一月二十三日，保加利亞科學院（Bulgarian Academy of Science）太空探索系（Space Exploration）副主任，路切薩・菲力波烏（Luchezar Filipov）召開記者會，告訴記者外星人目前確實和人類共同生活在地球上。菲力波烏說外星人在地球上觀察與研究，外星人並沒有敵意，但因為人類整體的演化和發展不足，他們無法跟人類進行任何理性的溝通。

天普大學（Temple University）的歷史教授大衛．傑克普斯（David Jacobs）研究外星人綁架現象已經三十多年。他相信綁架是為了孕育外星人和人類的混血後代，而現在這些孩子已經開始滲透到人類社會。

本章的印第安長者相信他的牧場正是外星人降落並滲透到地球的地點。

李蘭德

西元兩千年的夏天，我遇見李蘭德。他在印第安保留區以手製鼓聞名。我來到他位於內布拉斯加州邊界的顛簸泥路旁的小木屋，幫一位同事拿鼓。我當時並不是去找星人的故事。然而，有時生命的道路就是會帶領我們來到出乎意料外的經驗，而且永遠改變你的人生。

遇見李蘭德就是這樣的意外經驗。

「我已經活了八十二個冬天了。」李蘭德邊說，邊小心翼翼地把黑咖啡倒進我面前那個有著裂紋的杯子裡。我看著他的手。老人斑和腫脹變形的手指關節顯示出年紀和一生的辛勞。李蘭德很高，這是北方平原印第安男人的特徵。黑白夾雜的頭髮剪得很短，使得膚色顯得非常黑。他在木屋裡移動時，走得很慢，非常小心翼翼。他解釋說他「撞傷膝蓋」了，他在內布拉斯加幫牛仔馴馬時發生的意外。我看到房間一角有根手製拐杖，顯然他在戶外靠著它來穩定自己的步伐。「我有很豐富的人生。」他解釋：「我當過牛仔、垃圾車清潔隊員、挖溝工人、馴馬師、建築工人、廚師、牧場工人和戰士。」

我說：「很驚人的一生。」

「我祖父打過卡斯特（Custer，譯注：美國第七騎兵團團長，以饒勇善戰聞名）。我父親參加過第一次世界大戰。第二次世界大戰時，我在法國。我們家自古都是戰士。我十八歲的時候，軍隊來保留區招募軍人，說我們被日本攻擊。我和朋友立刻就參軍了，我們連日本在哪裡都不知道，可是我們就是想跟他們打仗。我們有七個人，只有我活著回來。我離開了四年，才又回到保留區。」

「你這輩子都住在這裡嗎？」我問。

「我就生在這個木屋裡。這是我父親的地。我從來沒上過學。他們把小孩送去住宿學校的時候，我爸爸把我和我弟弟藏起來。他說我們不需要去上學。他說大自然才是我們的學校。」

「你弟弟現在在哪裡？」

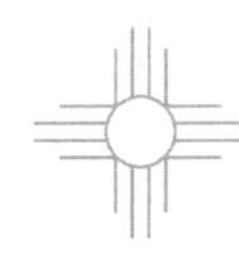

「他十二歲的時候死於肺炎，那是個寒冬。」

「你怎麼學會英語的？」

「大都是在軍隊學的。聽收音機學新的詞彙和表達方式。我現在大部份時候都說英語，沒有多少人會說印第安話了。」他說：「我看過很多東西，大部份的人想像不到的東西。」

「你的意思是……？」

「讓我問你一個問題，」他說：「你相不相信有人住在別的星球上，而且他們會來造訪地球？」

我試探性地問：「你是說幽浮和星人嗎？」

他回答：「不僅如此。這些人不是長輩跟我們說的星人。地球已經被入侵了。我認為我的牧場是降落地。」

「你說的降落地是什麼意思？」我鼓勵他解釋。他走到門邊，要我也跟過去。

我們站在門口，他指著屋旁的空地。

「就是那裡，他們在那裡把人放下來。」他說：「他們晚上的時候來，在原野上盤旋。他們把交通工具降到地面，裡面都是人。太空船放了人就飛走了，第二天晚上車子開回來時，只有司機在裡面。太空船會再回來接司機和車子上去，然後離開。」

我問：「你認為那些乘客怎麼了？」

「我認為他們被帶到客運站、機場或城市去了。任何一個他們可以隱秘生活的地方。」

「你不覺得他們會因為與眾不同而被認出來嗎？」我問。

「在這裡會。這裡的每個人都互相認識，陌生人會吸引很多注意。他們必須把人帶到陌生人可以輕易融入的地方。在城市就沒有人會知道。」

「你怎麼知道他們不是人類？」我問。

「他們看起來很像人類，但不是人類。」他說。

「你的意思是……？」

「六年前，有艘太空船來了，在天上盤旋，然後放下了一輛車。」他指著木屋前面的空地。「車子往公路開，但還沒到公路就爆胎了。我就是從那個窗戶看著他們。」他指著廚房窗戶。「屋子裡沒開燈，但我看得很清楚，就像白天一樣。那天是滿月，天上一片雲也沒有。司機走出來，繞著車子走了一圈，他看著木屋，慢慢走過來。我看到他站在門口，他就站在那裡，沒有敲門。看起來他不知道該怎麼辦，或是他在想該做什麼。後來，我開了門。他看起來很奇怪。戴著寬邊帽，不像印第安人戴的牛仔帽或棒球帽。他穿著黑色西裝，白色襯衫，一直拉扯領帶，好像不習慣打領帶的樣子。他迴避我的目光，所以我一直無法好好看他的臉。他的脖子短短的，很粗，幾乎沒有脖子，像是頭直接在肩膀上似的。或許這是為什麼他一直在弄他的領帶。他就站在那兒。我有個感覺，他希望我跟他過去。」

我問：「他有說什麼嗎？」

「一個字也沒說。他轉身往車子去，我跟著他。車裡有三個男的和兩個女的。沒有人說話。我到了車邊，他指指輪胎。我把汽車鑰匙取出來，看看後車廂有什麼。我找到備胎和換車胎的工具。我跟他解釋必須換輪胎。」

「他瞭解你說的嗎？」

「他瞭解。可是當我告訴他，乘客都得下車，我才能把車子架高時，他看起來很困惑。我走過去，開了車門，用手勢示意他們下車。他們全都從另一邊下了車，在車子後面站在一起。他們不想接近我。」

「你把輪胎換好了嗎？」我問。

「換好了。後來我示意他們回到車裡。我離開時，他給我十個美金一元的銀幣，真正的銀幣。」

我問：「你還有保存嗎？」

「我去當鋪賣掉九個，換了一百美金。當鋪說我有多少他就要多少。但是我後來沒機會有更多了。」

我問：「你還有一個？」他伸手進口袋，拿出一枚銀幣。就我所知，那確實是真正的銀幣。我拿在手上把玩，心想著，或許有位星人曾經握過這枚銀幣。

我交還給他，他說：「這是我的幸運銀幣，它提醒我曾經接觸過外星人，而且現在還活著說這件事呢！」他微笑，我看到他臉上的驕傲。我知道他的意思。他是戰士。他「戰勝」了外星人。「戰勝」（counting coup）表示你碰觸了敵人，但是選擇不殺死對方。在許多北方平原印第安文化中，「戰勝」是終極的勇氣表現。

「你可以告訴我關於乘客的事嗎？你為什麼覺得他們不是人類？」我問。

「嗯……首先，他們坐太空船來。他們並不友善。沒有人跟我說話。他們舉止奇怪。像是很害怕，還是不屬於這裡的樣子。女人穿高跟鞋，但走起路來有點困難，好像她們以前從來沒穿過高跟鞋似的。」

我問：「你確定汽車是從太空船降下？」

「我很確定。他們經常這麼做，我的地上都留下車痕了。」他要帶我去看車子開過的痕跡。

我問：「你上一次是什麼時候看到他們？」我們慢慢朝田野走過去。

他回答：「大約四個月前了。有一陣子他們每隔一兩天就來一次，後來就停了。」

我問：「他們開哪種車？」

「向來都是黑色的，很大的車。像是雪佛蘭（Chevy）或別克（Buick）或類似的車。我從來不注意車的牌子，但是很確定都是美國車。」

「你曾經向族裡的警察報告過這件事嗎？」

「他們能做什麼？我怕他們會告訴社工，然後就把我送到老人院了。那還倒不如把

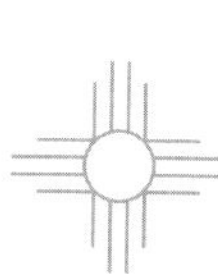

我關進監獄去算了。我一直自由自在的。我知道自己看到了什麼，我也知道發生了什麼事。」他指著地上的車痕，說：「太空船就浮在那邊，車子直接降下來，好像有個隱形電梯似的。接著車子就從這裡開到公路上。」我順著他手指的方向，看到草地上兩條清晰的輪胎痕跡。

「跟我來，沿著車痕走。」他說。我扶著他，跟著車痕走到土地中央，「你看。」他用拐杖指著一個完美的圓形禿地。「那塊地上什麼都不長。就是這裡，太空船飄浮在空中。把草都殺死了。」

我在午後的陽光下，站在那裡看著圓禿禿的土地，回頭再看看草地上的車痕，心裡想著，那些不相信的人會怎麼解釋這位老人的故事。

「現在你怎麼想？」他打斷了我的思緒。

「這裡確實是有些不對勁，是的，我相信你。」我回答。

我們走回木屋，我問李蘭德，他認為外星人為什麼要來地球。他搖搖頭，看著天空。「也許地球比較好吧。也許他們來學習我們的生活方式。或者，他們就像現代的哥倫布，等著從白人手上拿走白人從我們手裡拿走的一切。」他又微笑了，我不確定他是說真的還是在開玩笑。

喝了幾杯咖啡，分享了一個灑滿椰子粉的巧克力球後，我付給李蘭德那個漂亮手製鼓的錢。離開時，他陪我走到我的車子。

「記得，孩子：我們印第安人知道星人。多年來，他們一直跟我們在一起。但是這些外星人不一樣，他們不是我們的祖先，他們來這裡有別的原因。」

「我會記得的。」我說。

「如果你來這附近，記得過來看我。黑咖啡總會熱騰騰的等著你。」

我告訴他：「我答應你，我一定會來。」

接下來的兩年，我一有機會就去探望李蘭德。他的外星人故事從來沒變過，雖然有時候好幾個月都沒有任何動靜發生。

李蘭德過世前兩個月，我順路去看他。他的朋友華德正好在他那裡。我帶了一袋子雜貨去，提議為他們做晚飯。

李蘭德說：「他們又來了。兩個禮拜前，華德也看到了。」

我問：「你覺得他們今晚會來嗎？」

「我不知道，很難預料。他們沒有固定的時間表。歡迎你留下來等等看。」我們吃著油炸洋芋、牛排和蛋，加上李蘭德最喜歡的椰子巧克力球和濃烈的黑咖啡。我聽著這兩位朋友聊天，討論外星人為什麼來地球和可能的計劃。華德確認了李蘭德故事的所有細節，同意李蘭德外星人已入侵地球的想法，但他又加了另一個詮釋的角度，他覺得有人

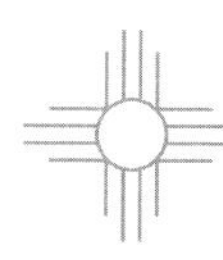

類和外星入在這件事上合作。

我一直待到午夜，最後不得不離開。我必須開六十英里回到旅館，第二天早上八點和學校當局還有會議。李蘭德陪我走到車邊。

「如果你沒有再看到我，就注意天空吧！沒多久後，我也會在星辰間旅行了。如果我走了，記得這裡發生的事。有機會的話，告訴這個世界。」他說。

那天晚上離開時，我有個感覺，我再也不會見到李蘭德了。三個月後，我出完差回家，電話留言裡有通訊息說李蘭德過世了。那個月稍晚，我去了保留區，華德來旅館看我。

「我很遺憾你沒能來參加喪禮。」華德說。

「我在外地出差。喪禮後一星期才得到消息。」我說。

「過去兩年，你是他生命裡很重要的人，他把你當成他從未有過的孩子。過世前一個月他跟我說，如果他有女兒，他會希望她就像你一樣。他有樣東西要我給你。我一直帶在身上。」

他把手從口袋伸出來的時候，我看到了那枚銀幣。我拿起來，握得緊緊的。「李蘭德從外星人那邊賺來的銀幣。」我說：「他戰勝了。」

華德回答：「而且不只一次。」我知道他的意思。李蘭德是位戰士。即使今天，我也經常想起他。每次在客運站、火車站或機場時，我都會看著過往行人的臉，試圖尋找李蘭德口中的外星人。我相信，如果李蘭德在天上看著我，他會知道我在努力信守承諾，跟大家說他的故事，讓大家知道，我們真的並不孤單。

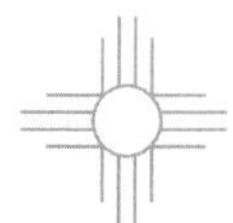

第七章
星際旅行者

星際旅行者指的是自稱曾經接觸外星人，但不是一般在地球上的接觸經驗或是被太空船綁架的經歷，他們是志願與星人一起在星際間旅行。通常在這樣的故事裡，外星人會傳遞訊息、警告或智慧給他們。這些接觸往往有持續性，但也有些是單次的經歷。他們大都描述這些接觸是美好或有益的經驗。他們說這些外星人很像人類，並且認為自己是被慈愛和先進的外星文明所「挑選出來」傳達訊息的使者。

本章主角相信自己曾與星人接觸，並被帶到太空船上。他告訴我們他所獲得的關於地球未來的警告。

比利

我和比利一起長大。我大學畢業時，比利是個尚未出頭但很有才華的作曲者，他一心夢想成為有名的鄉村歌手。即使在那時候，大家都知道他的酗酒問題將會是他的重大阻礙。雖然酗酒，他仍偶爾會在印第安酒吧唱歌。有位知名的藝人對美國印第安議題很有興趣，她注意到了比利，邀請他當她全球巡迴演唱的開場嘉賓，在全美各地、澳洲和歐洲演出。比利因此有了些名氣，雖然還是酗酒，但事業就此起飛。這些年來，他出了自己的專輯，還去了好萊塢，在幾部電影裡演出過小角色。

上次我見到比利的時候，他在新墨西哥州的阿布奎基（Albuquerque）演出美國印第安節目。三天的藝術節裡，他每天早上和下午各有一場一小時的演出。演完第一場後，我找到他敘舊。我已經好幾年沒看到他了，我們的關係依然親近，花了一下午聊舊識，細數過往。

我們在演出者和工作人員的臨時餐廳裡找了偏僻的桌子坐下。比利說：「好幾年前我就該聽你的。如果我聽了你的話，我的人生可以有更高的成就。」

「比利，我很高興你現在不喝酒了。這才重要。永遠不晚。」

「八年前，我認識了一個科羅拉多州的女子，她說服我去戒酒治療。後來，我們搬來阿布奎基，她幫助了我不再碰酒精。到現在已經七年了。」他微笑說：「但是酒精已經毒害我的身體。我年紀還沒那麼大，可是有時候覺得自己像老頭子似的。」

「你必須想好的事，比利。我真的很高興聽到你不再喝酒了。」我看著他說：「你巡迴演出的時候是怎麼讓自己不碰酒的？」

「我現在不巡迴了。我會在一些全國性的印第安活動中表演，但是大部份時候我就只在阿布奎基和蒙大拿、科羅拉多和達科塔州的印第安賭場演出。這些地方不賣酒，我還可以看到很多老朋友。我的專輯一直賣得不錯，現在在準備新專輯。我有忠實的粉絲，他們會鼓勵別人買我的專輯。這樣子就夠生活了。」

「我也是你的粉絲，我有買你的專輯。事實上，我也在等著你出新的專輯呢！」比利笑得很開心。我意識到歲月不饒人，他出名的長辮子變細了，也開始變白了。他胖了很多，常常無意識的拉polo衫，即使他已穿著運動外套遮掩身材。

「你有沒有想過用自己的音樂警告別人不要酗酒嗑藥？」我問。

他回答：「我的音樂還有更重要的目標，我今晚跟你說。八點鐘，在我家有個聚會。住址給你。」他遞給我一張名片，上面印了電話和住址。「希望你能來，如果可以的話，早一點來，我想跟你說我的音樂方向。我想聽聽你的意見。我爸爸總是說你是有知識跟智慧的女人，從你很小的時候便是如此。」

「我會去的。」我說。

他站起身，我看到他的樂團正走回下午演出的場地。

五個小時後，我的車開進比利家的車道。走進屋子時，比利在客廳踱步，他的妻子正拿出招待客人的食物。他很擔心，他說：「我很擔心大家會不想來，因為我跟他們說，

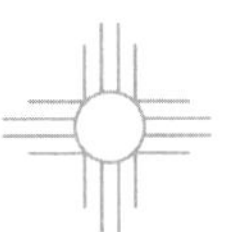

我家不可以喝酒。」

「他們不會不來的。大家尊重你戒酒的事，他們知道你經歷了什麼。他們會來的。你也知道，印第安人嘛，總是遲到。你比任何人都更懂得『印第安時間』是怎麼一回事。」我玩笑的說。比利笑了。「況且還有四十五分鐘呢！你要我提早到，不記得了嗎？」

他說：「當然記得。我確實有請你提早到。來，我要給你看我的工作室。我有事想跟你談談。」他帶我到地下室。

他解釋：「這是我工作的地方。」我環顧四處，工作室佔據了地下室大部份的空間。房間中央架著幾把吉他，牆上都是有名的歌手和電影明星的簽名照。我看到約翰・丹佛（John Denver）、方・基默（Val Kilmer）、威利・尼爾森（Willie Nelson）、勞伯・瑞德福（Robert Redford）、強尼・凱許（Johnny Cash）、克里斯・克里斯托佛森（Kris Kristofferson）、邦妮・萊特（Bonnie Raitt）、卡羅・金（Carol King），還有許多人。

他拿起一把吉他，坐了下來，要我也坐下。「坐在我旁邊。」他說。我和他一起坐在皮沙發上，看著他的手指輕巧地撥出旋律，歌詞是關於一個印第安男孩瘋狂愛上一個印第安女孩。這是他第一張專輯裡的歌。

他問：「你知道黑麋鹿（Wallace Black Elk）身上總是帶著一塊他和幽浮接觸的紀念石頭嗎？」他的問題來得突然，我有點意外。我記得讀過關於拉科塔（Lakota）奧格拉拉蘇族（Oglala Sioux，譯注：蘇族分為七個部落，奧格拉拉為其中之一）長老及精神領袖黑麋鹿的故事，那本書叫《黑麋鹿說話》(*Black Elk Speaks*)，作者是約翰．尼哈德（John G. Neihardt）。書裡描述了這位印第安巫醫以及他深入地心和其他世界的經驗，書中也包括黑麋鹿的觀點敘述，包括他看到自己成為「第六位祖父」(sixth grandfather)，也就是大地與人類的精神代表。

比利說：「黑麋鹿十三歲就參與了小大角戰役，他也參加了一八九〇年的傷膝之役。」

「你能想像嗎？他這輩子看到族人生活的改變這麼大？」我問。

比利不可置信的搖頭。「有一次，我受邀到松脊（Pine Ridge）的賭場演出。他們還在談論黑麋鹿去拜訪他表弟班傑明的事。他那時正在汗屋（sweat lodge，譯注：美國印第安人習俗，以自然材質建的小屋，在裡面升起柴火，做儀式性的蒸氣浴同時祈禱），根據班傑明家人的說法，有個圓形的飛行器從空中出現，飄浮在半空中。忽然，一顆石頭穿透了關著的門，落在黑麋鹿的雙腳間。他撿了起來，可是他必須完成汗屋的儀式才能離開。」

「我讀過他表弟一家都在前廊，看到這一切發生。」我說。

「沒錯。等他能離開汗屋的時候，太空船已經離開了。黑麋鹿一生都把這塊石頭帶在身上。他期望將四方的所有人民都團結起來——紅人、白人、黑人、黃人。」

「我在《黑麋鹿說話》有讀到這段。」我回應。

「我在松脊的保留區遇到一位巫醫。他還記得黑麋鹿。有一陣子，他對黑麋鹿感到

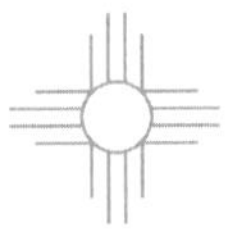

失望，因為黑麋鹿改信了基督教。雖然改了信仰，他仍然帶著這塊石頭，而且還是用神聖煙斗抽菸。他告訴我，當黑麋鹿點燃神聖煙斗時，他自己會笑起來，說他的煙嘴是和星人接觸的雷達。」

「這個想法很有意思。」我說。

「黑麋鹿相信星人幾十萬年前就從天狼星和昴宿星團來地球了。他說他們是我們的祖先。」

「我祖母也是這麼跟我說，她相信我們的祖先來自外星球。」

比利沉默了一會兒。

「黑麋鹿和松脊的巫醫是我新專輯的靈感來源。」比利說：「我幾乎為此工作了一整年。大部份的歌都寫好了，只要錄音就行了。專輯會像是一首很長的敘事詩，每一首歌都建立在前一首歌上，述說我跟我們的星人祖先接觸的故事。」

「我不明白。」我說。

「我跟星人一直有接觸。他們帶我去別的世界，就跟黑麋鹿一樣。我看過一個新的世界，他們為我們準備的世界。」

「你在告訴我，星人幫美國印第安人準備了另一個星球？」我問。

「旅行時，他們給我看了地球的未來命運。地球會整個毀滅。星人接觸我，要我透過我的音樂警告大家。我們一定要準備好，因為當毀滅來臨，印第安人會被太空船帶離

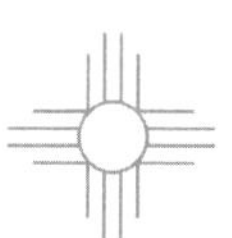

地球。我們的星人兄弟會來接我們，把我們帶到另一個星球，讓我們像以前那樣生活，沒有偏見歧視、沒有疾病、沒有窮困和酒精。就像星人當初把印第安人帶來這個地球上一樣，他們會把我們從這個正在死亡的地球帶到別處，讓我們再度自由生活。」

「星人有說他們何時會來嗎？」我問。

「他們說做好準備，告訴大家離開的時間已經近了。」

「你會提到星人實在很有意思。我一直在收集故事，希望有一天寫成書。因為工作的關係，我和世界各地的原住民都有接觸。」

比利說：「希望你會把我的故事寫進去。」

「一定會的。你的故事跟我在亞利桑那州聽到的很類似。」我回。

「我也聽過很多故事。大約一年前，我遇到一位霍皮族（Hopi）長老，他說時間快到了，大地將充滿戰爭，炸彈將造成地震和火山爆發。他說他們的先知預言大地將振動，然後毀滅。他相信這時候太空船會來把霍皮族送到另一個星球。他說當這些發生後，新的世界會開始，霍皮族將帶領大家再度走出黑暗。」比利說。

「你提到星人會帶所有的印第安人到另一個世界。這個新世界看起來是什麼樣子？」

「我看到了。它就像地球——可是是古老時候的地球。有野生動物、果樹、清澈的溪流和山林，還有草原上的野花。」

「帶你去旅行的外星人看起來是什麼樣子？」

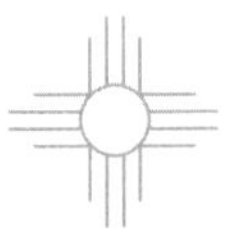

「就像你和我。他們是我們的兄弟姐妹，在太始之初就來到地球了。他們開始了這個星球的生命，然後在某個時候，最初的太空旅者走了。他們還會再來，但這一次，他們會幫助我們離開地球。」

「他們要怎麼帶我們所有的人？我們有超過兩百萬人散佈在全球各地，也許甚至有一千萬人，如果你把所有聲稱有印第安血統的人也算進去的話。他們也會接南美洲和墨西哥的原住民嗎？我們需要聚集在哪個特定的地點嗎？」我問。

「他們知道地球上每個印第安人住在哪裡，無論是哪一族。他們不會拋下任何一個準備好並且願意離開的印第安人。專輯的第一首歌就是叫大家準備好，因為我們的祖先很快就要來了。」

「你可以為我唱這首歌嗎？」我問。

他拿起吉他，開始彈奏。我仔細聽著歌詞。

歌曲結束時，比利問：「你認為如何？」

「我覺得寫得很美，你說得對，這是你最好的一首歌。」

「你覺得大家能夠瞭解，能夠接受嗎？還是會排斥這首歌？」

「比利，他們為什麼要排斥呢？這是你的故事，從你心裡湧現的故事。而且，你真的在乎別人怎麼想嗎？你是藝術家，藝術家就是要創作。」

「有人不希望我說這個故事。我被業界的某些人警告過，他們說這些歌可能毀了我

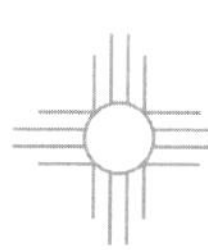

的事業。」

「我只能說，跟著你的心走。你知道你想說什麼，你想帶給大家什麼訊息。這才重要。」我回應。

「我就知道你會這麼說。」他說。

「你還有別的歌嗎？」我問。

「這首會是專輯裡的第一首歌，我叫它『出現』。」

我聽著歌詞敘述星人乘著太空船，半夜來找他。很容易想像歌詞的畫面。唱完最後一句，比利的客人開始抵達。他的妻子下來叫我們，於是我們關於他到星際旅行的話題就此結束。離開聚會時，我聽到他跟別的客人在談他的旅程。

接下來的幾個月，我去了阿拉斯加、夏威夷，並往返東西兩岸。某次旅行回到家，我收到比利寄來的包裹，裡面是他新專輯的預發佈版本，名稱就叫做《航行》（*The Voyage*）。就如他所說，專輯一開始就是太空船降落的聲音，最後則是太空船離開地球引力的聲音，這兩首曲目很貼切的叫作「出現」和「出走」。然而專輯裡的歌曲卻不一樣了。它們不像比利跟我說的那樣，也沒有收錄他在阿布奎基為我唱的那首歌。音樂旋律相同，但是歌詞變了。他描述的旅程是去靈魂的世界而不是另一個星球。我納悶比利跟我說的那些歌，以及他為我唱的那首怎麼了。但是，我一直沒有機會問他。

雖然比利和我一起長大，中學時也是朋友，成年後，我們的人生卻很少交會。我不會出現在比利的圈子裡，他也不會出現在我的生活圈。我在學術界，他在音樂圈。雖然我留意他的事業發展，購買他的專輯，但我很少看到他，我們不像年輕時，事業剛起步那時候常見面。《航行》之後，他又發了一張專輯，那是他最成功的一張。二〇〇一年，我在鹽湖城（Salt Lake City）機場巧遇一位我們共同的友人，他告訴我比利過世的消息。四十七歲的他死於肝硬化。雖然他改變了生活方式，但已經太遲；他終究沒能修復酗酒造成的身體傷害。

我常常想到比利，想起他那晚說話時的熱情。我常聽他的音樂，心裡希望他已經找到他對我說的地方，就等著我們去了。

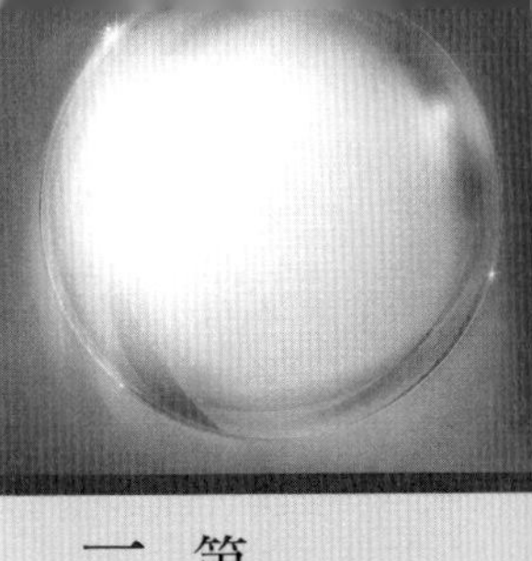

第八章

三位軍人的第一類接觸

第一件廣為人知的現代幽浮事件，發生在一九四七年。商人肯尼斯．阿諾（Kenneth Arnold）宣稱在華盛頓的瑞尼爾山（Mount Rainier）駕駛自己的小型飛機時，看到了九個飛行物體。報紙的報導描述這些物體為碟子形狀，因此有了大家熟知的「飛碟」一詞。

一九四七年七月八日羅斯威爾軍事機場公共資訊主任華德．豪特（Walter Haut）發佈新聞，五〇九轟炸小組（509 Bomb Group）成員在新墨西哥州的羅斯威爾某個牧場附近發現墜毀的「飛碟」。第二天，羅傑．藍米將軍（General Roger Ramey）舉行記者會，表示事實上發現的是一個帶有雷達追踪器的氣象探測氣球，不是「飛碟」。接著又辦了一次記者會，為文字和攝影記者展示氣球殘骸。

目擊不明飛行器的事件不斷增加。一九四八年，空軍開始一項稱為「信號計劃」（Project Sign）的調查。一開始的理論是，幽浮是蘇俄的精密飛行器。然而，在一年內，「信號計劃」轉為「怨恨計劃」（Grudge Project），一九五二年再度改為「藍皮書計劃」（Project Blue Book），這個計劃總部位於俄亥俄州戴頓（Dayton）的萊特．派特森空軍基地

（Wright-Patterson Air Force Base），研究時間從一九五二年到一九六九年，是政府調查幽浮的最長壽計畫。這項計劃總共匯總了一萬兩千次的目擊事件。百分之九十四的目擊歸於氣候或人為現象，剩下的百分之六則為不明原因。

同一時期，幽浮的報導持續出現。中央情報局因此鼓勵政府成立科學家小組來調查這個現象。小組召集人是羅伯森（H. P. Robertson），加州帕莎蒂娜（Pasadena）加州理工學院（California Institute of Technology）的物理教授。小組成員包括兩位物理教授、一位太空人和一位火箭工程專家。一九五三年，小組成員聚會三天，審查藍皮書計劃累積的各種報告，也訪談了幾位軍人。他們的結論是百分之九十的目擊都是天文或氣候現象。他們也認為這些現象對國家安全不造成威脅，而且無法證明外星人的存在。

一九六六年，科羅拉多大學（University of Colorado）進行科學認可的調查，領導者是愛德華・康頓（Edward Condon）。兩年後，康頓小組的報告指出五十九項不明飛行物目擊事件經過詳細研究，結論是沒有什麼特別之處，只是一般現象。他們認為沒有必要繼續調查。一九六九年，藍皮書計劃中止，大家的注意力都放在阿姆斯壯（Neil Armstrong）登陸月球的第一步。

美國太空總署和太空人時代引起了大家對幽浮的再次關注。太空總署否認美國的太空船和幽浮有過接觸，但多年後，有些太空人反對官方的說法。

一九七九年，曾任太空總署通訊系統主任的毛里斯・查特連（Maurice Chatelain）宣稱阿姆斯壯曾經報告在月球火山口的邊緣看到兩個幽浮。根據查特連所說，每次太空人向任務控制中心報告目擊事件時，上級都會命令大家保持緘默，絕對不可說出去。查特連說，搭水星八號（Mercury 8）升空的太空人華德．希拉（Walter Schirra）將外星人的太空船暱稱為「聖誕老公公」。

二〇一〇年，太空人史托里．馬斯格雷夫博士（Story Musgrave），一位火箭彈頭專家，參與了STS-80的升空任務。他說他看到一個碟子形狀的物體，比美國太空船哥倫比亞號還大上許多。當時他們離地表一百九十海哩。馬斯格雷夫回來後就辭職了，這樣他才能公開說自己的經驗。太空總署資料及圖像控制部（Datd ans Photo Control Department）的前主管肯．強斯頓（Ken Johnston）在阿波羅任務時負責月球資訊接收實驗室（Lunar Receiving Laboratory）。他在二〇一一年十一月被辭退，因為他公開揭露月球上有所謂外星人城市的資訊。

本章故事來自三位不同族部的印第安男子，他們全是美國空軍，服役時曾共同目擊幽浮。目擊事件發生後的幾小時內，三人立刻被轉調到不同的基地。雖然目擊事件已經過了將近四十五年，而且自事件發生後，他們並未保持聯繫，但他們仍能清楚憶起當時情況，而且細節幾乎一樣。

他們的敘述證實了美國軍方非常努力地隱瞞幽浮存在的資訊。

這是他們三人第一次述說自己的幽浮故事。

阿倫

在阿倫跟我說他的故事之前，我們已經認識快十五年了。我剛認識他的時候，他是蒙大拿州立大學聘請新教授的面談委員會成員。這個教授職務包括召募美國印第安學生就學，並且在教育系教書。我是最後三位被遴選的其中之一。

阿倫在面試委員會代表本州印第安族群的利益。他身高六呎三吋，長得很英俊，身上的肌肉像健身教練那麼壯。他的長髮留到肩膀，綁著頭巾。他男孩般的微笑和彬彬有禮的態度，讓每個認識他的女人都喜歡他。他總是穿著牛仔褲、格子襯衫和皮夾克。我從來沒看過他不是穿牛仔皮靴的時候。

我被大學聘用後，阿倫和我一直保持聯繫。多年來，我把阿倫和他的妻兒視為家人。當我到他的保留區工作，經常會跟他們共進晚餐。他每個月都會到荷里娜市（Helena）與州長代表碰面，討論印第安事務，也因此經常順道來我的大學辦公室探訪。

某次，我們在辦公室討論部落政治，我注意到他一直看著我掛在牆上的海報。海報上是一個幽浮，下面寫著：「我相信」。

他指著海報問：「你相信嗎？」

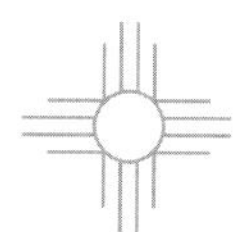

我回答：「我相信。」

他開始說：「我也相信。我以前在空軍。大部份印第安人參加陸軍，但是我加入了空軍。還在服役的時候，有天晚上，整個基地都進入警戒狀態。一個幽浮出現在雷達上，直接朝基地飛來。好幾架噴射戰鬥機都升空攔截。戰鬥機回來後，基地仍然保持警戒。我們全穿著戰鬥制服，散佈在基地四周。半夜兩點，一架太空船出現了，它浮在基地上空至少三十分鐘。太空船有窗戶，你可以看到有影子移動，像是有人在走動。我們全站在那裡，準備隨時開槍，但一直沒人下令開槍。幽浮就懸浮在那裡，一動也不動，也沒有發出任何聲音。有個愚蠢的士兵跑出列，朝太空船跑去，一面叫囂，一面在空中揮舞他的槍。太空船射出一束光，那個人就當場僵在原地。光束收回後，那個士兵面朝下倒地，過了幾秒，太空船就飛走了。兩小時後，長官召集我們，說剛剛是演習，命令我們不可以談論這件事。我從來沒有跟別人說起。我一直保守這個秘密，直到現在。」

「為什麼現在說出來呢？」我問。

「那張海報。我們那個晚上看到的太空船就跟海報上的一模一樣。」

「事件之後，你和你的隊上兄弟有沒有討論過這件事？」

「從來沒有。目擊事件後的幾個小時內，我就被調到另一個基地。我的朋友也都被調走了。他們給我們十二個小時準備移防。有很多文件需要填寫。我們沒有時間討論移防或幽浮。有些人交換了家裡的地址，但你也知道十八歲是什麼情況。你覺得你會保持聯繫，但沒有。我之後就再也沒見過這些人或聽到他們的消息了。」

「好可惜。如果你能記得他們的名字或住址就好了。」

「我知道他們的名字和住址，至少是我們服役時他們家的住址。我回家後會去櫃子裡找找。如果找得到，我再見到你的時候就交給你。」他說。

我下次到保留區便順道去看了阿倫。我走進他的辦公室，他微笑著說：「我聽說了你要來。」他伸手進襯衫口袋，交給我一張發黃的紙。上面有兩個人名和奧克拉荷馬州及亞利桑那州的地址。「他們跟我一起服役。我完全不知道這兩人現在在哪裡，甚至不知道是否還在世。如果你找到他們，請跟他們說阿倫問候他們。」

我收下了紙條，答應他一旦找到他的舊日夥伴，一定會詳細跟他說明情況。

大學暑期結束後，我在秋季開學前有三個星期的假期，因此決定照著阿倫給的紙條上的兩個人名和住址，往南旅行。我在奧克拉荷馬州見了一些住在塔拉瓜（Tahlequah）的親戚。經由各種聯繫，我在警界工作的表親找到了和阿倫一起服役的麥克斯的家屬。我開車去找她。朵莉絲告訴我，她父親從越南回來之後，沒多久就跟她母親離婚。朵莉絲完全不記得他了。

「一直到我滿十八歲前，他每個月都會寄撫養費來。」她說：「但他不曾來看我們。我母親說戰爭改變了他。」

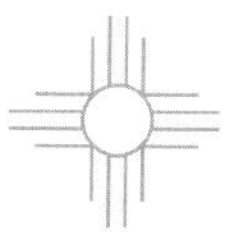

朵莉絲說她還保存裝支票的信封上的地址。找了幾分鐘，她拿地址給我。我謝了她，第二天一早，我和親戚們道別，往南朝新墨西哥州，朵莉絲父親可能居住的地方開去。

麥克斯

我在新墨西哥州，靠近墨西哥邊境的北邊找到朵莉絲的父親麥克斯。他住在拖車屋裡。拖車屋在大約二十英畝的土地上，附近只有沙漠、仙人掌和灌木蒿。拖車屋的四周整理得很整齊，麥克斯仔細地用石頭和植物設計了花園，種了各種沙漠植物。他告訴我，石頭花園是他的嗜好，他用當地的植物佈置，因為只有它們才能忍受夏天的酷熱。

他有隻叫羅傑的大狗，正躺在拖車屋的布棚陰涼處。我自我介紹並提到阿倫，麥克斯還記得他，並且很高興知道阿倫過得很好。我告訴他，我在追蹤一個阿倫告訴我的故事，是他的女兒朵莉絲把他的地址給了我。

「你看到朵莉絲了嗎？」他問。

「有，她是位很可愛的女士。」我回。

「她是我這生最大的錯誤。我不是說她，而是指我離開奧克拉荷馬以後就沒有再見過她。我的兒子甚至不知道他們有個姊姊。現在一切都太遲了。」他說。

「也許不會。她知道你一直在支持她和寄禮物給她。所以或許不會太遲。」我打開筆

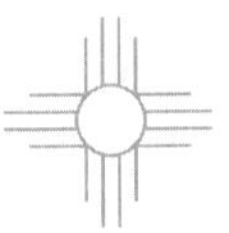

記本，寫給他一個電話號碼，「找個時間打個電話給她吧！」我說。

他拿了電話號碼，塞進牛仔褲的口袋。

「你記得你在空軍的時候，曾經發生過什麼不尋常的事嗎？」我問。

「你是說幽浮？」

「你記得看過幽浮？」

「對，我記得。長官告訴我們不可以討論這件事。事實上，他們說如果我們說出去了，他們會來找我們。他們說我們目擊了最高機密的測試，那是為了要看我們在不尋常的壓力下會如何反應。我從來不相信這個說法。簡直就是睜眼說瞎話，他們以為我們那麼沒經驗，會笨到聽信他們說的任何話。他們說那是實驗的太空船。全是謊言。就算是長官也不知道那艘太空船是什麼或是從哪裡來的。他們全在發抖，他們最不願意的就是這些話被傳出去。」

麥克斯咳了幾聲。我聽到他的胸腔雜音。「抽太多菸了。」他邊說邊把菸屁股丟在地上，用靴子踩熄。

我注意到他的手上有尼古丁的顏色，他繼續咳，我保持沉默。這個全身曬成古銅色的男人一根又一根的抽著沒有濾嘴的香煙。麥克斯說他再一年就要六十歲了，但是他看起來更老。

他穿著磨損的牛仔褲和牛仔靴子，看來比實際來得高。瘦瘦的胸膛上掛著一件有污

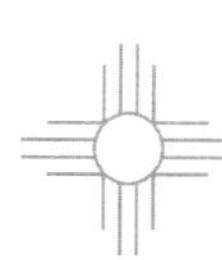

漬的墨西哥佩昆區硬石餐廳的舊T恤。他的背已經開始駝了，在越南的槍傷也使他走路時一跛一跛。舊傷使他行走時上身會往前傾，有時跌跌撞撞的。有幾次他在院子裡走動，我都以為他要跌倒了。

咳嗽聲停了，我問：「你可以告訴我，那個晚上發生了什麼事嗎？」我邊等他的回應，一邊伸手進包包拿出一包咳嗽喉糖給他。他停頓了一下，然後重綁了他的長馬尾，眼神望向遠處的天際。

「我永遠忘不了我看到的。那天很晚了，我們睡到一半被警報聲吵醒。整個基地在緊急狀態。我記得那晚很冷，我討厭寒冬，我寧可住在亞利桑那或新墨西哥州。」

他拆開一顆喉糖，放進嘴裡。

「阿倫、漢克和我──我們被叫去保護基地大門。我們站在自己的崗位，等待著不知名的敵人。我們一定站了超過一小時。我很冷，牙齒在打顫。然後事情就發生了。太空船突然出現，一點聲音也沒有。就這樣突然出現，安靜地懸浮在基地上空。我們不知道要怎麼辦。大家緊張得不得了。長官叫我們不要開槍，但如果有什麼事發生，要有回應的心理準備。有個傢伙，不知道是發了失心瘋還是什麼，一面開槍一面跑向太空船。太空船射出光，他就停在那裡，像是被麻痺了一樣，然後昏倒在地上。過了一會兒，太空船安靜的升高，消失在夜空。」

「你說那個人對太空船開槍？」我問。

「對。他開槍。我嚇壞了。我心想，如果真的打起來，我們全都要完蛋了。」

「阿倫沒說那個人有射擊。他說那個人在空中揮舞他的槍。」

「他有射擊。我記得很清楚。」

「你有聽說他後來怎麼了嗎？」

「當你在軍隊的時候，你只會聽到他們要你知道的事。官方的解釋是他被送去醫護室觀察。大家都知道他瘋了，只是說得好聽罷了。」

聊天中，麥克斯承認他很難適應平民生活，所以役期到後又從軍六年。「重新入伍之後一、兩年，我遇到幽浮出現那晚在軍醫院值班的救護兵。他跟我說那傢伙的臉和身體全都燒傷了。他聽一位醫生說是輻射線。他說他們用藥物讓他保持昏睡一陣子，然後就順其自然了。事發後一個月，那個人便過世了。」

我問：「你記得他的名字嗎？」

「不記得。我不認識他。他是另一個單位的人，跟我不同營房。」

「你能描述太空船的樣子嗎？」

「很大。比我見過的任何東西都大。就那樣掛在天空，好像有繩子繫著似的。完全沒有聲音。我估計圓周大概有五十或六十呎。可能有二十五到三十五呎高。它有窗戶，但是你看不到裡面。窗戶很小，透出淡淡的光。太空船本身是灰色金屬，非常光滑，沒有任何角度，是完美的圓形。那晚天很暗，但是基地的燈都開著，所以我們看得很清楚。

我看不到太空船有任何接縫處。這很特別。它像是一體成型或是有層外皮在上面，所以船體看起來非常光滑。」

「它有光嗎？」

「當它浮在基地上空時，我看到藍色和白色的光。飛走的時候，有橘紅色的光閃爍。它先是往上飛，然後幾秒內就消失在夜空中了。」

「你後來曾經遇到別的幽浮嗎？」

「我們在越南時，經常看到好幾個一起出現。但它們從來不會太靠近我們，它們就這樣飛過去，有時像是隊伍一樣。它們好像在觀察越戰。因為駕駛員都會互相說話，所以我們在飛機上可以聽到駕駛員的對話。他們很擔心這些幽浮，他們原本以為是共產黨的飛行器，用來把我們嚇離越南。曾經有戰鬥機因為追逐它們而相撞。但是大部份的駕駛員都知道我們知道的事：這些飛行器不是來自地球。我們根本打不過他們。」

「空軍當局曾經公開談到它們嗎？」我問。

「從來沒有。兩年前，墨西哥邊界這裡曾經目擊過幽浮。我聽說空軍全員出動了。他們後來說是沼氣。我猜空軍忘了這是沙漠，根本沒有沼澤。」他笑了。

「你跟任何人談過基地的目擊事件嗎？」我問。

「我再入伍後，曾經跟一位軍隊心理醫生談過。結果他想給我電擊治療，我就知道我有麻煩了。後來再會談時，我跟他說我一直有吸大麻。兩天後，他們把我轉到夏威夷，

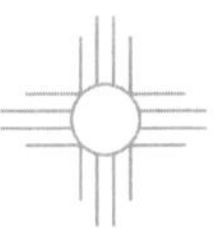

我從那裡去了越南。接下來四年，我若不在飛機上，就是在越南叢林裡追蹤越共。我猜，他們覺得我是個很好的追蹤者，因為我是印第安人。我那時候大多時間是一個人。我後來被派駐格林蘭島，直到除役。這次除役後，我就不再入伍了。我覺得自己很幸運。如果他們給我電擊治療，我可能最後是住在瘋子住的德州精神醫院裡。」

「你是說，軍方在德州有一個榮民精神病院？」

「給瘋子和愛滋病患。至少這是我聽說的。」

「你在軍隊裡有吸大麻嗎？」我問。

「我在越南開始的。目擊幽浮的時候，我沒有吸大麻。在越南，吸大麻是很普遍的現象，否則大家就要叛變了。因此軍方從來不阻止我們吸。大麻讓我們平靜和服從。」他搖著頭，像是無法置信，他又點了根香煙。「我離開軍隊以後，再也沒吸過大麻了。我抽香煙，偶爾抽雪茄，就我所知，這兩樣都不會讓人產生幻覺。我也從不嗑藥。自從安頓下來之後，我結過兩次婚，都是跟墨西哥女人。兩個人都幫我生了兒子。我必須為兒子保持清醒。」

「你有沒有考慮過公開你的經歷？」我問。

「從來沒有。你也不要跟任何人提到我。我是因為阿倫才跟你說的，他罩過我好幾次。如果你寫了書，我希望讀者知道這不是某人的幻想。你要讓我匿名。」他說。

稍後，麥克斯在烤肉架上烤了牛排和玉米，邀我和他一起吃。我們一直聊到夜深。

第二天早上，我又去找他。麥克斯和兩個兒子坐在一個有遮陽傘的大桌旁。桌子像是從回收場拿來的。我拿出一盒甜點走過去，大兒子路易斯拿了一壺新鮮咖啡和一個杯子給我。小兒子蓋洛剛剛大學畢業，在羅斯威爾的一家銀行找到工作，兩週後開始上班。他的父親介紹他，誇耀他是榮譽畢業生，蓋洛笑得很開心。我們一起吃早餐，看得出兒子們都很敬愛麥克斯。路易斯認為自己比蓋洛更像父親。「我喜歡一個人過日子，就像爸爸一樣。」他說：「蓋洛喜歡熱鬧。」蓋洛也同意路易斯的說法。

「我從未告訴孩子幽浮的事，直到今天早晨。」麥克斯邊說邊喝完杯中的咖啡。「我從來不希望他們知道這件事，以免軍方哪天來調查。長官說整個事件都是安排好的，要看看我們對未知的事有何反應。他們試圖讓我們相信整件事是安排好的騙局。我們知道我們看到了什麼，但他們不給我們機會互相討論。他們把我們全都調防到各地。我們幾乎沒有時間整理私人物品，就已經在飛機上或車上往另一個基地去了。我從未再見到那晚一起服役的任何人。」

當我告訴他阿倫的工作，麥克斯微笑說：「阿倫總是我們這群人裡最冷靜實際的一個。他是個好人。我很幸運有這樣的朋友。」

「我覺得阿倫也很幸運。」我回答。我看著他的兒子，他們兩個都笑得很開心，頻頻點頭。後來，我向他們道別，朝亞利桑那州開去。

我要去找漢克，阿倫名單上的第二個人。

漢克

我在保留區的社區文化中心見到漢克。他的辦公室用多年來收藏的族人藝術品和手工藝品做裝飾。桌上的照片顯示他是位驕傲的父親和祖父。我介紹了自己，提到了阿倫，他的臉上浮起大大的微笑。我解釋阿倫給了我他的住址，要我來找他，詢問關於當年一起駐防時目擊幽浮的事。

他要我坐下，遞了一杯茶，開始說道：「所以你認識我的老友阿倫。我們一起在空軍是很久前的事了。那時候我們都還是年輕孩子。我們有三個人駐防在那裡……三個印第安人。大部份的印第安人參加陸軍，我們三個不一樣，我們參加空軍，結果駐防在一起。我們住在同一個營房。我們的班長叫我們『三騎士』，有時候感覺確實是如此。當年的空軍還很有種族歧視，所以我們三人總是在一起。我們相處很融洽，不只是因為身為印第安人，我們還有很多相似的地方。我們都想當駕駛員，但是一發現需要的條件之後，我們的夢想就破滅了。我們後來都在機械房修理飛機，而不是開飛機。」

「阿倫也這麼跟我說。你們兩個一直沒有再見面，但你們兩個有很多相同的地方；你們都努力保存部落文化。阿倫是他族裡很受尊重的語言和文化專家。他也領導一個文化中心，跟這個很像。」我說。

「我和阿倫的心靈向來很接近，我們就像兄弟。我們一起照顧麥克斯。麥克斯不一樣，他不太適應軍隊生活，他獨來獨往，不喜歡和一大堆人待在營房裡。他比我們年輕，我們總是把他當做小弟弟。」他說。

當我告訴他，我遇到麥克斯，他第一次退伍後又從軍了六年，漢克很意外。

漢克回答：「我永遠想不到他會這麼做。我以為他會住在沙漠裡。」

我說：「你說的幾乎正確，他一個人和一隻狗住在二十英畝的土地上，四周什麼都沒有。」

漢克笑了：「別誤會我。麥克斯是個好孩子，只是需要一點空間。」

「關於幽浮，你能告訴我些什麼嗎？」我問。他有些懷疑的看著我，然後才回答：「你不是政府派來的吧？」

我笑著說：「不。我不是政府派來的。我是蒙大拿州立大學的教授。我搬到蒙大拿時認識阿倫。他知道我對幽浮有興趣，發現我向接觸過幽浮的原住民收集這方面的故事，因此建議我跟你和麥克斯見面聊一聊。」

「我可以信任你嗎？」他問。

「你可以信任我。我給你我的承諾，我永遠不會打破我的承諾。」我肯定的說。

「以前就是這樣，我們的承諾就是我們的榮譽。如果你給了我你的承諾，那就夠了。」

「我在收集故事。有一天我可能會寫一本書，但是我可以向你保證，如果我寫了書，

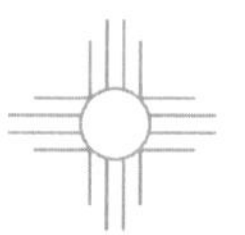

一定會保護你的隱私。」

漢克嚴肅地看著我：「你也看過幽浮，對吧？」

我回答：「是的。」

他往後坐，靠著椅背，把手放在大肚腩上，告訴我一個幾乎和阿倫和麥克斯一模一樣的故事。

「我們半夜被吵醒，基地進入備戰狀態。我記得自己快速穿好衣服拿了槍，被命令守在基地大門附近的位置。阿倫和麥克斯都跟我在一起。」

他暫停了一下，喝口茶繼續說：「那是個寒冷的晚上，幾乎零度，我們都很冷。麥克斯一直抱怨天太冷了。班長也一直過來叫我們保持警戒，不要說話。阿倫必須威脅麥克斯才能讓他閉嘴。」他停了一下，笑了：「只安靜了一下子，麥克斯就會又開始抱怨。阿倫叫他站起來跺腳，讓血液流通，就是在那個時候，我們看到太空船。那是一個非常巨大的圓形、灰色金屬的物體。它浮在五十呎高的空中，就在基地大門裡面。它沒有半點聲音，也沒試圖和我們溝通。我認為他們不需要和我們溝通，因為我們對他們只是罕見的新奇東西，不是和他們平等的。」

我請他解釋。

「我感覺自己像是顯微鏡下的昆蟲。科學家不跟昆蟲說話，他們就只是觀察昆蟲的

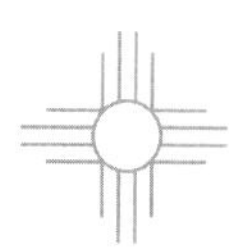

行為。我的感覺就像那樣。對他們來說，我們只是昆蟲而已。」

「我聽別人說過相同的話。」

「他們的出現很有威脅性，太空船飄浮在基地大約二十分鐘，然後忽然有個人脫隊，跑向太空船。他幾乎都跑到太空船下方了，這時一道很亮的光射向他。他像是被凍結在原地，光束消失時，他倒在地上，一動也不動。兩位醫護人員衝過去，用擔架把他抬走。就在我看著他們的時候，太空船移動了。它直接往上升，一、兩秒內就不見蹤影。我們全都驚訝地站在那裡，無法相信自己眼睛看到的。接下來的幾個小時，我們仍然保持警戒。天亮時，我們全被集合起來，長官告訴我們，那是一次測試，是要觀察我們對未知事物的心理反應。他們說我們通過考驗了，要我們不跟任何人提起這個測試。那天中午，我收到移防命令，要我到阿拉巴馬基地。我不記得麥克斯被移防到哪裡，但我記得阿倫被調到加州。整個單位都被調走了，像風中殘葉似的吹向四處。我再也沒見過其中任何人。」

他說完後，問我：「麥克斯和阿倫也是跟你說同樣的故事嗎？」

「幾乎完全一樣。」我說：「麥克斯說脫隊的士兵有開槍射擊太空船。你記得他開槍了嗎？」

「我不敢發誓，但我確實看到他有用武器瞄準，只是不確定他開槍了沒。一切都發生得太快了。」

「你可以描述太空船的樣子嗎？」我問。

「很大。我看過最大的飛行器。我們沒有任何東西可以像那艘太空船那樣飛行。浮在半空中，一點聲音也沒有，這真是驚人。它是圓形的，大約有五十呎寬，四十呎高。可能更大。很難說。非常平滑，像是被砂紙磨亮了，可是是霧面的。我經常好奇它是如何在宇宙中旅行，表面卻沒有一點受損。我沒有看到任何文字或標誌。沒有任何可以指認來源的線索。」

「你曾經跟任何人說過這個經驗嗎？」我問。

「這個幽浮的事件讓我相信老人家說的話是真的。我們不孤單。宇宙有其他的生物和星球。長久以來，我們一直和他們並存；這是我們的信仰，這個經驗只是肯定了我從小就知道的事。不過，我承認，這還是會令人不安。」他喝完茶，也為我又倒了一杯。「我從來沒跟別人說。老實說，我很怕軍方。我年輕時，印第安人的社會地位並不像今天這樣。」

「你是在告訴我，你當時害怕說出來嗎？」

「當然害怕。軍方要我們閉嘴，威脅我們會有嚴重的後果。我不知道何謂嚴重後果，但是聽起來很恐怖。我是印第安男孩。那是我第一次離開家。我不懂這個世界。我很害怕他們會對我怎樣。」

「那你現在覺得呢？」我問。

「我從來不覺得需要告訴任何人。即使家人。我會擔心如果我提了，他們或許會有麻煩。我就是把它忘了，繼續過我的日子。」

「你現在為什麼願意說了呢？」

「也許時候到了吧。他們現在能對我怎樣呢？我已經老了。我兒子是律師。我如果遇到麻煩，他會保護我。」他笑了。「何況，麥克斯和阿倫是我的朋友。我應該說實話。」

接下來幾天，我待在保留區，見了幾位漢克的家人。他一直沒有跟他們解釋我為什麼在那裡，出於尊重，我也沒有說破。他說我是一位老朋友的朋友。在印第安社群，這樣就足夠讓大家接受你了。

幾天後，我開車去亞利桑那州的琴利，住進當地的旅館。我想著漢克、麥克斯和阿倫。他們對同樣的目擊事件採取不同的處理態度，但有一點是相同的。這四十多年來，他們都保持緘默，因為比起對外星人的恐懼，他們還更害怕自己的政府。

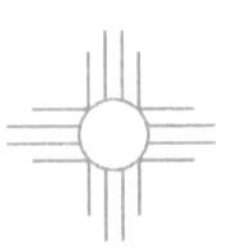

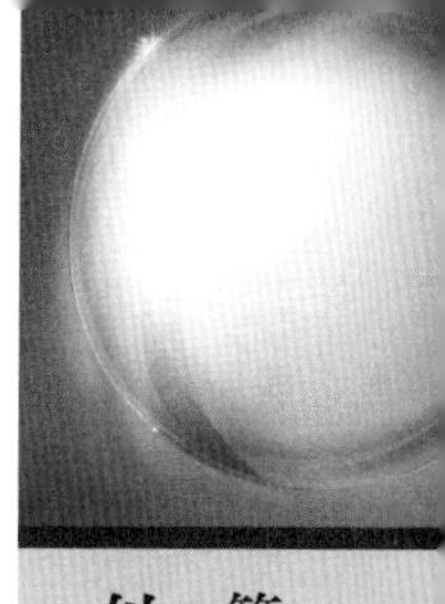

第九章
他們複製了我

「外星人綁架」一詞指的是某些人堅稱自己曾被外星人挾持，並帶到太空船上。典型的說法裡，個案聲稱被強迫進行重點放在生殖系統的醫學檢查。個案有時會報告外星人提出人類破壞地球環境的警告和核武的危險。許多被綁架者形容自己的經驗很恐怖，也有人認為這個經驗改變了他的人生，甚至是愉快的經驗。

由於缺乏具體的證據，大部份科學家和精神學家將這些事件歸類為錯誤的記憶、睡眠現象或心理病態。

首件被大眾廣知的外星綁架事件是發生在一九六一年的貝蒂與巴尼．希爾案例。在此之前，早在一八九七年，根據加州的史塔克敦日報（Stockton Daily Mail），美國就有外星人綁架人類的記錄。蕭上校宣稱他和一位朋友遇到三位高瘦、身體覆蓋柔細毛髮的類人生物想要綁架他們，但被他們脫逃了。

懷俄明大學（University of Wyoming）的心理學教授里歐．史平克（Dr. Leo Sprinkle）對六〇年代的外星人綁架事件感到好奇。有好些年，他是唯一花時間去探究綁架事件的學術研究者。史平克逐漸相信這些事件確實發生，並且是第一位提出綁架事件和經常在美西保留區或靠近保留區附近發生的許多牛隻解剖事件有關的研究者。

一九九〇年代，主流社會比較注意到這個主題。研究者伯德・霍普金斯（Budd Hopkins）、作家惠特里・史崔伯（Whitley Strieber）、大學教授大衛・傑可伯（David M. Jacobs）和約翰・愛德華・麥克（John Edward Mack）都將外星人綁架當作真實事件探討。

美國西南部除了是許多印第安部落的家鄉之外，長久以來，也一直是幽浮經常造訪的地方。事實上，最有名的外星綁架事件之一就發生在亞利桑那州。事件後來成為暢銷書《天空之火》（*Fire in the Sky*）的內容，並被拍成一部極受小眾歡迎的電影。

故事主角查韋斯・沃頓（Travis Walton）在森林工作了一整天後，正在回家的路上。他和另外六個伐木工人看見一個發亮的扁圓形物體。沃頓被這個景象吸引，出於好奇，他離開卡車，想靠近點去看。一束藍光射向他，沃頓倒下後，人就消失了。五天後，沃頓再度出現，敘述他這五天在太空船發生的事。測謊結果無法確定他是否說謊，然而沃頓仍然是幽浮研習會裡很受歡迎的演說者。

本章主角對自己的經驗一直保持沉默，他並不想出名，也不想因此發點小財，他只想要正常的生活。

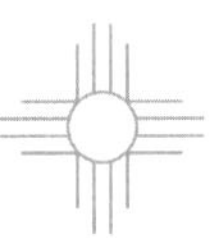

威利．喬

威利．喬四十多歲，是受過大學教育的納瓦霍族（Navajo）。他的故事是我記錄過的故事中最不尋常的一個。

我在一九八七年春末認識威利．喬。那年我去鳳凰城參加研習會後，決定多待幾天，順便造訪大峽谷。我在開車經過納瓦霍族保留區時，在一處有路邊飾品的攤位前停車採購。我在某個攤位看到一個鑰匙圈，樣式是純銀打造的外星人頭，還有綠松石的眼睛。我跟攤位老闆聊了起來，知道了製作那個鑰匙圈的藝術家是他的表哥。當我問攤位老闆是否相信星人的存在時，他說幽浮經常造訪保留區，他自己就目擊過幾次，但並沒有親眼看過外星生物。我們繼續聊，我向他解釋我對幽浮和星人的興趣。他很認真地聽，沒有打斷我。

我說完後，他打開冰桶，給了我一罐飲料。在賣了幾件飾品給一車子俄亥俄州來的觀光客後，他提到他表哥，也就是做這個外星人鑰匙圈的藝術家，他說他表哥也對幽浮和星人很有興趣，然後他走到自己小卡車旁邊，撥打手機，開始用納瓦霍語連珠炮似的說話。回來後，他看著我微笑：「威利．喬說，如果你有興趣，明天早上，他會在琴利的旅館餐廳和你一起吃早餐。你一定會認出他。他戴著保留區裡最大的黑色牛仔帽。」

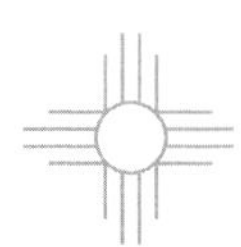

「我會到的。」

「早上七點和他見面，他九點要上班。」

「好，我會在那裡。」我說。我握了他的手，回到車上，往琴利的旅館開去。

第二天一早，我見到威利・喬。他不高，身材結實健壯，有一雙會微笑的眼睛，還有很具感染力的笑容。正如他表弟所說，我一走進餐廳，就看到他的黑色牛仔帽，帽上裝飾著銀色徽章。他的右手戴著一串大綠松石手環，脖子上的牛仔皮繩也掛著一顆很大的綠松石。簡短的自我介紹後，我坐了下來，開始交換家人資訊，這是美國印第安人典型打開話題的方式。他說他從亞利桑那大學畢業，念大學時，兩個哥哥資助他的學費。

「我欠他們太多了。」他說。

他從未結婚，雖然曾經「受過一、兩次誘惑」。我認識威利的時候，他大約四十五歲，我們的友誼一直持續到他十年後過世。

早餐上桌後，威利說：「我表弟告訴我，你對我做的鑰匙圈有興趣。」

「是的。我對你的靈感來源有興趣。鑰匙圈上是外星人的頭，眼睛是綠松石。」我解釋。

威利說：「我有空閒的時候就做首飾，我表弟幫我賣。這比較像興趣而不是職業。我有正式的工作；我在少年法院工作。」

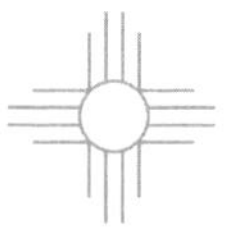

「你表弟也跟我說你見過幽浮。你願意跟我分享你的經驗嗎？」我跟威利解釋我在收集美國印第安人接觸星人及幽浮的故事。

威利安靜的聽著，又叫了一杯咖啡。女侍離開後，他看著我說：「我的人生從來不是我自己的。我從生下來就有一個雙胞胎兄弟，不是一起生下來的，而是外星人用我的血作出來，在某個遙遠星球養大的。每一年，他們都會過來帶我去見他。我們會一起玩一會兒，然後他們把我們帶去一個房間，連上機器，檢查我們。我總認為他們是在把我的知識傳輸給他。我成長期間一直都知道他們隨時可能會來找我。我不知道為什麼他們需要一個複製的我。也許每個人都有個雙胞胎，然後有一天人類都會被這個替身取代了。」

「你這麼認為嗎？你覺得外星人複製了你，好讓那個人在地球上取代你？」我問。

威利．喬往後靠，拿下帽子，手穿過直直的黑髮，眼睛望著餐廳窗外。「我還小的時候，我就相信他們什麼事都能做到。我不是唯一被複製的小孩。他們來接我到太空船的時候，我還看到別的孩子。隨著時間，我看到各個種族，有幾百個或上千個人。由於某些原因，我一直認為我們的政府知道這件事，也許他們認為我們是可以被替換的。」

他把牛奶倒進咖啡，加了三包糖。

我問：「有任何原因讓你認為政府和外星人合作嗎？」

「或許我只是多疑。畢竟，我是印第安人，而不信任政府早已經烙印在我們的基因了。」他笑。「也或者，我是在綁架期間知道的。現在我比較老了，也許也比較有智慧了，我認為我只是個實驗。但不知為何，我就是相信政府知道這事。」

「你認為政府為什麼會跟他們合作？」

「簡單。如果外星人比人類和我們的政府優秀和強大，合作對他們是很自然的事，或許是出於恐懼或想獲得什麼好處吧。」

「好處？」

「也許是先進的科技。我認為這是為什麼政府這麼強烈否認外星人存在的原因。你要如何對美國人民承認你讓外星人用人類作實驗來交換科技的進步？所以你要製造煙幕彈。找幾個學者寫一些書，讓目擊者看起來像笨蛋。羞辱他們，拿他們當玩笑。這樣就可以隱藏真相了。」

我問他，他的「複製人」是否也有他的性格？他回答時，眼裡閃爍著光彩。他微笑著說：「有些事我從來不告訴別人。」我催問他什麼意思，他說他們的技術也有限制。「譬如說，如果他們真的把他放到地球，取代我的位置，我不覺得他能夠理解我們的文化。他會是外人。這個情形就像是一個白人讀了關於納瓦霍人的文化，但沒有內化到他的靈魂裡一樣。這些外星人能夠複製人類的身體，但無法擷取他的靈魂。我認為他們沒有靈魂。所以他們可以弄個完全一樣的複製人，身形、外表、聲音完全一樣，但靈魂或精神無法被複製。這個複製人永遠無法成為真正的納瓦霍人。」他說。

接下來的幾年間，我遇到威利好幾次。他說的故事從未有任何改變。他很驕傲自己從來不喝酒，是社區裡年輕人的榜樣。他告訴我，他的姪女姪兒小時候不喜歡他去當保姆照顧他們，因為他很嚴格。他承認他志願去照顧姪兒女是因為他害怕如果是別人照顧，他們可能不了解夜晚的危險。在他小時候，綁架他的外星人總是在黑夜時出現。

我們最後一次見面時，威利．喬告訴我他得了胰臟癌。他認為他的癌症和綁架有關。他說外星人幾個月前不再綁架他了。他相信他們知道他得了癌症。「他們不是全知全能的。」他告訴我：「否則他們可以治療我的癌症。也或許，我對他們已經沒用了。」

那是我在亞利桑那州的最後一晚，我們一起吃了晚餐。我問他對被綁架的感覺。「我真希望死前能夠知道為什麼選我，為什麼他們要做一個複製的我。我想知道我不只是一項實驗而已。」

晚餐後，我們在我住的旅館院子裡散步。我問他，綁架對他的人生最大的影響。他看著夜空思考，有那麼一會兒，我可以感覺到他的痛苦，我很後悔問了這個問題。最後，他終於開口。「我年輕時想要結婚，想要有很多小孩。我來自大家庭，納瓦霍人很喜歡大家庭。但我從沒結婚，因為我害怕他們會抓我的孩子去複製。我不想讓一個孩子這樣過一生。」

「可是你說他們從未傷害你。」我說。

「是真的。可是他們偷走了我的隱私，偷走我的人生不受干擾的權利。一個男人需要的就是他的朋友和親人的尊敬。他需要有尊嚴地過日子。他們從不尊重我。我對他們只有一個要求。我想知道，是誰給了他們權利綁架人類小孩，可是他們從來沒告訴我。」

我們走到長椅邊，坐了下來。他接著說：「我最近一直想到死亡。」我正要插嘴，他舉起手示意我安靜。「不。我只剩幾個月了。如果你有寫書，我要你一定寫出我的故事。大家需要知道這些外星綁架不只是好奇或醫學檢查而已。是有惡意的。父母親需要知道，如果他們的孩子提到雙胞胎的故事，或提到晚上有陌生人到他房間來，請聽孩子說。他們很可能就跟我一樣。」

「我一定會把你的故事寫出來。」

「或許，這就是我這一生的意義；遇到你，告訴你我的故事。這樣當你寫你的書，我的故事就公開了，我這一生的意義就完成了。我確實相信我們每個人的生命都有目的。」他說。

五個月後，威利過世了。我忍不住想到他說的那個雙胞胎，他是否仍然具有威利的記憶和知識，他現在又在哪裡？

威利過世兩週後，一位蘇格蘭醫生向世界宣布了複製羊桃莉的誕生。我想到威利。他至少早了四十年就知道有這個技術。我好奇地想，何時我們人類也會開始複製小孩？

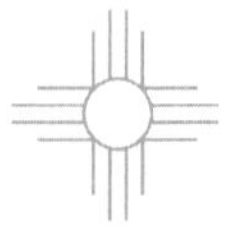

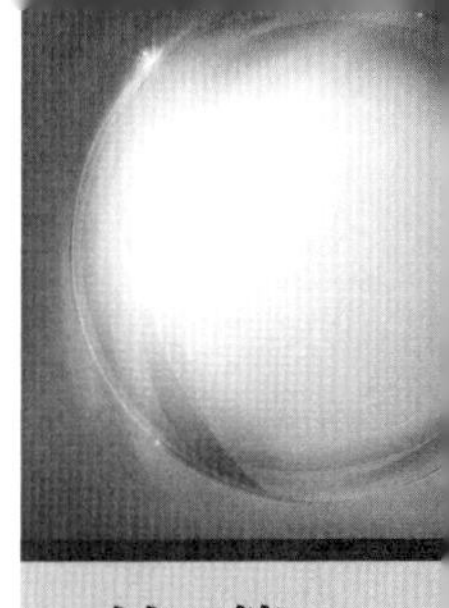

第十章
第五類接觸

在幽浮研究或「幽浮學」（UFOlogy）中，近身接觸（close encounter）指的是一個人在很近的距離內目擊幽浮。一九七二年，艾倫．海尼克（J. Allen Hynek）在《幽浮經驗：科學調查》（*The UFO Experience: A Scientific Inquiry*）書中首度提出這個名詞。海尼克是天文學家，也是幽浮的研究者。他將近身接觸分為三類：（一）第一類：五百呎以內親眼目擊一架或多架幽浮；（二）第二類：目擊的同時也感到跟身體相關的某種感受，像是電流；（三）第三類：觀察到生物體，可能是在幽浮裡面或附近的外星人。

自從海尼克制定最初的分類系統之後，又有好幾類接觸被建議，雖然這些分類並未被普遍公認；第四類：外星人綁架地球人；第五類：人類和外星人的自願接觸；第六類：和幽浮目擊事件有關的人類或動物死亡；第七類：人類和外星人混血品種的誕生。

有些研究者認為第五類接觸本質上只是心靈感應，本章提及的則是更廣義的人類與外星人的肢體互動。你將讀到兩位銀匠宣稱自己曾經和星人互動的故事。

達倫

一九九九年，我從納瓦霍印第安保留區的一位共同友人那裡聽說了達倫。我只知道他是個獨來獨往的人，熱愛體育節目，同時是位有名的手工藝術家。他做的首飾得過很多獎項，包括各種藝術活動裡的最佳作品。我打到他的手機，達倫答應當晚在當地高中籃球比賽場上跟我碰面。

我問要如何認出他？他回：「我會找到你的。我在這附近看過你。」晚上七點，我到了當地的高中，走進體育場，當地球隊正在暖身，這是賽前節目的一部分。觀眾正如任何典型的小城籃球賽的觀眾一樣：喧囂、非常支持自己當地的球隊。

就在我四處張望，尋找可能是達倫的身影時，身後響起：「我跟你說過，我會找到你的啊！」我轉身，看到一個微笑的納瓦霍人。

達倫三十多歲，還是單身。他的棒球帽表示他是酋長隊的球迷，這是當地高中球隊的名字。他指引我走到露天看台的後面，伸出手，引導我走上階梯，然後在最高一層坐下。附近沒有其他球迷。「這是我最喜歡的位置。我從這裡可以大喊大叫、咒罵或指揮，沒有人聽得到。」他笑了。「有時候，我朋友也會上來。不過今晚大概不會有人上來這裡。他們會認為我在約會。」我聽了微微一笑。在保留區，這表示我是他的女朋友。

「你阿姨告訴我，你曾經遇過外星人。」我說。

達倫點點頭，目光專注在球場上。「我不是我家第一個看過天神（Sky Gods）的人。我祖父告訴我，有一次一架太空船降落在新墨西哥州。印第安人還藏過一個外星人。」

「四〇年代。大概就是跟羅斯威爾事件差不多的時間。你知道羅斯威爾事件吧？」

球場上在唱國歌，我們一起站了起來。坐下時，我問：「那是什麼時候的事？」

「當然。你相信你祖父說的關於外星人的事嗎？」

「我祖父說，他和他的一些朋友遇到迷途在沙漠裡的外星人。他們知道他是天神，把他藏了起來，不讓政府軍隊發現。後來他死了。他們把他埋了。」

就在我試著理解剛聽到的故事時，達倫突然跳起來歡呼；球場在開球，主隊搶到了球。他坐下，繼續說道：「我見過外星人一次。他到我祖父的木條泥屋。我看到他時很害怕，但我當時並不知道他是外星人。他是陌生人。我對所有的陌生人都會害怕。我跑進屋裡，告訴祖父有個人在外面。祖父關掉爐子，走出屋外。我聽不到他們說什麼，但他們一定有說話。然後我祖父進來，要我跟著他。我走出去，外星人靠著牆在看一個小小的金屬物品。我伸手去握祖父的手，他叫我不要害怕。他說一切都沒事。」

「他看起來長什麼樣子？」我問。

「很高，皮膚顏色很深，黑眼珠。我沒看到頭髮。衣服是褐色的，很合身。他有雙很奇怪的靴子。褲子塞在靴子裡，靴子是尖頭的。靴子顏色和衣服顏色一樣。我從沒看

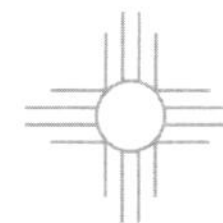

過那種衣服。他的手上有戴手套，遮住了他的手，還有某種帽兜蓋住他的頭，但是非常貼身有彈性。」

「他有跟你說話嗎？」

「一個字也沒說，但他跟祖父說話。我們和他一起走進峽谷。祖父停下來好幾次檢查足跡。他打算原路返回。我們後來到了山脊另一邊一個很大的太空船那裡。」

「你是說外星人迷路了嗎？」我問。

「祖父是這麼跟我說的。那個星人屬於一群小探索團隊，他們分散行動，他到了一個峽谷，其他人則往別的方向。他有某種設備可以協助他回到太空船，可是設備壞掉了。他來我們家求救。於是我祖父和我帶他回到他的太空船。」

「你曾經告訴任何人你看到的事嗎？」我問。

「我祖父和我經常討論這件事。在事情發生後，每次我祖父說故事，都以『星人以前』或『星人以後』開場。我祖父說他還小的時候，有很多關於星人的故事流傳，但這是他第二次看到星人。」

賣點心的小販拿著爆米花和飲料往看台過來，達倫招招手。他買了兩罐可樂和一份爆米花。

我問：「你和你祖父討論星人的時候，你們都說些什麼？」

「他主要是說他們很友善，不會傷害我們。祖父說他們是我們的祖先。他說從太古之初，星人便經常造訪地球。他們是來提醒我們讓一切保持和諧。他稱他們是『播種者』。」

「播種者？」

「你知道，他們帶著種籽來地球，看看會不會長出來，然後又回來檢視。」

「他指的是人還是植物？」我問。

「我想是兩者，還有動物。」

「哪種動物？」

達倫聳聳肩說：「他只有說他們帶動物來。」

「你有走近太空船嗎？」

「我想，可是祖父要我離遠點。他說我不可以摸。」

「太空船是什麼樣子？」

「圓的，銀色，但是是霧面的銀。沒有窗戶。只有一個門。可是當門關起來的時候，你就看不出門在哪裡了。」

「當你祖父把星人帶回太空船，別的星人有看到你們嗎？」

「有。他們出來和他們的朋友打招呼。我看到那個星人轉身，好像在介紹我祖父。其他的星人向我祖父鞠躬，站在那裡和祖父說話。可是我聽不到他們說什麼。他們登上太空船之後，祖父說我們必須移到安全的距離。然後我們看著太空船往上升，半點泥土

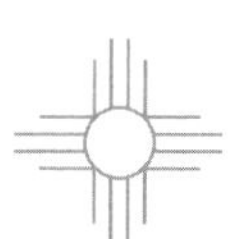

都沒有飛起來，那對我是最驚人的地方了。我們這邊吹風的時候，塵土一定會飛起來，可是當太空船離地時，塵土完全沒有飛揚。不知為何，我就是知道這個情形一點也不正常。我本來就怕陌生人，但是這些陌生人不像我在城裡看到的那些陌生人。他們不一樣。我是牽著祖父的手一路走回家的。牽著手感覺比較安全。」

「你看過別的太空船嗎？」我問。

「我從來沒有再看過太空船，但我後來看過星人兩次。那是十年後的事了，當時我十七歲，在祖父的泥屋裡。同樣的外星人出現，至少我是這麼認為。他想見我祖父。」

「他這麼跟你說？」

「沒有，但我就是知道他為什麼出現。」

「我帶他去後面的畜欄。祖父正在照顧一隻一歲大的小馬。他們兩人像老朋友一樣的打招呼。沒多久，星人離開了，我好奇的跟在他後面。」某個球員罰球進籃，達倫暫停下來歡呼，然後繼續說：「他朝峽谷走去，就是我小時候祖父和我帶他去的地方。他一定知道我在跟著他。就在他一進入峽谷的時候，他停了下來。我知道自己不該再跟下去了，於是就回到祖父家。」

「你祖父有跟你說任何關於他們見面的事嗎？」

「他說星人只是路過跟老朋友打個招呼。」

「還有其他的嗎？」

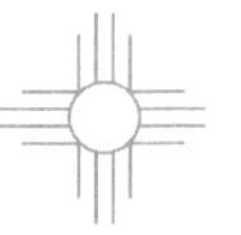

「有，祖父給他一小包綠松石。星人很高興。就這樣了。」

「你說你見過他兩次，他又回來過嗎？」

「後來是五年之後。當時我一直待在祖父那邊。他已經將近九十歲了，身體不太好。我很擔心他。我在祖父家旁邊弄了個棚子，夏天就在那邊工作，冬天我就搬到裡面。我祖父已經不做首飾，他的視力不行了，他很高興我在那裡，而且在他的舊桌子上做首飾。」

達倫停下來為當地球隊加油的時候，把爆米花遞給我。

「那天很晚的時候，星人毫無預警的出現。他走到祖父床前，彎腰跪下。過了一會兒，他就走出去了。」

「這次見面，你祖父有說什麼嗎？」我問。

「只說星人來告訴他，他們在等他了。三天後，祖父在鎮裡的診所過世。就在他過世前幾小時，他跟我說，他們會來接他。」

我知道達倫談到他祖父的過世很難過，因此沒有繼續問他問題。在他的文化裡，談論死者，即使是親近的家人，傳統上都是禁忌。不過，年輕一輩的納瓦霍人比較願意公開談論死者了。

達倫的祖父過世兩年後，我去達倫的母親家。達倫也在。我到了不久，他邀我去他

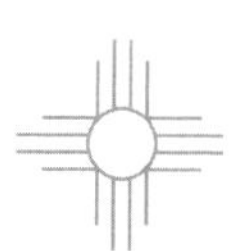

的工作室。

「夏天的時候，我到祖父那裡工作。冬天我如果沒跟著藝術展到處旅行，就在這裡工作。」

「我必須問你，你後來有再看到星人嗎？」我插話。

「沒有，不過我知道他仍然會來。」他邊打開工作棚的鎖邊回答。他開了門，邀我入內。

我看著他的工作空間說：「所以你就是在這裡創作了那些得獎的首飾。」

「就是這裡。我一直希望你會再來看我。我有東西要給你。不過，首先要跟你說說發生的事。」

他打開一張折疊的躺椅讓我坐下。

「去年夏天，因為我妹妹要結婚，我在老家待了一個月，這裡則是一團亂。在我回到泥屋後，第一件注意到的事就是多年前我建的小工作室門口有個袋子，那是我祖父的小袋子。」他說。

「你是說你祖父送給星人的那個袋子嗎？」

「對，同一個。我一打開，綠松石掉了出來。就是我祖父送給星人的那些綠松石。不知道什麼原因，他送回來歸還。我猜，這是我祖父想要告訴我他一切安好的方式吧。我想不出其他的解釋了。」達倫拉開桌子的抽屜，取出一個盒子。「我把石頭鑲進七條項

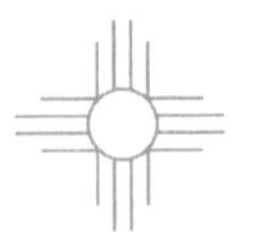

鍊裡。一條送我母親，四條送我的姐妹，一條送我未婚妻，一條送你。這個項鍊有力量，它會保護你不受傷害。你在尋找真相時，可能會需要用到。」

我每年都會見到達倫，有時一年好幾次。在第一次見到他後，達倫結了婚，生了三個美麗的女兒。雖然他已有了點年紀，而且持續在藝術圈子受到讚揚，他跟他朋友介紹我時，還是說我是他的「女朋友」。介紹完後，他總愛說他曾經是保留區男性的羡慕對象，因為他約會過的印第安女子是大學博士。我從不戳破他的故事，因為我們都知道是怎麼回事。其實有故事可說的是我；我曾跟一位納瓦霍人「約會」，他可曾經跟外星人走在一起呢！

契

最後一次見到威利・喬（第九章的故事主角）時，他給了我一個朋友的名字，說那位朋友想見我。契是一位銀飾設計師，他做的首飾非常精緻，在全球各地的高級珠寶店都有銷售。我再到西南部時，打了電話給契，向他自我介紹。我們約好了在阿布奎基西邊一間小墨西哥餐廳一起吃早餐。當他走進餐廳坐下時，我感覺自己像是認識他很久了。我請他告訴我關於他的幽浮經驗，他微笑，伸手到口袋裡，拿出一個用紅色棉絨布包裹的東西。

「幾年前，我做了這個手鍊紀念這件事，但我從來沒有要賣它。」他給我看一條上面有外星人的頭和紅寶石眼睛的鍊子。「有些人說外星人有很大的黑眼睛，我的外星人眼睛是紅的。」他說。

他把手鍊放在掌上，解釋著：「你可以看到外星人的頭在中間，是手鍊的主角，我在右邊雕了月亮和星星，他來地球的時候經過這些星球。左邊是他來拜訪的地球，接著又是星星和月亮，他經過這裡回去。」他把手鍊交給我。「這個手鍊是給你的。我有一次把手鍊拿給威利看。我們討論過了，決定你應該擁有它。」

「我不知道該說什麼，但謝謝你。真的很謝謝！」我回答，很意外得到這份禮物。

「我知道有一天我會遇到懂得星人的人，所以我把這手鍊保存得很好。現在我知道了，原來我是一直在幫你保存。」

「我永遠不會忘記這份心意。」我向他保證我會珍惜這份禮物。

女侍來到桌邊，幫我們倒了咖啡，讓我們點餐。當她走遠到聽不到我們對話的距離後，契開始說他的故事。

「我遇到外星來的訪客是在大約六年前一個很熱的夏夜。那晚天氣很棒，夜空裡都是星星，一片雲都沒有。我去沙漠過夜，我經常這樣。我喜歡在黎明時醒來，念我的祈禱詞。沙漠是神聖的地方，它可以幫人頭腦清醒。我是在快黃昏時到的，我生了火，放上一壺水準備煮茶。」

他喝了一口咖啡，謹慎地看看四周。

「忽然間，他就那樣冒出來了。我在黑暗中把他誤以為是住在附近亞姿家的男孩。我邀他一起坐下。當他走到營火照得到的地方，我才看到他的紅眼睛和銀藍色的緊身裝。一開始，我很意外。他一定注意到我的訝異了，因為他自我介紹，說他是來自遠方的星際旅者。他解釋他的任務是收集草、植物、土壤和石頭的樣品，但他走一走，覺得累了。他的世界也有氧氣，可是和我們的很不一樣。可能是因為大氣層，也或者是沙漠的關係。我給了他一杯茶，但他不像人類一樣喝流質的東西。我問他關於他家鄉的事，他指著銀河的邊緣。他說就是在那個區域，可是人類的眼睛看不到。」

「星人在你的營地待了多久？」我問。

「十五或二十分鐘。沒很久。我記得雖然晚上很熱，星人卻覺得冷。我把馬鞍座毯披在他身上，建議他靠營火近些。我問起他的家人，他說他沒有我們所謂的家庭。」

我問契是否曾經恐懼或害怕。他說星人很溫和。「他是科學家，有他的任務，他到過地球其他的地方，不過他最喜歡的就是沙漠。他說他的祖先好幾千年前到過這裡，那時大地還不缺水。他在保留區遇到人類的機會很少，所以他可以自由自在的工作，不妨礙或打擾到地球生物。我問他為什麼到我的營地。他說他無法抗拒和人類說話的機會，如果他的長官發現了，他很可能會被斥責。」

「星人真的是開口說話嗎？」我問。

契搖頭：「我一直想弄懂。你知道的，當時天色很暗，只有營火的光。我不知道他是怎麼說話的。我記得他的眼睛。我記得銀藍色緊身衣在我們的紅土上顯得非常突兀。我不記得他是不是像我和你這樣說話。我只知道我有跟他說話。」

「你們有談到別的事情嗎？」

「我問他外星人是否真的會綁架人類。他說，他的種族沒有綁架人類。」

「所以說，是有其他種族在綁架人類了？」

「他證實了這點。他告訴我外頭有許多不同的文明和世界。有其他的旅者會進行實驗、綁架人類，甚至偷人類。」

「偷人類？」

「我的理解是這樣。他們把人帶走，再也不送回地球。他並不知道是為了什麼目的，而且他似乎不想跟我討論這些事。」

「這是你的第一次接觸嗎？之後還有接觸過嗎？」我問。

「這是截至目前的第一次，也是最後一次。我必須承認，現在我去沙漠的時候更小心了。我比以前更警覺。在遇到星人前，我從來不相信綁架和失蹤的故事，我現在相信了。」

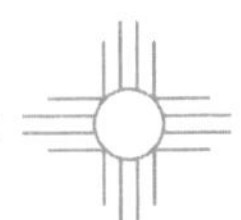

我問他是否曾經告訴別人他的故事，他說我們的共同朋友威利知道。「他是我的朋友。他相信。現在你也知道了。還有其他我認識的人，他們也看過幽浮，甚至上過太空船，可是我不知道有人會願意跟陌生人說這些目擊事件。威利喜歡你，你知道的，他是你的頭號粉絲。因為威利，我才跟你說。這是他過世前要求我的事。」

「他是我的好朋友。他不在了，我來保留區的感覺再也不會一樣了。」我說。

契戴上了眼鏡，我看得出來，他很想念他的朋友。突然間，他站起身說：「我答應我孫女，今天下午會帶她去蓋拉普城。」他伸出手和我握手。「我希望你會戴這個手鍊，你可以跟別人說，這是一位瘋狂的納瓦霍人做給你的。他曾經遇見過星人。」

我後來只再見過契一次。他在聖塔菲（Santa Fe）的印第安市集有個攤位。他在藝術圈很有名，幾十個收藏家圍著他要合照，想買他做的首飾。我們看到彼此時，他微笑的揚一揚他的帽子。不需要多說什麼，我們之間的連結只有我們瞭解。

我希望契知道，我直到今天都很驕傲地戴著他送給我的手鍊。每當有朋友或陌生人問我怎麼會有紅眼睛的外星人手鍊時，我就告訴他們這個故事的來源。我總是會說，「這是一位瘋狂的納瓦霍人做的。他曾經遇見過星人。」

第十一章
消失於西南方

對納瓦霍人來說，「超自然生物」（supernatural beings）或星人直至今天一直在他們的歷史中持續出現。根據一九九六年六月克雷葛．華特森（Craig Watson）發表的文章，一位盲眼的納瓦霍老婦和她的女兒遇見了兩個外星生物（一個很高的白色生物和另一位小一點的綠色生物）。據華特森的描述，這兩個外星生物說：「我們分辨不出納瓦霍人了。納瓦霍人不再祈禱或舉行神聖儀式，因此我們無法再幫助你們。告訴大家，回復舊有的祈禱和敬仰以避免災難。有些人不會相信你，但是你一定要告訴他們。」

華特森提到，這兩位生物留下的唯一具體證據就是綠色小人的鹿皮軟鞋足印。白色生物則是飄浮在地面上，離開時只留下塵埃。由於這兩位神祇的出現，納瓦霍部落政府宣布，在一九九六年六月二十日，所有納瓦霍人將一起祈禱一小時。

在納瓦霍保留區也有許多類似故事。本章中，一對夫妻談到消失的外星人；這些外星生命藉由巨大的太空船旅行到地球。另一位年輕男性也談到在他家附近沙漠消失蹤影的外星人。

尼爾森和蘿莉塔

二〇〇一年三月下旬，我受邀參訪納瓦霍印第安保留區的學校。這是一個新的聯邦政府經費計劃，目標是預防毒品和酒精濫用。我們上午參觀班級，在禮堂欣賞學生的表演，接著享用當地婦女和學校主廚為我們準備的傳統納瓦霍餐點。午餐後，我們分別與教師和其他成員互動並參觀學校。在走訪了幾間教室後，我走回學校大樓，去了校長的辦公室。他介紹我認識社區的長老尼爾森。尼爾森主動表示要帶我去教師休息室喝杯冷飲。我們邊走邊聊時，他提到自己長期以來對切羅基人（Cherokee）的興趣。

「納瓦霍人的儀式會用到水晶。」尼爾森提起印第安人古老的信仰時說：「我聽說，只有切羅基人、派尤特人（Paiutes）、馬雅人和納瓦霍人才用水晶。我想我們很久以前有某種連結。」

我們聊著水晶在療癒儀式中的作用，我提到我聽說天神最近曾經在保留區出現。

「很多人都很擔心。他們開車到現場，想接近目擊地。那裡有些事發生。我自己就看到了一些。」他說。

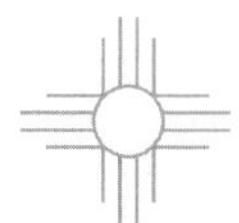

我請他進一步說明，他做手勢表示我們已經到了教師休息室。他從冰箱拿了冷飲後問，「你有時間搭車兜個風嗎？」我看看錶，點了頭。十分鐘後，我們停在一個峭壁頂上，眺望著山谷。「大約是十四個月前發生的事了。我向來會到這裡祈禱，有時候只是來這裡想些事情。我喜歡看著太陽慢慢消失在村落的地平線上。這是一天當中很特別的時候。當時是十一月，一個還滿暖和的傍晚，我獨自一人，祈禱完，正準備離開。我就是在那時候看到的。它從遠處飛越山脈，降落在山谷的左邊。它很巨大，幾乎佔滿了整個山谷。我太驚訝了，一個這麼大的太空船如何能夠飛過那些平頂山，這麼完美地降落？這是我見過最奇怪的事了。太空船有很多小小的燈光，看起來像一座城市。」

「它降落時，你的反應是什麼？」我問。

「一開始，我動都沒動。我聽過星人來訪的故事，可是我自己從未遇過。後來我坐進貨車，就在那裡等著。如果有必要，我會希望自己可以快速開離現場。」他解釋著。「這時候門開了，我安靜的坐著，看到兩個人走出太空船。他們四處張望，但沒看到我。接著我看到他們往對面那座山走去，他們到了山的正前方，忽然就消失了。我又等了大約兩小時，忽然間他們又出現了，就跟他們忽然消失一樣。」

「他們又出現的時候，有做什麼嗎？」

「他們朝太空船走去，停了下來，四處看看，然後進到裡面，門關上後，太空船就升空然後消失。」

「你認為山裡面是不是有隱藏的入口？」我問。

「我有去找，可是沒找到。我第二天又去了那裡四處看。那天是星期天，我不用上班，所以我慢慢在那裡找。我去看了太空船降落的地方，也去了那座山，可是沒看到任何入口。我想，他們要不就是有個隱藏的入口，要不就是他們可以穿越石頭。我知道自己看到了什麼。」

「你知道保留區是否有別人也看過類似的現象？」我問。

「我弟弟的兩個兒子在立石區（Standing Rock）附近看過兩個星人。我弟弟幾個月前才跟我說的。大家在這裡看到幽浮是很司空見慣的事了。在這一帶，這很正常。但是看著那兩個星人走向山壁然後消失，這實在是太奇怪了。」他停頓了一下，繼續說：「我經常來這裡，我沒有再看過他們，不過我有在留意。我去店裡買了照相機。如果他們再來，我要把他們拍下來。下次你來的時候，記得來找我。如果我拍到照片了，一定留給你。」

我告訴尼爾森，我必須趕回去跟團體會合，但我很希望能繼續我們的對話，他於是建議當晚一起吃飯。「我答應我太太要帶她去琴利。我們可以見面，一起吃個飯。我希望你能認識我太太。她也看過，但是她不喜歡談這些事。也許她見到你會改變想法。」

我們約了五點半見面，尼爾森開車帶我回學校，正好趕上帶我們來參訪的巴士。

我根據尼爾森給我的指示，找到餐廳的停車場。停車時，他和他太太正好走出車外。我們一起進餐廳，要了一個安靜的位子。點餐後，尼爾森的太太蘿莉塔說話了：「尼爾森告訴我，他今天帶你去了山谷。」我點頭。「那是幽浮最愛降落的地方。我八歲的時候第一次看到他們。我和我媽媽姊姊在一起，我們在收集染布用的植物。天色越來越暗，我們那時正走在回家的路上，然後就看到它降落。我們都很害怕。我們不知道那是什麼。我姊姊和我都嚇哭了。媽媽告訴我們必須安靜。我還記得她聲音裡的恐懼。」她說。

「結果你們怎麼辦？」我問。

「我們跑，一直跑回家。到家之後，我們跟父親說我們看到的東西。他去了尤秦叔叔家，兩個人要一起去看看是怎麼回事。他們回來的時候，我還沒睡，我聽到母親要他們說話小聲一點，免得姊姊和我聽到。」

「可是你還是聽到了？」

「我聽到了。我假裝沒有在聽。他們跟我母親說，他們到了那裡，看到一個機器上面有好幾千個小燈。有人在機器外面。整個區域都是亮的。那些人好像在檢查太空船，然後門開了，他們以為這些人要走了，可是有個人從太空船走出來，向山走去，就像尼爾森看到的一樣，那個人接著就消失在山裡。他們又看了二十分鐘左右，忽然有三個人從山裡出現，然後全進到太空船裡。太空船升空，就飛走了。」她邊說邊彈了一下手指強調。

「你的意思是，在你小時候他們就來這裡了？」我問。

「是的，有五十年了。」

「你能描述太空船的樣子嗎？」

「圓的，比我們的泥屋大了十或二十倍。底下有很亮的紅色和白色的燈。那是我看過最奇怪的紅色。比血紅色再暗一點。太空船是淺銀色。上面有幾百個光，可能是從小窗戶透出來的。從遠看，它很像一個小城市。你有沒有站在山頂眺望小城的經驗？太空船看起來就像那樣。一座小城市亮了起來。」

「你有沒有看到太空船裡的人？」

「只看過一次。是在我二十多歲的時候。我那時在收集染羊毛的色料，才剛中午過後，我沒有料到會看到他們，所以很意外。我以為他們只在晚上出現。太空船著陸後，門打開，有三個人走出來。」

「他們多高？」

「接近六呎吧。不過我離得遠，我只是猜想。他們穿淺色，幾乎是白色的緊身衣，手上拿著東西。當時我不知道那是什麼，現在我認為很可能是對講機。我的孫子有一對。離開太空船不久，他們走向山壁。接著有陣塵土瀰漫了山谷，可是當時並沒有風。塵土消散後，他們也消失了。」

「你看到他們去哪裡了嗎？」我問。

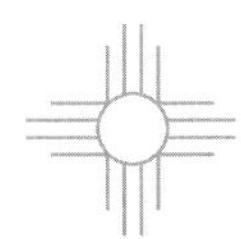

「我沒有看到發生什麼事。我離開了。我很害怕。」她邊搖頭邊說。

「你最近有看過他們嗎？」

她看看先生。「我原先以為他們就此離開了，因為我後來一直沒再看過他們，家人也沒提過看到他們，直到一年前，尼爾森去了那裡，他回到家告訴我經過。我很害怕，他們十五年沒來，現在又出現了。」

「你認為這些是前幾個星期在兩位女士面前現身的天神嗎？」我問。

「我不確定。那些天神沒有太空船，也許只是她們沒看到太空船吧。我認為這些是不同的星人。」蘿莉塔說。

戴思崔

除了尼爾森和蘿莉塔，納瓦霍保留區還有其他人告訴我星人消失的事。戴思崔是二十多歲的納瓦霍男子。我認識他的卡麥倫叔叔很多年了，我們曾一起在幾個委員會任職，商討保留區的暴力和幫派問題。卡麥倫告訴我，他的侄子曾看到幽浮著陸，外星人離開太空船後就憑空消失。我說有位納瓦霍人也曾經告訴我類似的事，卡麥倫於是建議我們一起開車去見見他姪子戴思崔。我們到達時，戴思崔正在堆放木柴。他的母親招呼我們坐下，遞了茶給我們。

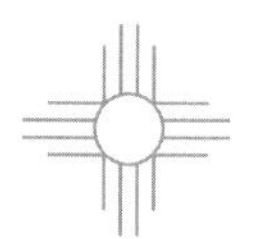

「我不喜歡談論幽浮，這裡的人對這種事都是保持沉默。我們不希望一大堆白人在保留區裡跑來跑去的找外星人。他們可以去喜多納（Sedona）找。我們不想被打擾。」戴思崔說。

我向他保證，我絕不會告訴別人事件發生的地點，我會將他告訴我的一切保密，他這才決定告訴我他的故事。

「我要說的故事一點也不尋常。我和我媽住在這裡。我爸三年前過世後，我就從大學休學，搬回家裡幫她。這是我長大的地方。」

「你是在這附近看到幽浮的嗎？」我問。

「在這裡的西邊。有天晚上，我從卡言塔（Kayenta）回來，開了一半路程，快要到農場的時候，就看到這個幽浮在我眼前出現。它飛越道路，緩慢地往東移動，直到脫離我的視線範圍。我很確定它有降落。我很好奇，所以往東轉到岔路，朝平頂山開，我想從那裡觀察。在大概開了七英里之後，我看到它了。它的位置很隱蔽，是在主要公路看不到的地方。我熄了車燈，慢慢開近，怕被他們看見。我下了車，小心地朝太空船走近。」

「路上還有別人嗎？」我問。

「沒有。」

「幽浮附近有任何動靜嗎？」

「我看到三個生物，看起來很像人類。高度一般。他們繞著太空船走，好像在找什

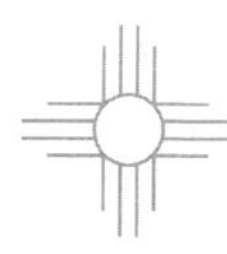

麼東西。忽然間，其中一個像是找到了什麼，叫另外兩個過去。事情就是這時候發生的。」

「發生什麼事了？」

「他們消失了。就好像地面打開把他們三個都吞掉了一樣。我在黑暗中趴在地上將近三小時，然後他們突然間又出現，回到太空船裡。我還是躲著，不敢動。太空船開始慢慢升空，往平頂山去，然後很快拉高，消失在空中。第二天，我又開車去現場四處看。我找不到任何東西。他們沒有留下任何痕跡，我也看不出哪裡是降落地點。我很確定我找到的是正確的地方，但是完全沒有任何證據。」

「那附近有任何山洞或水井嗎？」我問。

「沒有。我不認為他們進了山洞。這一分鐘，他們站在那裡，下一分鐘，他們就不見了。就這麼簡單。」

「你有沒有報告當局？」

「我告訴我媽媽和叔叔。卡麥倫叔叔說最好不要談論這件事。他告訴我，星人來保留區已經有很長的歷史，最好不要討論他們。他說我應該參加儀式，才不會生病。」

喝完了茶，戴思崔主動提議帶我去他看到幽浮的地點。四十五分鐘後，我們到了現場。我們花了一小時到處走看。正如戴思崔所說，沒有任何隱藏的出入口或通道。

二〇一一年七月，我和戴思崔再次聚會。他剛結婚，邀我去喝茶，認識他的妻子。

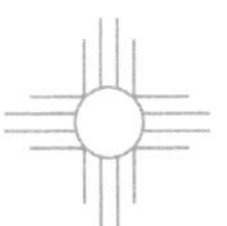

他仍和母親同住，他和他太太打算在同一塊土地上再蓋一棟小屋。戴思崔告訴我，他在當地高中有份工作，計劃利用暑假拿到大學文憑，他說：「我想當老師或輔導員。」

我問他是否還看過任何幽浮，他回答：「有些晚上我坐在外面會看到他們。除非你瞎了眼或是住在石頭底下才看不到。我不追蹤他們了。我不想知道他們在做什麼。我只想照顧我太太和我媽媽。」

我想著戴思崔的話，「除非瞎了眼，或是住在石頭底下，才看不到他們。」雖然我不認為事實必然如此，但我確實認為美國人現在已經不再仰望夜空了。我們這個社會不太花時間去思考外太空有些什麼。我們所知道的，是太空總署帶我們看的。遺憾的是，美國太空總署可能沒有告訴我們他們所看到的一切。

第十二章

他們逗留在導彈發射場上空

很多時候，幽浮被發現在核能廠、導彈基地、研究機構和核武掩體的軍事基地上空出現。這些報告有很多是由政府的科學家和軍方人員所提出，許多人因此認為不明飛行物裡的智慧生物對核武和核能特別有興趣。

二〇一〇年，七位前美國空軍人員聚集在華府，敘述他們目擊核武基地上空的幽浮的經過。安排這次記者招待會的是羅伯・海斯汀（Robert Hastings），一位幽浮的研究者與作家，多年來他堅持這些目擊事件證明了外星人在監視這個世界的核武。海斯汀聲稱他已經掌握了五十多位軍方目擊者，目擊範圍包括一九六三年到一九九六年間的蒙大拿州的茅姆斯壯（Malmstrom）、北達科他州的米納特（Minot）、懷俄明州的華倫（F.E. Warren）、南達科他州的艾爾史沃斯（Ellsworth）、加州的凡登堡（Vandenberg）和新墨西哥州沃爾科（Walker）的空軍基地。記者會在國家媒體俱樂部舉行，有六位退伍軍官和一位退伍士兵出席。他們分別回憶自己的目擊經驗或下屬的目擊報告，所有報告皆一致指稱幽浮懸浮在核導彈發射井或核武儲存區上空。

本章的兩個事件發生在南達科他州的導彈發射井。雖然這個發射井已經被軍方拆除，但這兩位拉科塔蘇族證實了有關外星人關心地球核武擴散和氾濫的說法。

傑克

一九九三年，二十八歲的拉科塔族卡車司機正要運送一批新貨車到南達科他州皮艾爾市（Pierre）的車商。時間是半夜兩點，司機看到偏僻公路上有閃爍的光朝他接近。一開始，他以為是另一個卡車司機忘了打近光燈。他用自己的遠光燈開開關關的打訊號，結果對方竟然直接從地面升起並朝他逼近。

「它直接對著我來。離我的車頭大概不到十呎。光是回想就讓我緊張了。」他說。

傑克坐在我對面喝咖啡，我仔細打量他。

我從他妹妹那裡聽說了他的目擊經驗。他妹妹是我召募來讀蒙大拿州立大學的學生。她說：「我哥哥的朋友以前說在導彈基地看到幽浮的時候，他從來不信。他覺得是在說大話。現在他晚上都在外面看著夜空，期待他們回來。或許你可以跟他談談。」

我們約定下次傑克經過波茲曼的時候見面。

當我到達波茲曼往西八英里的貝爾格雷德（Belgrade）卡車休息站時，傑克已經點好了兩杯咖啡。我走過去，他站了起來，把我的外套接過去，摺好，放在他旁邊的位子上。

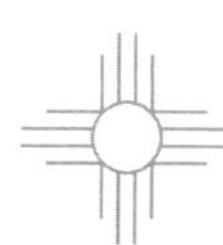

他把菜單遞給我，我說我已經吃過午餐。他點了兩份起司漢堡和薯條，他害羞地揉揉他的大光頭，拉扯脖子上掛著的軍隊名牌。

「我很高興認識你妹妹。她在大學表現非常好。」我說。

「是啊，我很以她為榮。她是我的小妹。從小她就說要當醫生。我打算看到她圓夢。家族裡有個醫生會很不錯。」

他微微地笑，我注意到他臉上的驕傲，但是他看起來很緊張。我問起他長程司機的工作和他都去過哪些地方。他說他曾經横越美國，看過東西兩岸的海洋，從不曾停止對大自然的美景感到驚歎。

他說：「我看過很多事情，但是從來沒有比那晚看到幽浮更奇怪的經驗了。」

「你看到太空船的時候，有沒有停下卡車？」我問。

「我停在路邊，讓自己冷靜下來，後來我沒有再看過太空船了。」

「你記得任何關於太空船的事嗎？」

他揮手請女侍過來加滿咖啡，然後說：「那是很大的三角形太空船，我估計有我的卡車兩倍長，好幾倍寬，最寬的部分至少好幾倍。太空船發出很亮的白光，卡車四周都被照亮了。」他往黑咖啡裡放了五茶匙的糖，攪拌著，看著咖啡杯。「我很確定一件事。它不屬於地球。」

「為什麼這麼說？」

「首先，那樣的太空船幹嘛在半夜兩點出現在南達科他州的天空？它從哪裡來的呢？」

「或許是艾爾史沃斯或茅姆斯壯基地。」

「我不這麼認為。我在軍中服役四年。我想我見過絕大多數的空軍飛行器了。那不是我們的。我很確定。況且，為什麼我們的飛行器要飄浮在導彈基地上空，而一被發現就立刻離開呢？我後來想警告其他司機，但是無線電完全沒有訊號，只有靜電雜音。我後來又繼續開了十分鐘的車才收到訊號。即使是那時候，還是有很多雜音。」

「你有沒有跟別人說你看到太空船？」我問。

「一個也沒有。」他往後靠著椅背，看著窗外說：「告訴我，教授，你遇過其他跟我有類似經驗的人嗎？還是說我是唯一的一個？」他又喝了一口咖啡，把咖啡杯放到一旁，女侍端來他的雙份起司漢堡。他還沒嚐味道，就先在漢堡上撒鹽。「我想，我需要你跟我說我並不孤單。」

我回答：「你並不孤單。是的，我遇過很多人有類似的經驗。你的保留區裡有位警官就有類似經驗。他甚至跟太空船到了導彈基地，他曾試圖用無線電請求支援，但無線電沒有作用，他也無法從槍套裡拿出手槍。你的保留區還有個目擊證人；他不但看到太空船，還追著它，直到它消失。有其他人也詳盡報告了他們目擊星人的細節，以及他們之間的互動，有些是正面的，有些不那麼正面。相信我，你一點也沒瘋。」

「教授，我很高興知道這點。遇到這種事，有時你會一直質疑自己。」他說。

吃完了午餐，傑克把保溫杯裝滿咖啡，我們走到停車場，他謝謝我跟他見面。我們握手道別，我看著他走向停在餐廳南邊的卡車。他回頭揮手，我並不預期會再見到他。

四個月後，他妹妹走進我的辦公室，告訴我傑克要再見我。我們約了在同樣地點見。

我正要在他對面坐下時，他就忙不迭地說：「又發生了。同一個地方，快半夜的時候。這一次當我看到前面的光，我就知道會發生什麼事了。我停在路邊，一開一關我的前燈。太空船立刻就升空。這次我跳出卡車，看著它從我頭上飛過去。它就像一個巨大的回力棒（boomerang）。」他在桌上畫了個三角形。「有七個燈。一個在前面，側邊有兩個，後面也兩個。是很亮的白光。才幾秒鐘，它就消失了。它以Z字形在空中飛行，然後消失。我後來走到導彈基地，空氣中有很重的硫磺味。基地四處圍著鐵網，我沒辦法進去。但是太空船當時絕對是懸浮在導彈基地的上空。」

我說：「我想你的猜想跟大家一樣。雖然沒有人真正知道原因，但顯然很多人有類似的目擊經驗。有些研究者認為他們是在監看我們的核武。」

「嗯，這個我倒不知道。我猜，這些人比我聰明，可是他們懸浮在那邊好像是要從核子基地取得某種能源。不然的話，他們為什麼就只是懸浮在空中？監看聽起來對我沒有什麼道理。或許我們永遠也不會知道原因。」

女侍把裝滿咖啡的保溫瓶交給傑克，他給了一張十元鈔票。

「跟平常一樣，我的行程很緊湊，但是很謝謝你又跟我見面。你讓我在這瘋狂的世界裡不至於發瘋。」

我陪他走出去，看著他走向卡車的停車場。「我會注意天空。如果看到什麼，我就會再見到你。」他大聲說道。

我再也沒有見到傑克。那個春天，他妹妹畢業了。他在工作的旅途中，沒能參加她的畢業典禮。既然沒再聽到他的消息，我猜想，他沒有再接觸到幽浮了。

路易和琴吉爾

一九八一年，我在美國印第安教育研習會認識了路易和琴吉爾。琴吉爾和我被推選進入美國印第安少年和酗酒問題的研究委員會。我們認識多年後，他們才告訴我他們的故事。

「我記得那是一九八九年，琴吉爾和我在二一二號公路的卡車休息站停下來買漢堡，那時大約是晚上九點。回到公路上不到十分鐘，我們就看到公路前方有很亮的紅色燈光，

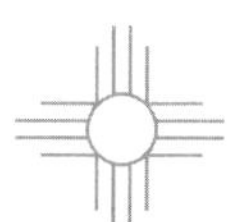

是琴吉爾先發現的。」路易說。

「我問路易，他認為那是什麼。我們開在那條公路很多次了，但是從來沒見過那個光。」琴吉爾接著路易的話說。

「我認為那可能是新的無線電塔台。我沒有別的解釋。我從沒看過這條路的天空有紅色的燈。我開在這條路上幾百次了。我在這裡長大的，這是我的家鄉。」路易解釋。

琴吉爾接著說道：「我們開著開著，覺得這個燈越來越怪。它越來越亮，我們很快就發現那不是塔台。」

「是幽浮，它懸浮在公路旁的導彈基地上方。住在這裡的人都知道這裡有個導彈發射井，地面有保安人員二十四小時駐防，這裡看起來像是很尋常的牧場家庭，表面看不出有任何導彈。導彈都在地底下，那是準備一旦核戰爆發時用的。可是我們都知道，因為我們看著他們建這個基地。」路易說。

「我們一開到導彈基地，就明白是怎麼回事了。路易把車停在路邊，我們這時候是在公路的另一邊，離這個東西不到五十呎。它懸浮在空中，離基地地面約三十呎。明亮的光籠罩了整個區域。我們完全沒看到任何軍方人員。」琴吉爾說。

「我們兩個都很驚訝，」路易插話，「簡直無法相信眼前景象。」

琴吉爾繼續說：「我們安靜的坐在那裡不動。突然間，太空船飛過公路，直接朝我們來。我們往後躺，透過車頂天窗，看著它飛過我們。那是V形的太空船，三角形，前

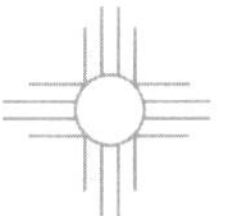

面有個紅燈和六個很亮的白燈。它一飛過去，我們就跳到車外看，後來我們決定跟著它。」

路易說：「我在路中央調頭，跟著它。很奇怪，他們好像知道我們在想什麼，他們在等我們。當我們追上時，我們把車停在路旁，想到車子外面看。就在我們走出車子的時候，他們就又飛走了。」

琴吉爾說：「就像貓捉老鼠。我們追，他們讓我們追上，然後他們又飛走。」

「最後他們一定是玩膩了，太空船忽然在空中曲折前行，然後就消失了。我們很不情願地轉頭，開回保留區。」路易說。

「可是故事還沒完。」琴吉爾說。

「第二天晚上，工作結束後，琴吉爾建議我們開車去找幽浮。這聽起來可能很奇怪，但她的建議在我看來卻很合理。我們吃了一點東西就出門了。我們決定走一條偏僻的碎石子路。我有些表親住在那附近。我想我們可以去順道拜訪，打個招呼。」路易說。

「這個路有兩條車道，中間會經過一些小山丘。我們就是在那裡又看到它了。」琴吉爾接話。

「你是指幽浮嗎？」我問。

琴吉爾說：「對。是另一艘太空船，這次不是V形，而是圓形。」

「比較小，直徑大約三十或四十呎。」路易說：「它又跟我們玩貓捉老鼠的遊戲。先

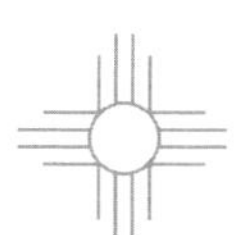

是躲在山丘後面，然後出現在另一側。接著又消失了一會兒，等我們開到山丘，突然間，它就在前面路中央，等著我們。」

琴吉爾說：「路易急踩煞車，我們就猛然停在它幾呎前。這時候我害怕了。我對路易大喊，要他倒車離開，但是他沒有回應我。我聽到車門打開的聲音，然後我被亮光籠罩。顯然他們要帶我們走。」

「我擔心我的車。這是全新的跑車，我擔心有人看到會以為是被棄的車子。帶我們走的這些外星生物要我們不用擔心。我記得他們說車子不會有問題。他們說他們會處理。」路易說。

「之後我就沒有任何記憶了。」琴吉爾說：「我只記得白光。」

「我記得我登上太空船，走過一條很長的走廊，看到房間裡有別的人。我認為我看到了表弟羅賓，可是我當時不確定。他們檢查我，但沒有傷害我。我一直在擔心琴吉爾。他們把她帶到另一個地方，我擔心他們會對她做些什麼，但他們告訴我不用擔心。他們不會傷害她。」路易說。

「這些我都不記得了。」琴吉爾說。

路易繼續：「我冷靜下來後，他們對我說話的態度很平等。他們問我在洛阿拉莫斯（Los Alamos）的工作。我曾經在那裡工作。他們也跟我聊我在科克蘭空軍基地（Kirkland Air Force）的工作。他們帶我看一個呈現宇宙的螢幕，指出昴宿星團裡的一顆星星；那

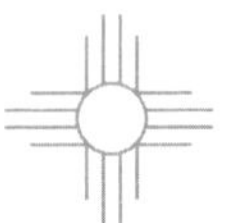

裡是他們的家鄉。我問他們是否曾經看過我們的太空人在太空旅行，他們說，我們太空計劃的危險要多過好處。」

「他們有沒有解釋這句話的意思？」我問。

「他們說，比起在宇宙中宣傳自己的存在，有時候不那麼重要和默默無名還比較好些。我對此的詮釋是，有些文明很可能不會對我們友善。」

「你能夠形容那個太空船的樣子嗎？」我問。

「我認為我們登上兩艘不同的太空船。圓形的是某種交通船，運送我們到更大的太空船上。我記得有往下的階梯，我記得自己走在一條很長很長的走廊。沒有什麼特色，就是圓弧形邊緣、銀色的。走廊兩旁有房間。有別的人在裡面。我就是那時候看到我表弟。我現在很確定他在那裡。」路易說。

「你後來有問過他嗎？」我問。

「從沒問過。我也不知道為什麼，我想一定是有人告訴我不可以談論這件事。事實上，琴吉爾和我也從不討論這事，一直到兩年後，她坐在沙發上忽然對我說：『你記得那次我們去探望你表弟羅賓，結果在路上遇到幽浮嗎？』然後所有的記憶就都回來了，就像水庫閘門被打開似的，那個晚上的記憶一湧而出。」

「你是說你們兩個甚至從沒討論過那晚發生的事嗎？」

路易說：「對。事件後的第二天早上，我們在床上醒來。我看著窗外，車子停在外

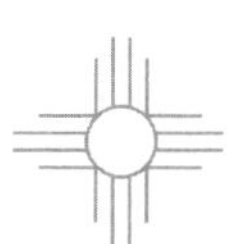

面好好的。我覺得奇怪，怎麼會那麼累，但我還是洗了澡去上班。我那時因為部落的諮詢工作來這裡。那天結束後，我們開車去瑞皮市（Rapid City），搭飛機回家。我們從沒談起這件事，直到那晚琴吉爾提起來。」

我問琴吉爾：「你記得你為什麼問路易幽浮的事嗎？」琴吉爾說：「我在電視新聞裡看到有人在瑞皮市附近的空軍基地看到幽浮。我的記憶因此被喚醒，所以才會問他。」

去年十月我在新墨西哥州的阿布奎基市看到路易和琴吉爾。我們都是去參加美國印第安人教育會議。他們問我有沒有要出一本關於幽浮的書，我告訴他們我正在寫。我們聊了一會兒，也再次談到他們的經驗。路易說：「所有的導彈發射井都不在了。移除導彈發射井之後，我就再也沒有看到幽浮了。現在南達科他州的天空非常安靜。」

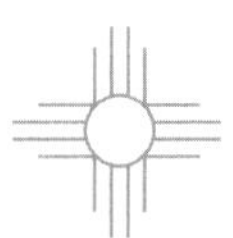

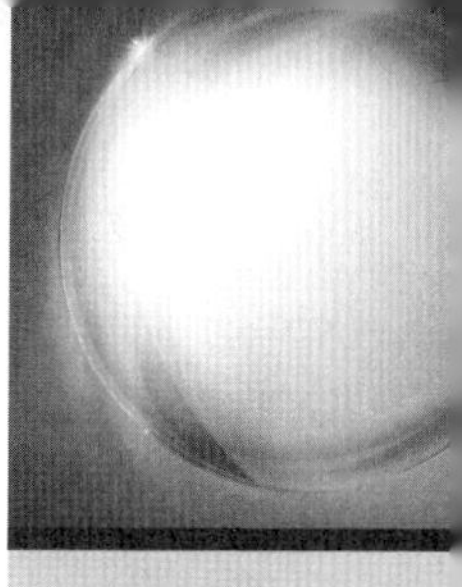

第十三章
越戰退伍軍人的星人禮物

一九六六年，南越海岸線上的芽莊（Nha Trang）軍事基地發生一樁不尋常的目擊事件。晚上十點，先是一道閃光，接著一架幽浮出現，在許多士兵面前下降，懸浮在離地面一、兩百呎的高度。太空船的光照亮了整個基地。同時間，基地發電機故障，整個基地都停電了。飛機、推土機和卡車引擎通通無法發動。然後突然間，這個不明飛行物筆直升空，很快地從視線中消失。接著，發電機和引擎的運作完全恢復正常。

越戰期間，許多美軍報告目擊不明飛行物體。它們的形狀從圓盤形、長圓柱形到回力棒形狀都有。美軍往往會派出軍機攔截，然而這些幽浮要不就是飛行技術更技高一等，或就是消失無蹤。

本章裡的一位越戰軍人談到一再出現的星人給了他某種「力量」，讓他得以順利熬過天主教寄宿學校和越南的戰俘營。

羅素

我是經由瓊安認識她的前夫羅素。瓊安警告：「我會介紹你們認識，但是他不善於溝通，如果過了十分鐘，他都不跟你說話，你就可以站起來走人了。」她給我這個建議時，我們正要去參加大學一年一度的春季祈禱儀式。「不要誤會。羅素是個好人，但他會花三十秒打量你，然後或就是聽你說話，或是完全不理你。我很瞭解他，我跟他結過兩年婚。我覺得他的很多行為都跟他念的那個寄宿學校有關。」

「他在寄宿學校發生了什麼事？」我問。

「如果他想讓你知道，他會告訴你。」

聽到瓊安所說，我對認識羅素會有什麼收穫並不抱希望。瓊安告訴我，羅素並不跟很多人說話，因為他基本上不信任任何人。

當我們走進體育館時，瓊安望向棚子說道：「我看到他了。他坐在最上面的位子。他總是坐那裡。」

我們往觀眾席的最上方走去，瓊安帶我沿著倒數第二排前進，直到羅素的視線望向我們。她跟他打招呼，羅素有禮貌地起身和她握手。瓊安介紹我，羅素點點頭，眼神沒有跟我接觸。他穿著橄欖綠的外套，跟我叔叔從越南回來後穿的外套款式一樣，外套肩

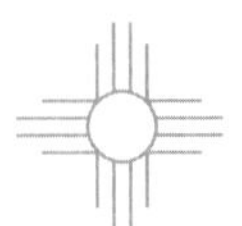

膀上縫了一個很眼熟的佩章，他的名字縫在佩章上面。看得出衣服洗過了很多次，佩章已有些褪色。

我問：「你曾經在越南服役？」他點頭，沒有任何回答。

「我有三位叔叔和一個弟弟都曾在越南。」我說。

「來這裡，姐妹。」他開口，做手勢要我跟他坐在一起。

瓊安微笑了。我坐下後，瓊安說她要去找她妹妹，留下羅素跟我在位子上，附近還有幾個人坐著。

「瓊安告訴我，你有很多幽浮的經驗。我這幾年一直在收集美國印第安人和星人接觸的故事。我在想，不知道你願不願意跟我分享你的經驗？」我小心翼翼地說，試著開始討論話題。

「是真的。我有過幾次接觸。一次是我在寄宿學校的時候，幾次是在越南。你為什麼有興趣？」

「我收集故事有一段時間了，也許有一天我會寫一本書。我認為大家應該知道美國印第安人看待星人的態度跟其他文化不同。」

「如果我會在一本書裡讀到自己的事，那我就不說了。」羅素這麼反應。

「不是那樣的。如果我有天寫了書，我保證，每個人都會是匿名的。」我回答。

「我是個重視隱私的人。瓊安可能已經跟你說了。我不跟人打交道。如果有人跑來

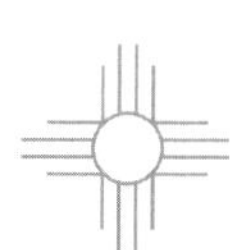

找我，問我問題，我不知道我會如何反應。」

「我答應你，我會保護你的隱私。如果你不能信任我的話，我也能夠接受。」我回答。

「我們也就只剩這個了，對不對？我們印第安人總是信任別人的話。我們說的話就是我們的榮譽。我們不了解那些說話不算話的人。你看看我們的信任害得我們多慘。」他說。

我站起來，伸出手說：「羅素，很高興認識你。我瞭解你為什麼不願意跟我說，但是謝謝你願意聽我解釋。」

羅素看看我，微笑著說：「坐下。我從寄宿學校開始就不信任別人。在那以前，我從沒被打或是懲罰過，如果我做錯什麼，大人就只是告訴我那是錯的，說我應該做點別的。我去上學的時候還不會說英語，修女和神父會透過孤立印第安母語的人來懲罰他們。」他看著我，然後看著場上的舞者。有那麼一會兒，他什麼也沒說。我不確定自己是應該離開，還是等他繼續說。

「如果你不說英語，就不准跟別的小孩在一起。你不能跟別人玩。你不准跟他們說話。」

「他們就這樣不理你嗎？」我問。

「差不多是這樣。我很寂寞，但我學著適應。我下了決心，只要我人還在那裡，我就絕對不說英語。所以我在那邊待了八年，一句話也沒說。」

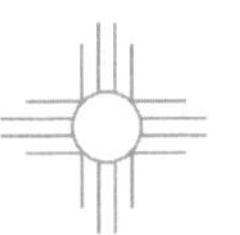

「你為什麼要這麼做呢？」

「因為我討厭他們。把我們抓去寄宿學校就夠糟了，而且我們還要說外國話，過外國生活，適應他們的文化。你只能投降。他們像是在馴馬似的想要馴服我。我拒絕投降，他們始終馴化不了我。他們低估了美國印第安人的力量。我的怨恨讓我生存下去。我甚至學會了英語，但我拒絕說。八年之後，我終於回家了，再也沒回去學校。」

「你是什麼時候有第一次的接觸經驗？」

「你是說第一次接觸幽浮嗎？」他問。我點點頭，他對我微笑說道，「是在住宿學校的時候。那時我大概七歲。神父帶我去教堂，要我跪下。他說我得待在那裡一整天，除非我說英語。神父離開後，我聽到他把門鎖上的聲音。我還記得我的眼淚嚐起來鹹鹹的，我很擔心自己會想上廁所。忽然一道光出現在教堂外面，有個人出現。我一開始以為是比較大的孩子來救我。後來才知道，不是大孩子，是太空訪客。他把我抱起來，抱得緊緊的，我們就那樣穿過牆壁，好像牆壁根本不存在似的。他幫我逃脫了。」

「你能描述太空訪客的樣子嗎？」我問。

「可以。他們像機器人。比較像蟲，不像人。可是我好高興自己可以離開教堂、遠離那些修女和神父，所以我並不在乎他們的長相。就算是魔鬼來把我帶到地獄，我都會很開心。」

「你記得跟這次經驗有關的任何事嗎？」

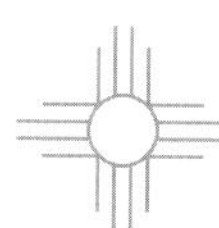

「我想這些太空訪客在注意我們學校。也許我爸爸說的對。他們確實在照顧我們。總之，他們教我怎麼控制心智。他們幫我和痛苦共處，即使是孤立的一個人也能生存。」

「他們怎麼做的？」我問。

「我不知道。但是在第一次事件過後，我再也不覺得痛苦了。我可以跪在教堂地板上，一跪就是四十八小時，對神父臉上吐口水，然後再跪四十八小時。我沒有任何感覺。當我去越南服役，被敵軍俘虜和虐待的時候，我也感覺不到痛苦。我學會將身心分離，不感覺到痛。」

「你現在還能這樣嗎？」我問。

「當然，有時候這是唯一的適應方式。」

「你說你在越南看到太空訪客，可以跟我說說嗎？」

「我覺得星人瞭解我。他們知道什麼時候壓力對我會變得太大，這時他們就會出現。我總是很甘願跟著他們走，倒不是我特別喜歡他們，而是因為我可以離開一個更不舒服的情況。」

「你的意思是，跟著星人去，比留在學校或軍隊或戰俘營都更舒服？」

「對！對！對！如果我跟他們在一起，我就有控制權。」

「如果他們把你抓走，你怎麼有控制權？」

「因為他們教了我怎麼控制心智，我學會用來對付他們。事實上，他們對於我運用

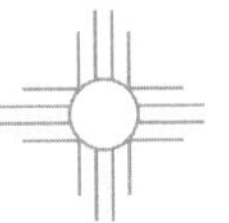

心智控制覺得很有趣。我跟他們合作之前，都會讓他們為我做些事。」

「比如說？」

「我們在戰俘營。食物很少。我讓他們帶水果給我吃。」

「水果？你是說，真正的水果？」

「對。我在寄宿學校，常常被罰不准吃飯。在戰俘營，也沒有人吃得飽。所以我會堅持他們帶水果來。橘子、蘋果、香蕉。我那時才知道我也可以反過來要求他們。我可以說我需要水果，水果就會出現。」

「你怎麼知道那不是他們對你的心智控制的一部份？讓你看到不存在的東西？」

「我可以告訴你一件事。在戰俘營，還有別人跟我同一個牢房，他們會告訴你，他們很喜歡那些蘋果、橘子和香蕉。」

「所以你有具體證據證明你有那種能力。」我說。

「教授，無論你要怎麼稱它，它都是真的。」

「為了回報他們給你的水果，你必須要為他們做什麼嗎？」

「讓他們檢查我的身體。讓他們收集精液或其它他們需要的樣本。他們對我的眼睛和鼻子作實驗。給我的眼睛點不同的藥水，照不同的光。他們沒有像我們一樣的眼睛或鼻子。我想他們對我們的眼睛感到好奇。他們抽了我很多血。」

「你會覺得痛嗎？」我問。

「不。我學會如何控制了。」

「你可以教我如何控制痛苦嗎?」

「不行,必須他們教你。有操縱盤之類的東西,他們會讓你坐進去。這些控制板會動,某個部分往一個方向動,另一部份往別的方向。它們越動越快,直到你和它們合而為一,之後你就不會感到痛苦了。」

「那你還有情緒嗎?」我問。

「你是說我還有愛與恨嗎?如果這是你的問題,答案是有。我曾經愛過很多次。我還是恨那些天主教修女和那個神父。我還是喜歡早上醒來,身邊有個美麗的女人。有時候我還是會哭。是的,我沒有失去我的情感。我只是學會如何控制痛苦。」

「他們有沒有給你任何通靈的能力,譬如瞭解別人心裡在想什麼?」

「沒。我沒有那些超能力。日常生活裡,我只是一個平凡的印第安人。」

「可以跟我解釋一下嗎?如果他們可以來找你,為什麼沒有幫助你逃離戰俘營,讓你回到保留區呢?畢竟,軍方只會把你列為失蹤士兵。」

「或許我應該選擇那條路的。我從未試過。當你在戰俘營裡,為了生存,你會很快發展出同袍情誼。我不可能把弟兄們留下,星人也不可能把所有的人都救到安全的地區。他們有某種不干預地球歷史發展的原則。我覺得我的生命不足以改變歷史,但是有其中一個戰俘後來成了政治家。另一個成為一家大公司的總裁。救援他們可能改變他們的命運，也連帶改變地球歷史吧。不知為何，我就是知道那不是選項，也不是我想要的。只要他們來找我就已經能讓我這個戰俘鬆口氣了。他們讓我的日子過得下去。」

「你覺得為什麼星人要綁架人類？」我問。

「我認為他們是探索新世界的科學家，對他們而言，我們只是研究的樣本。」

「你認為這些外星人可能是我們的遠古祖先嗎？」

「教授，你有沒有仔細看過這些外星人？他們看起來好像機器蟲子，我不認為他們是我們的遠古祖先。」

「除了機器蟲子之外，你看過其他種類的外星人嗎？」

「從來沒有。」

「你認為他們是善意還是惡意的？」

「他們救我的時候，我把他們看作善類，但我也看到他們有邪惡的一面。」

「怎麼說？」我問。

「我看過他們傷害別人，但是沒有先教他們如何控制痛苦。他們似乎並不在乎。」

「所以你被綁架的時候，你有看到其他被綁架的人？」

「很多次，但大多是我在軍隊的時候。有幾次，他們把整個寢室的人都抓去，甚至把我們的槍也拿走了。」

「他們拿槍做什麼？」

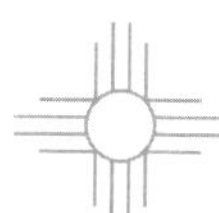

「只是檢查，他們不會把槍留下。當他們放我們回寢室時，沒有一個人記得。我一直覺得很奇怪。我曾經跟其中一個人提起，結果他問我是不是想裝瘋來逃兵役？他說不會有用的。」

「有多少人知道你被外星人綁架的事？」

「瓊安和你。我會告訴她完全是因為那天晚上我們從鎮上回家時，看到了幽浮。她很害怕，我跟她說不用擔心。我說我看過很多次了，還曾經去過太空船一次呢！」

「你就只跟她說了這些嗎？」

「是的。除了你，我從沒跟任何人說出全部真相。你是姐妹。你有三個叔叔和一個弟弟在越南服役過，我們簡直就是親戚了。跟你說好像是很自然的事。如果我跟別人說，他們搞不好會把我關進瘋人院。」

「別人也跟我說同樣的話，他們也這麼覺得。你並不孤單。」我說。

「教授，你知道怎麼跳兔子舞嗎？」我知道他指的是那種男女手拉手，在舞圈裡左踏步右踏步的社交舞。在比較傳統的時代，這種舞是女人邀男人跳，如果男人拒絕，會被視為不好的兆頭，他因此必須對女性作出補償。現在時代改變，傳統不再，男人也可以像女人一樣主動出擊。

「嗯，我知道怎麼跳兔子舞。」我回答。

「也許等一下他們跳兔子舞的時候，你可以跟我跳。」我有點意外地看著他。「可是

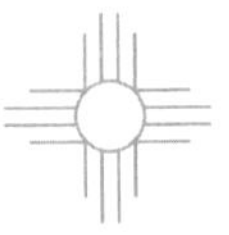

在你答應之前，讓我先警告你，在蒙大拿，我可是出了名的女人殺手。一個女人一旦和我跳過兔子舞之後，她就永遠是我的人了。」

「你是在告訴我，你是『郊狼』嗎？」我問。我指的是在許多印第安文化中變戲法的人，他們專門逗弄別人，偷走女人的心，讓男人做蠢事。

他回答：「我的戲法只用來贏得美麗女人的心，還有控制外星人。」

我後來又遇見羅素幾次。那晚我始終沒跟他跳，但在我要離開祈禱會場前，我看到羅素和來自北方某個部落的一位女子跳兔子舞。據說，兩個星期後，他們結婚了。

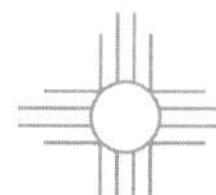

第十四章
外星人的心臟

很多人相信，古時候的地球就有外星人來訪，這個想法有時被稱為「遠古太空人理論」(ancient astronaut theory)。有些人認為古代的外星人造了英國的巨石陣、墨西哥的帕倫克(Palenque)、秘魯的馬丘比丘(Machu Picchu)和埃及的金字塔。有些理論家認為，古代神祇，事實上就是外星人。

雖然有些研究者認為有很多證據支持遠古太空人理論，但這些證據要看是如何被詮釋，而傳統的科學家一般而言並不支持這個說法。支持者則指出古代地表上的繪圖(geoglyph，譯注：地表上無法解釋的、古老且巨大的圖形刻痕)，尤其是納茲卡線(Nazca line)，就是遠古地球有外星人的證據。秘魯的納茲卡線位在高地的沙漠，除非你在空中，否則無法看到全貌。這使得大家更堅信這些圖案是由外星人所造。

古代藝術——例如洞穴圖案、雕塑、雕刻——也是古代地球上有外星人存在的證據。幾乎全世界都有看起來像是太空人、外星人和太空船的洞穴圖案。坦尚尼亞、法國、墨西哥、秘魯、烏克蘭的基輔、澳洲、西藏、日本和印度，甚至美國西部的猶他州都有古代藝術圖案，這些都跟現代人所敘述的外星人、太空船和太空人相當類似。

本章的長老相信，外星人不但在古代就出現在地球上，現在也仍然如此。為了證明所說，他給我看一樣外星人的物件——一個石化的心臟。他說這顆心臟是來自古代的外星人。

山姆

山姆在他的社區是很受敬重的長老，他以部落的傳統知識著名。他在學校擔任替代祖父（乾爺爺）的角色，輔導問題青少年。這個計劃是我長期研究的一部分。二〇〇〇年五月的某個星期五，我拜訪社區的學校，得知山姆小中風。他住院了幾天，正在家裡休息。校長覺得他也許會喜歡有人探視，跟我說了怎麼去他家，給了我一疊學生做的問候卡片。

去山姆家的路上，我在雜貨店買了些東西。到達時，山姆坐在輪椅上，在門口跟我打招呼。

「我的男朋友過得如何啊？」他幫我開門時，我這麼問。山姆大笑起來，握住我的手。多年來，我們都是這樣打招呼的。

他也逗我：「真高興看到我的女朋友。我還以為你找到別的男朋友了呢！好久沒看

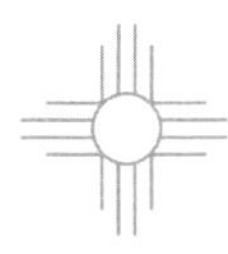

到你了。」

「很抱歉，暑假大部份時候，我都在阿拉斯加。我在那邊有個研究計劃，協助阿薩巴斯卡和尤皮克（Yupik）的問題兒童。我一聽說你生病就趕來了。我帶了食物，可以做午餐。」

山姆警告我：「你最好小心那些阿薩巴斯卡人，他們會給女人下咒語。」

我看著他，想知道他是說真的還是開玩笑。我說：「你都沒變，山姆，所以我知道你身體一定好些了。」山姆和我一向喜歡相互戲謔。我愛他有如自己的爺爺，他也待我有如孫女。山姆轉動輪椅，往廚房方向前進。我看著他，同時把雞湯麵倒進鍋裡，加了水。他比我記憶中看起來更老，更虛弱了。我雖然知道他已經九十二歲，但從未見過他坐輪椅。他的頭髮雪白依舊，大大的笑容也沒有變，但他的身體看起來虛弱單薄。

「我帶了火雞。要不要吃火雞三明治？學校的愛爾西說你最近都不怎麼吃東西。」

山姆沒有回答，我注意到他看著窗外，好像陷入沉思。我走近他，也望向窗外。窗外沒什麼不尋常的。我正要回到廚房，山姆忽然把輪椅轉向我。

「你相信靈魂嗎？」他問。

「你遇到過不相信靈魂的印第安人嗎？」

「這倒是真的。」他停頓了一下，喝了口咖啡。「你相信天使嗎？」

「嗯，山姆，這樣說好了，我從來沒遇見過天使。」

「你相信上帝創造宇宙的時候，祂只在地球上放了生命嗎？」

「不相信，山姆。我知道，我相信外面還有別的生命。」

「老人家們也知道。」他說。

「我們的祖先比任何人都知道更多關於宇宙的事。」我回。

「我有東西要給你看。」山姆說，邊打開膝上的毯子，裡面有一包東西。

「小時候，我爺爺給了我這個。當時他快九十歲了。我大概六、七歲。」他把東西打開，遞給我。

「是個石化的心臟。」我說。對於手上的這個東西，我有點震驚。

「你爺爺從哪裡弄來的？」

「他爺爺在他小時候給他的。」山姆回答。

「你覺得這有多老了？」

「或許幾千年了。」

「你怎麼知道？做過年代測檢了嗎？」

「我不信任大學裡的人，除了你之外。」他微笑著說：「他們自認知道一切。他們的腦子拒絕真相。」

我把山姆推到廚房餐桌前，把湯和三明治放在他面前，塞了一條餐巾在他的領口，然後在他對面坐下。

他繼續說：「沒有多少人願意相信真相。」

「山姆，真相是什麼？」我問。

「這是星人的心臟。」他回答。「如果你仔細看，你就會看到它和人類的心臟不太一樣。」

我把心臟放在手中，仔細觀看。一般成人心臟有平行的兩套彼此獨立的系統，各有一個心房和一個心室。這顆心臟不同。人類心臟有四個腔室，它有六個腔室，三個心廓和三個心室。當我指出這點時，山姆點頭說：「星人的心臟和我們的不太一樣。心跳得也比較慢。」

「嗯，看起來像是心臟，而且絕對已經石化了。我確定這個東西很古老了。」我邊說邊把心臟放在桌上。

「據我爺爺所說，這顆心臟屬於太空訪客。這是他的爺爺給他的。他的爺爺又從他爺爺那裡拿到，就一直這樣傳下來。古時候，星人住在地球上，他們和我們的女人交配，我們就和他們成為一體了。」

「你爺爺或他的爺爺或更早的爺爺有沒有說，為什麼星人離開地球？」我問。

「他們一直在這裡，直到白人來了。他們知道白人要來。他們警告我們了，建議我們也離開地球。有很多太空船來帶大家離開。有些人回到母星上生活。很多意志堅強又頑固的人決定留下來。他們相信自己可以抵禦白人，因為他們已經知道白人要來，他們自認有優勢。但事實並非如此。白人的武器比較強大，語言也是，人口也更多。有些人甚至以為白人是神祇，選擇了跟白人一起。我們的星人祖先從未回來拯救我們。我們只得聽從命運的安排了。」

「你見過星人嗎？」我問。

「我在星際間旅行過。外面有很多世界。他們帶我去他們的世界。我不怕死，因為我知道外面等著我的是什麼。身體死亡並不代表生命結束。只是開始而已。」他咬了口三明治，喝了口湯。他點點頭，對我微笑，表示讚許。

「你聽說過星人綁架人類，或強迫人類跟他們走的事嗎？」

「我聽過。」他回答，然後又咬了一口三明治。

「我就不懂，如果他們是我們的親人，為什麼要綁架人類，強迫他們呢？」我問。

「孩子，外面有很多不同種類的星人。」他把湯喝完，我等他繼續說。「外面有很多星球上都有生物。有些看起來像人類，有些類似人類但不完全一樣，有些完全不是人類。宇宙裡有多少可以支持生命的星球，就有多少種不同的星人。有些比我們進步，也有些世界的文明並沒有高等知識。」他回答。

「你是說，沒有科技？」

「對。他們的生活像我們的老祖先一樣。打獵、捕魚、採集野生食物。」

「你看過那些世界嗎？」

「看過一些，但都是遠距離看。有點像從飛得很低的飛機窗戶往下看，只不過是飛碟，不是飛機。」

「你是指太空船，對嗎？」

「對。我仍然稱它們為飛碟。我在軍中服役時，大家都是說『飛碟』。」

「那些綁架人類，強迫做醫學研究的星人呢？」我希望他能多說一些關於綁架的事。

「祖先避開這些星人。他們已經不是人類了。他們刻意培育出刪除了感覺愛、熱情和痛苦——所有的情緒能力的生命。他們相信這樣的世界會比較好。沒有情緒的世界會比較進步。」

「換言之，也就是一群心理病態（psychopath）。」我說。

「我不太懂這個字的意思。」

「嚴格講起來，心理病態就是無法正常體驗情緒的人。心理醫生稱為『情緒障礙』。他們感受虐待的愉悅感，他們沒有良知。」

「你說的可能正確。透過育種繁殖，他們並沒有同理心。沒有良知。我想，祖先就是在說這個。」

「有意思。由一大群心理變態組成的世界可能很危險。」我說。

「或許這是為什麼祖先要避開他們。但也有別的星人的科技很進步，他們只是在一旁觀察。他們說宇宙有一條不准干預的原則。」

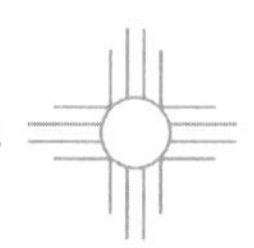

「你知道嗎，人類學者曾經寫過，整體而言，美國印第安人的文化就是不干預他人。他們說，原住民一般而言都不干預別人的生活，即使他們知道某種行為會造成壞的後果或失敗，他們也不會干預。或許我們就是從星人那裡遺傳了這個特性。」我問。

「有道理。不幸的是，有些已經打破了不干預的原則。就像任何文明一樣，總是會有人破壞規矩。」

「你的意思是？」

「有些星人下來了，而且還跟人類說話，這是違反宇宙規則的。」山姆打了哈欠。

「我想你該休息了，要不要我扶你上床？」我說。

「不用，我只想坐在這裡，在窗邊看著學校校車經過。我喜歡看孩子們下車。」

「我幾乎忘了。學校孩子做了十幾張卡片給你。學校秘書要我帶來。」山姆微笑著看我把卡片放在窗邊的桌燈下。我回到廚房，削了兩個蘋果，切成一片片，又做了火雞三明治。我把食物放在盤子上，用保鮮膜包好。希望他晚點會吃。

山姆在家休息了兩週，某天早晨他走路去學校，宣稱自己已完全康復。但當春天的時候，山姆宣佈退休。我受邀參加他的退休餐會。整個社區都參加了。那天稍晚，我開車帶他去他住的養老院，就在村子外頭。他說他打算搬到丹佛市，跟他的姪女一起住。「我要趁著還能享受退休生活的時候退休。我還有很多地方沒去看過呢！」他說的時候對我眨眨眼。

我擁抱我的好友。我完全懂他在說什麼。

雖然我很少去丹佛，每年我都會打幾個電話給山姆。他活到了九十七歲，腦筋一直很清楚。他說，既然他沒有孫子，他已經把那顆星人的心臟埋在沙溪大屠殺（Sand Creek Massacre）的遺址。

山姆的遺體被運回他的保留區下葬。當地報紙登載了他的照片，他頭戴老鷹羽毛的冠飾，身穿綴有珠飾的牛皮襯衫。標題是：「北方平原最後的酋長過世了」。我微笑，因為我知道山姆沒有死，他只是加入了星人的行列。

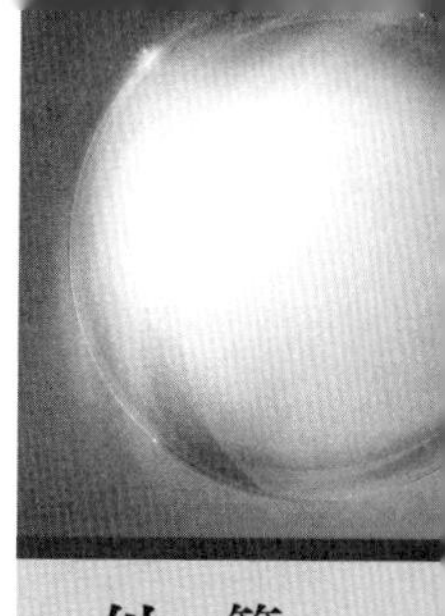

第十五章

他們住在地底下

全世界各地都有關於地底世界的神話或故事。譬如，蘇格拉底就提過地球內部是空的，裡面有很大的山洞，還有河流。

在切羅基印第安人的傳說中，當他們剛到美國東南部時，發現了許多照顧得很好的菜園，但沒有看到有人在照料。他們後來發現一群住在地底下的人在夜晚出來照顧菜園，把收成的食物帶到地底下的城市。這些人長得很小，藍皮膚，眼睛黑又大。由於陽光對他們太過強烈，於是他們在地底建立城市，只在夜晚利用月光的照明出來地面。切羅基人稱他們為「月人」（Moon People）。

一九四〇年代，在接近阿拉斯加希望角（Point Hope）的地方，發現了一處有六百個古老建築的遺跡。這個被稱為伊皮尤塔克（Ipiutak）的遺址有著城市規劃的規則和軌跡，也顯示史前居住在這裡的人類具有數學和天文知識，跟古代馬雅文明的發展程度類似。當地的伊紐皮亞特部落（Inupiat）對這個發現並不意外，他們相信這個發現證明了古老故事的真實性：星人曾經來訪並住在地球，他們在地表和地下都建立了城市。即使在今天，阿拉斯加原住民仍然傳述這樣的故事；他們相信阿拉斯加有許多地底城市，這些城市是往返於地球和星辰之間的星人所建造的。

一九九五年，身兼地質學者、結構工程師和地下管道專家的菲爾．史奈德（Phil Schneider）聲稱他參與了美國政府在北美地下建造城市和基地的計劃。他的演講描述了城市的細節、住在這些城市的外星人、政府和負面的外星人的秘密協議、以及政府所使用的外星高科技，包括在月球上開採超鈾金屬元素（corbamite）。

本章的三位阿拉斯加原住民長者談到地下城市，還有他們這輩子與幽浮打交道的經驗。

包叔

包叔說：「老人家說星人住在塔那那（Tanana）附近的地下。」我邊聽著這位八十四歲的長者談論星人，同時看著他的捕魚滾輪如何完全靠水流就有效地捕到鮭魚。

包叔從小到現在的夏天都是在這個釣魚區度過。「我母親在這條河上生了我。她當時是要去下游的天主教教堂，但還沒到，我就生在船上了。我父親把船靠岸，架起帳篷。那裡後來變成我們的避暑小屋。每一年，山上積雪融化，小溪開始有水流的時候，我們就回到這裡生活，捕魚獵食，為冬天存糧。每年我父親都會重新說一遍我是如何在這條河上出生的故事。這條河在我的血脈裡。」

「這條河沿岸有多少阿拉斯加原住民的漁獵營？」我問。

「有一半的家庭都會來，但很少人使用捕魚的滾輪了，我是少數幾個傳統的活化石。」他笑著說。

「我可以想像，你在這裡的晚上一定看到很多東西。這裡這麼偏僻又安靜。」我說。

他回答：「你不會相信我看過的一些東西。」他坐在一截砍了當成椅子的樹幹上。包叔個子小而結實，臉上佈滿滄桑，一看就是住在阿拉斯加嚴苛天候的人。他穿著有絨布內襯的牛仔褲，褲腳捲起，看得到內襯的格子絨布。他的格子羊毛襯衫最上面的鈕扣沒扣，露出裡面的長袖棉毛衫。雖然室外溫度將近華氏五十度，包叔仍然穿得很多。

「阿薩巴斯卡人有沒有關於星人的古老傳說？」我問。

「老一輩的人說了很多故事，是關於塔那那附近住在地底下的星人。伊紐皮亞特人相信他們是坐太空船來到地球的。」

「你看過太空船嗎？」

「很多次。我生在這裡，就在阿薩巴斯卡郡。阿拉斯加變成美國一個州之前，我就在這裡了。我的族人在白人來這裡之前，已經住了幾千年。在阿拉斯加還叫做阿拉卡哈（Alaxsxaq）的時候，就有很多太空船來這兒，當阿拉斯加不再是阿拉斯加的時候，他們

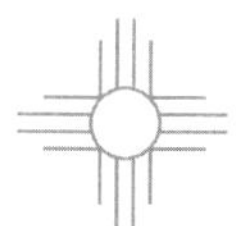

還會繼續來。」

「你在哪裡看到那些幽浮？」我問。

「尼那那（Nenana）和狄那利（Denali）之間的路上。那裡有一段公路很荒涼偏僻，沒有多少車子經過，他們就在那邊降落。空軍知道太空船的存在。我很有把握。這裡的人都看過，可是不討論這些事。如果你討論幽浮，軍方會不高興。鎮裡很多人都在空軍基地工作，所以我們都閉口不談。但私底下，我們都知道他們會來。」他說。

「你知道他們為什麼來嗎？」

「我認為他們一直都在，就像老一輩說的那樣。政府知道，可是一點辦法也沒有。早在有政府之前很久很久，他們就已經在這裡了。我認為現在軍方只是試圖維持目前局面，也不讓人民談論。他們不希望我們知道。」

「你曾經和基地上的任何人談過幽浮嗎？」

「十年前，我姪女的一個兒子曾經在基地工作。大約有一百個平民在基地工作。他說有天早上他去工作，基地是關著的。軍方叫大家回家。第二天他去上班時，一位駐守的朋友告訴他，前一個晚上有幽浮降落。他說幽浮可以從那裡的某個地方到地底下去。」

「你姪女的兒子看過這個地方嗎？」我問。

「他說那裡隨時都有人看守，沒有人可以接近。是一個具有高階安全特權的朋友跟他說的。」

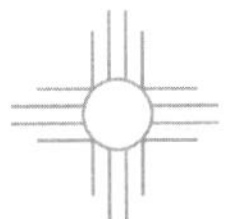

「你覺得軍方隱藏太空船的這件事合理嗎？」

「我不去想太多他們在那邊做的事合不合理。這個基地照理是要訓練軍人如何在北極氣候中生存。軍方為什麼需要這樣的訓練？他們什麼時候要在北極打仗？」

我微笑著說：「或許在西伯利亞吧。」

他頓了一下，對這個想法笑了。「我認為這是外星人和軍方合作的地方，外星人可以自由進出地底下，一般人不會看到他們。我不知道他們一起在做什麼，但我認為他們是在那邊合作。我姪孫的朋友說，外星人看起來就像我們一樣。所以，也許他們是我們的祖先吧。」

瑪麗・溫絲頓

「我們有一個故事是祖先被星人用很大的金屬飛行器帶到地球上生活。祖先原先住在很冷的星球上，很像北極，因此他們把我們帶到這裡來拓殖地球。當時的地球全被冰雪覆蓋，跟現在的地球不一樣。」瑪麗說。

瑪麗・溫絲頓是備受敬愛的長老，族裡傳統知識的權威。八十七歲的她被視為部落唯一仍然存活的傳統藝術家。她邊為我量尺寸，說要做給我一雙美麗的手套，一邊告訴我古老的故事。

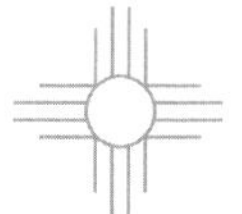

我問：「你在哪裡長大的？」她在紙上畫出我的雙手手形。

「我在科茲布（Kozebue）出生，半輩子都住在那裡。我四十歲的時候，先生過世，沒有任何孩子。我姊姊邀我去費爾班克斯（Fairbanks）的文化研習會演說，從那時候我就在這裡待到今天，一直沒回村子。我的後半生都在這裡過的。」

「你說老一輩的人跟你說，你們是被星人帶來這裡居住的。是嗎？」

「對。我們從祖父母那裡知道星人。這些故事代代相傳幾千年了。我們是被住在世界頂端的星人帶到這裡的。」

「世界的頂端是什麼意思？」我問。

「他們住在北極底下。那邊就是『世界的頂端』。他們把我們帶到這裡，生活在地球，他們住在地球裡面，世界的頂端。我們的母星過於擁擠，他們需要為我們找新地方。他們選了好幾千人住在這個新世界，但是大部份的人都餓死了。地球跟我們的家鄉星球不同。食物不同。我們必須學習用新方法來蓋遮風避雨的地方。因此我的祖先就像是從別的世界來的拓荒者。」

「祖先曾經拜訪過你嗎？」

「我看過他們的飛行器，但沒有看過他們。」她回答：「我的祖父在世時跟他們說過話。他說他們看起來和我們一樣，但是眼睛比較大，因為在母星上，大家都住在地底下。祖父說，當我們剛被帶到這裡時，我們也是大眼睛，但是陽光和白雪讓我們的眼睛變得

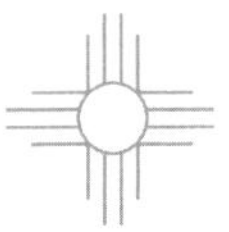

瞇瞇的。學校的自然科學老師有一次告訴我那叫『革命』。」我點頭，沒有指正她的錯誤。我知道那個老師可能跟她說這樣的改變叫做「演化」。

「你祖父有沒有跟你說他和星人見面的事？」我問。

「住在世界頂端的人在為我們找另一個星球。祖父說，星人相信有一天所有的雪都會融化，不再有凍結的土地，這會大大改變我們的生活，我們將無法存活。會有新來的人把我們的土地拿走。政府會鼓勵他們在這裡定居。我希望我不會活著看到那一天。」她停頓了一會兒，繼續說：「當我死了，他們會來接我。」

「你是說星人？」我問。

「對，我們被埋葬後，他們會來把我們的身體和靈魂都帶到母星。」

「你是說，你被埋葬一個星期之後，如果我去挖你的墳，只會看到空的棺木？」

「我就是這個意思。」她回答。

我在阿拉斯加進行研究的期間，經常看到瑪麗和包叔。最近我聽說瑪麗過世了，就在包叔慶祝九十歲大壽的前幾天。

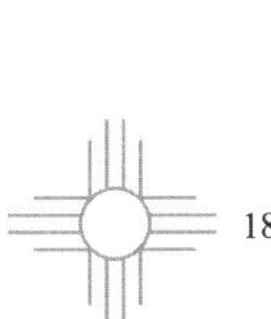

貝爾

「有些人說我是女巫醫，但是我不喜歡女巫醫這個稱謂。我只是一個年紀大的老婆婆，懂得植物而已。我用植物幫助別人，可是我不是醫師。我只是知道什麼植物有用。」貝爾說。

我們走在河邊一條狹窄的小徑。偶爾，她會停下來，彎下腰撿片葉子或漿果，告訴我它們的用途。

「有個大藥廠的人來過，要我給他看阿拉斯加原住民是用什麼治療燒燙傷。當我問他是否有一、兩天的時間，他說沒有。於是我對他說，那你不需要問我。」她停了一下，指著一棵樹說道：「我們用那種樹的樹汁治療燒燙傷，但你必須用特定的方式準備。我上次做了一批，還有剩下的。等下回去，我給你一些。」她說。

貝爾一個人住在阿拉斯加一個偏僻的小村落。村落裡總共不到四十間小屋。她說：「這裡只有住老人家。年輕人一長大就離開了。我們離酒吧、電影和購物中心太遠了。」她的語調裡有理解也有失望。「我們的年輕人對傳統生活方式沒什麼興趣。你不能怪他們。他們的祖父母，甚至父母都被迫去念住宿學校，一旦離開家，他們就不再一樣了。在那些學校，他們失去了自己的語言和傳統文化。我總是說，他們失去了靈魂，回來後像是空殼一樣，說的是英語，不知道自己屬於哪裡。他們開始酗酒，如今則吸大麻，他們什麼也不在乎，只在乎下一杯酒或下一口大麻。」

她再度停下來，撿了些薔薇果，把火紅的漿果遞給我。「我們來煮杯茶。」她說。我點點頭，跟著她的步伐。

她繼續說：「我的孩子幫我買了小耳朵收看電視節目。我以前很少看電視。從來不喜歡。我現在還是不喜歡。可是有個晚上，我亂轉頻道的時候，看到一個節目講幽浮。有個叫堅尼斯的在做訪問，談幽浮。我看了忍不住大笑。我想，他應該來阿拉斯加。如果他有耐性，我可以帶他看幽浮。」

當我告訴她，那集節目播出後不久，彼得．堅尼斯（Peter Jennings，編注：美著名主播）因癌症過世，她看起來很哀傷，她說：「那真糟糕。他應該來找我的。我可以幫上他。」

她轉身，走向小徑盡頭的一片開闊草地。她帶我到草地中央，那裡有塊大石頭，她坐了下來，拍拍身邊的空位，示意我也坐下。

「這是個聖地。我們在銀河旅行的祖先會來這裡。有時候我也會來這裡跟他們說話。」她說。

我問她指的是否是她已經過世的親友，她若有所思地點頭，說道：「不只是他們來。星人也會來。但是他們來的目的不同。」

我請她解釋。她告訴我星人是來檢測地球的健康程度。「他們是我們的祖先，他們關心我們，他們有些是科學家，測量汙染程度，檢查土地和植物，看看是否有毒素在改

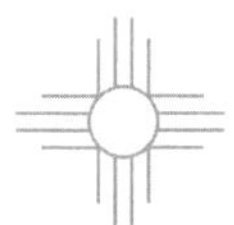

變地球環境。」

「你相信他們會綁架人類嗎？」我問。

貝爾笑了：「祖先不會綁架人。我倒不是說就沒有別種的星人不會做這種事。我看到電視上那些人談論被綁架，還有他們身體經歷的那些可怕事情。我不認為他們撒謊。我認為他們說出他們所知道的事實。但是我知道的星人並沒理由綁架人。」

「星人向來都會來這個地方嗎？」

「這是神聖之地。他們會懸浮在草原上方，在樹那邊降落。」她指著北方的樹。「你走到那邊，告訴我你看到什麼。」

貝爾坐在原處，我則往那排樹走去。我看到在草原裡藏著一處沒有草地的圓圈地。我繞著圓圈慢慢走，計算走了幾步。一整圈剛好是兩百步。我走到圓圈中央，雙腿有種像是觸電的奇怪感覺。我在圓圈裡又走了大約二十分鐘，然後走回貝爾身邊。我坐回石頭上時，她拉起我的手。

她微笑著問：「你也感覺到那股能量了，對不對？」

我回答：「感覺像是觸電。」

「那就是能量。這整個地方都充滿了星人的能量。這是療癒的能量。如果你生病了，這個能量可以療癒你。這是非常強大的力量。記得這個地方。等到我離開了，如果你生了重病，找人帶你來這裡，你就會痊癒了。」

我很好奇她說的這些話，我對她說，我不想不禮貌，可是如果這個地方可以療癒，為什麼她會死呢？她再度拍拍我的手，對我微笑。感覺上她似乎把我當作無知或天真才會問這樣的問題。

「凡事都有其時。我們不怕死亡，我們歡迎死亡，因為我們知道死亡不是終點。當我們的身體老了，成為自己或孩子的負擔時，就是放手的時候了。等你老了，你就會懂了。」她說。

我跟她說，我自己的祖母也對我說過一樣的話，她微笑說道：「那你就知道我在說什麼了。」

「星人收集哪種植物呢？」我問。

她走到草原，摘了某個植物。「舉個例子。這種植物能夠療癒血液方面的疾病，星人對使用這種植物和不使用這種植物的人的血液差異有興趣。他們從全世界的原住民那裡收集資訊，採樣本，並且培養這些植物。」她說。

「你認為這些星人是醫生嗎？」我問。

「你記得嗎？我不喜歡別人稱我為女巫醫。我不認為他們喜歡被視為醫生。我們只是擁有知識的人。我擁有知識。如果你想知道，我會傳授給你，我會傳授給任何人。我想他們也是如此。他們把他們的知識帶到各處，讓其他人可以獲益。他們不是醫生。我不是巫醫。我只是擁有知識的老女人。」

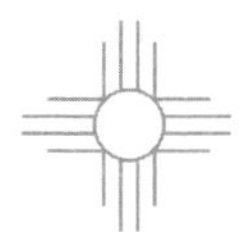

「星人曾經傷害過你嗎？」我問。

「他們療癒過我，從來沒有傷害我。」她說，聲音輕得像是耳語。

「他們如何療癒你？」

「有一天，我在砍柴，斧頭不小心砍到自己的腳。等到我把斧頭拔出來，鞋子裡全都是血。我走進屋子。當時孩子們都在學校，於是我把破布綁在腳上，試著止血。他們忽然出現，打開我裹的布，用他們的雙手消除痛苦並且止住了血。之後，我走路就跟正常一樣，沒有任何問題。我的腳還有疤痕呢！」她脫下鞋襪，給我看六吋長的疤，從大腳趾直到腳跟。

「星人救了我一命。」她補充說。

我們回到貝爾的小屋，她用薔薇果泡了茶，給了我一些熬過的藥膏。她邀請我隨時去探望她。

接下來的兩年，我經常去看她，直到她過世。我總是會帶巧克力去見她，她說這是她在白人世界裡唯一的弱點。當我跟她說，巧克力其實是南美印第安人發現的，她聽了非常高興。顯然，她覺得如果她吃的是「印第安食物」，就不是那麼貪圖享受了。

有一次拜訪她時，牧師正好在部落，他加入我們一起食用花生醬加果醬的三明治、胡蘿蔔、蘋果和低糖可樂。我帶了這些食物和貝爾分享。牧師要離開時，我們一起走向他的休旅車。我問他對貝爾的看法。

「她是個誠實、正直的人，非常聰明。她雖然九十三歲了，但腦筋可清楚得很。我認為，是努力工作讓她活得這麼長壽。或許科學家應該研究她，好找到治療失智症的方法。」

我問牧師對不明飛行物和星人的故事有何想法時，他對我微笑，說他已經非常習慣老人家談到星人，因此當聽到老人家談到跟星人的經驗時，他一點也不意外。「我真的相信阿拉斯加原住民和星辰與星人有關係。這些長者仍然很重信用，說話很實在。他們說真話，也期待你說話誠實。所以，當他們告訴我他們的經驗，我相信他們說的是真的。譬如貝爾，她對你很信任，她相信你會用正確的方式來說她的故事。你是印第安人，她信任你。你要用她述說的方式來說她的故事。」

這正是我所做的。

第十六章
不尋常的綁架

星人／幽浮現象最令人關注的地方之一就在於綁架。綁架的特質在於它往往不是單一事件。在許多例子中，當事人從兒童時期就不斷被綁架。親友同時被綁架的案例也曾經發生過。有些案例則是親友無助地看著某人被外星人帶走。個案通常無法記得發生了什麼事，但事後會有偶爾的片段記憶閃過腦海。其他時候，當事者則以夢或惡夢的方式記起綁架，因此不承認被綁架的經驗。

本章所描述的兩起綁架事件，其中一件有多次被綁架的歷史，另一件則是家人無助地看著堂哥被帶走。

安東尼奧

二〇〇五年六月，我到西南部的沙漠地區出差。我一到就聯絡以前的學生艾瑞塔，邀請她一起午飯。聊天時，她提到她表弟安東尼奧住在蓋拉普，她說安東尼奧和星人接觸過好幾次。「我可以幫你打電話給他，如果他願意見你，我可以帶你去他住的地方。」

兩小時後，我們到了安東尼奧家。他住在一排排像一個模子刻出來的房子裡，這裡住的都是保留區外的印第安人。簡短介紹後，安東尼奧提議我們到後院，比較安靜。我們走到後頭有遮蔽的庭院，安東尼奧從廚房拿了一壺冰紅茶和杯子。

「我從小就知道有星人或來自天上的人了。」他開始說：「七歲的時候，我父親叫我去鎮上買東西，那是我第一次自己上街，我很驕傲也很興奮。爸爸把錢綁在手帕裡，把我抱上拉奇，那是家裡的馬，然後我就上路了。我很驕傲他給了我這個責任。我一路上抓緊手帕，確定錢還在。到了鎮上，我很興奮的四處逛，就像每個孩子一樣。我逛了些時間，知道自己必須要辦正事了，於是我去店裡買好了東西，便往回家的路上。鎮上離家裡大約五英里。天很快暗了，忽然間，不知從哪冒出來的燈光，亮得刺眼，拉奇受到驚嚇，我摔了下來，雜貨也掉落滿地。我趕快撿起東西，那時心裡只想到父親，他那麼信任我，交待我去辦事。我沒有抬頭，所以沒有看到有兩個人接近。我把東西撿起後收好，還在看地上有沒有漏掉的。拉奇這時已經跑不見了，我只好走路回去。忽然間，兩個人走過來把我帶走。我到現在都還清楚記得自己的恐懼。我很怕把雜貨弄掉，我父親很窮，我不能把雜貨弄丟了。」

「他們把你帶到哪裡？」我問。

「他們把我帶到光的中間，然後我突然發現自己在往上飄。我把袋子抓得緊緊的，

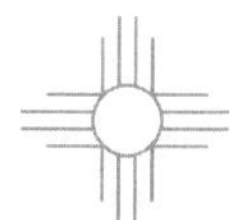

很怕袋子會掉下去。接著，我記得自己在一間很亮的房間，房間裡沒有圖畫，沒有花。那裡很冷，我完全不明白怎麼會這樣，因為外面很熱。」

「你說房間裡沒有圖畫和花。你可以解釋是什麼意思嗎？」我問。

「房間很單調，牆上沒有畫，沒有花。我媽媽都會在牆上掛畫，在窗沿種花。我們家的地板上有地毯，但這個房間什麼都沒有，不像有人住的地方。我很害怕，我記得自己哭了。」

「你記得接下來發生的事嗎？」

「不記得。我只知道後來自己走在小路上，往家裡的路，可是比原來的地方更靠近家大概一英里。我不知道時間。我手裡還抱著雜貨袋子。到家的時候，我父親很生氣。他說他信任我，我應該好幾個小時前就回到家了。」

「你告訴你父親發生了什麼事嗎？」我問。

「我從來沒告訴他。他對我生好大的氣，我怕他以為我在撒謊，所以我就直接道歉了事，我母親要我上床睡覺。長大後，他們繼續來找我。他們來的時候，我通常都是一個人。有一次我跟我表哥在一起，他也被抓去了，但是他完全不記得這件事。他們抓我的時候，我總是很氣，可是他們太強壯了，反抗並沒有用。他們把我抓走後會檢查我，從我的指甲和皮膚取樣。這些檢查從來沒有傷到我。我不記得有任何痛苦。有時候我會跟別的孩子玩耍。他們說的話跟我說的不一樣。」

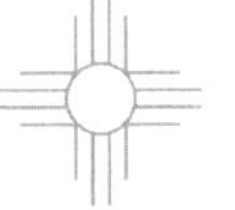

「你的意思是這些孩子說不同的語言？」我問。

「對。我聽不懂他們的話，但我們還是一起玩。」

「這些接觸一直持續嗎？」

「是的。我當老師以後還被帶到太空船很多次，我現在對他們的觀感和小時候不一樣了。」

「怎麼不一樣？」

「我不覺得他們會保護我們，我把他們看作是邪惡的。他們可以隨便對我們做任何事，我們卻都沒輒。他們打擾我的生活，沒有我的同意就檢查我，他們做的事從來沒有別人對我那樣做過，我很厭惡。他們對我就像對待籠子裡的天竺鼠一樣。這讓我非常憤怒。」

「抓你的人是什麼樣子？」

「他們的眼睛很大。看起來像大昆蟲。他們並不說話，他們是直接用心智溝通。他們的皮膚有點像小孩在用的膠水，糊糊的，摸起來感覺像厚的海綿橡皮。他們的腿和手臂都很細。」

「你被抓去時，有看到別的人類嗎？」我問。

「大多數時候都有別的人。可是我們不能互相說話。我想有些人沒能像我一樣回來。我認為他們被留在太空船上，像囚犯一樣。」

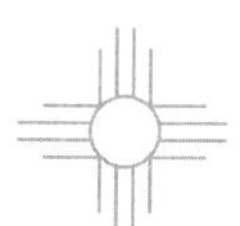

「你為什麼這麼認為？」

「他們抓我去的時候，有時會帶我經過長廊，我會看到其他房間。有些是金髮白人，像歐洲還是美國人。他們不像墨西哥人或印第安人。他們檢查完我，就會讓我走，但我認為他們沒有讓其他人離開。」

「你為什麼會這麼認為？」

「如果那些不是納瓦霍人，他們一定是從別處被抓去的。他們似乎讓一些人離開但留下某些人。我很高興我不是被留下來的人。雖然他們抓我，但至少還讓我回來。」

「除了艾瑞塔之外，你有跟任何人說過你的經驗嗎？」我問。

「我的家人知道。艾瑞塔知道。如果你被綁架，你不會告訴很多人。尤其如果你是老師，大家可能因此認為你的心智不穩定。我不能失去我的工作，我有一個家庭要養呢！」

我遇到的其他人也有像安東尼奧一樣的擔憂。

珍妮佛

我六月去阿布奎基市時，順道拜訪珍妮佛。我在前一天巧遇她父親，他告訴我怎麼

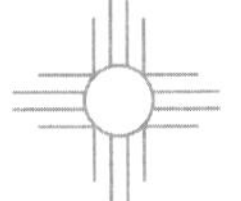

找到珍妮佛，他希望我跟她談談回大學繼續唸書的事；他擔心休學會毀了她一生。

珍妮佛在城市邊界的加油站兼雜貨店工作。她的父親是族裡受人尊敬的領袖。珍妮佛經常和父親一起參加研討會，我初次見到她時，她才八歲大。

「我決定休學一學期，我爸爸說如果我不在學校念書就必須工作。我只能找到這份工。」珍妮佛向我解釋。

「你為什麼要休學？」我問。

「去年秋天發生了一件事。從那時起，我就很難相信學校有什麼意義。」

我告訴她，我相信大學學位對所有女性都很重要。「學位讓你獨立並有選擇權。何況，我無法想像你父親會不希望你拿個學位。」我說。

「他是希望。」她說。

「在我的印象裡，你父親很寵你。」

「他現在還是一樣。」她笑著說。

「那你為什麼選擇不尊重他的意見呢？」我問。

她聳聳肩，好奇地看著我。「或許我們可以出去吃個飯，如果你有時間的話。我想跟你多聊些大學的事。我知道一個墨西哥餐廳，裡頭沒有人會說英語。我們在那裡會有絕對的隱私。」她寫下餐廳地址，我們約了七點碰面。

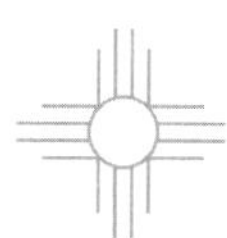

我一到餐廳，立刻就看到坐在餐廳後頭位置的珍妮佛。她旁邊還有另一位年輕女性。我坐下時，她介紹：「這是我表妹薔薇，希望你不介意我邀請她來。」

我們點了餐後，珍妮佛告訴我，她本來想當工程師。「我覺得保留區需要一個好的印第安工程師。薔薇念的是化學，可是在考慮改主修。家鄉沒有什麼印第安化學專家的工作。我跟她說，她應該念醫科。」

「珍妮佛告訴我，你認為女性受教育很重要。我同意你的看法。我覺得教育對印第安女性尤其重要。」薔薇說。

「對所有女性都是，但對印第安女性尤其重要。過去五十年來，印第安女性的生活並沒有改善多少。教育可以打開很多機會的大門。」我說。

「或許你可以說服她回到學校。」薔薇表示。

「我會盡力。但首先，你們必須跟我說發生了什麼事讓珍妮佛質疑教育的重要性。」我回答。

我看到珍妮佛緊張地看著薔薇。薔薇伸出手，握住珍妮佛的手。

珍妮佛說：「首先，我得說，保留區的一位表弟告訴我，你知道幽浮這類的事。他說你看過幽浮，而且你在做相關的研究。」

我回答：「如果我有時間，我想寫一本關於這方面的書。我的個人經驗讓我對這個主題產生興趣。大家知道我有興趣，於是話傳來傳去，結果有幾百個人告訴我他們的經

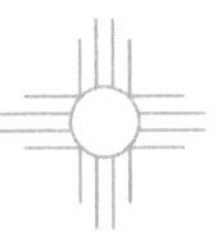

驗。」

「嗯，事實上，我……我有個故事要說。是去年八月發生的，就在開學前。我和表妹去露營。薔薇也去了。那是個很美麗的秋天下午。我們騎馬去峽谷看祖母，想說或許在她家附近露營。」

「在她家後院。」薔薇插話。

珍妮佛繼續：「我們架好了帳篷，放馬去吃草，便和祖母一起吃燉羊肉。」

薔薇補充：「每次我們去，她都會燉羊肉。」

我問：「還有誰一起露營？」

薔薇回：「我們兩個，還有兩位堂哥，傑夫和多倫斯。」

珍妮佛繼續說：「吃完晚餐，我們和祖母閒聊，她睡得早，所以到了八點，我們其他人就決定騎馬去峽谷遛遛。」

「我們以前就這樣做過。我們很熟悉這些峽谷。」薔薇說。

「大概進入峽谷一英里左右，我們就看到那個東西了。」珍妮佛說：「那是一個很大的圓形物體，底下有紅色和白色閃光，它的光照亮了峽谷的山壁。我無法忘記那個光。它讓所有的東西都染上一層紅色。峽谷的山壁幾乎都被染紅了。」

薔薇說：「對。那是我見過最紅的紅色。像很深的棗紅，如果你知道我的意思。我從來沒見過那種紅色。」

「總之，它就在那裡。一個巨大的太空船在峽谷裡，幾乎佔滿了整個峽谷地面。」珍妮佛說。

「我們看到的時候都愣住了。」薔薇接話，「馬被嚇到不敢再往前，一直嘶鳴。我們下了馬，很怕被看到。多倫斯堅持大家離開現場，回到祖母家，把整件事忘了。」

「我做不到。我很好奇，想靠近一點看個仔細。多倫斯要薔薇靠緊峽谷山壁，傑夫卻走出去，完全曝露在太空船的視線裡。我跟在傑夫後面，然後事情就發生了。傑夫消失了，轉眼就不見了。」珍妮佛說。

「你說他不見了是什麼意思？」我問。

「他們把他抓走了。他消失了。上一分鐘他還在那裡，下一分鐘他就不見了。」

「現在傑夫人呢？」

「他在家裡。他只失蹤了幾個小時。我們不敢出聲，怕太空船上的人也把我們抓走。」

「傑夫記得發生了什麼事嗎？」

「完全不記得。他記得和我們一起去峽谷。他記得太空船，記得走向太空船，但是不記得被抓走的那段時間裡發生了什麼事。」

「有沒有可能你們只是和他走散了？」

「不可能，我看到他消失的。他走向太空船，我跟在他後面跑過去。當他消失的時候，我大概離他十或十二呎。」珍妮佛說。

「我們嚇壞了，」薔薇接著說：「不知道怎麼辦。因為傑夫的緣故，我們不敢離開，但我們也怕自己被綁架。」

「結果你們怎麼做？」

「我們躲在山壁的陰影裡，等著、看著。我們再看到傑夫時，大概過了一、兩小時。他從亮光裡走出來，好像什麼也沒有發生。」珍妮佛回答。

「沒幾秒，」薔薇說：「太空船就開始慢慢往上升，一直到高於所有的山壁，然後就消失在夜空中了。」

「你們有沒有看到太空船附近有任何人？」我問。

「沒有。可是有人把傑夫抓走了兩小時。我們親眼看到的。我們就在現場。」珍妮佛回答：「傑夫回來後，我們騎馬回祖母家。傑夫什麼也不記得了。我們討論這件事，直到快天亮，然後就去睡了。」

珍妮佛繼續說：「第二天早晨，傑夫拒絕談這件事，但他的皮膚全是紅的，好像被曬傷了還是怎樣。我們騎馬回家，那天晚上，傑夫病得很嚴重，他被送到診所。醫生說是嚴重曬傷，讓他住院了幾天。我到診所看他，他要我發誓不跟任何人說前一個晚上在峽谷發生的事。那時我才知道傑夫其實記得。我就是在那個時候決定休學的。不知為什麼，這件事讓上學失去意義了。」

我回答：「我不明白這之間的邏輯。」

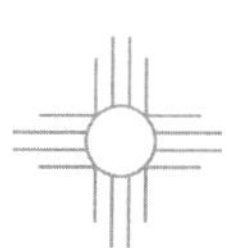

「如果外星人可以來把你抓走，而你一點辦法也沒有，或是他們可以把你洗腦，讓你不記得事情，那麼他們一定有更高的科技。相形之下，我們花那麼多時間去上學就顯得沒有意義了。我們反正是要完蛋了，我至少還可以好好活一下，而不是浪費時間去唸書。」

「如果你認為在加油站工作是好好活著，那你或許說對了。」我回答。珍妮佛面無表情的看著我。「不過，另一方面來說，或許上學可以是對抗任何未來威脅的一個方法。」我繼續說。

「她說得對，珍妮佛。」薔薇插話，「我們需要受教育，才能明智的面對這些事，而不是情緒性反應。現在你只是在鬧情緒。」

珍妮佛笑著說：「好啦，你們兩個。不要聯手欺負我。」

「你曾經告訴你父親或任何人發生的事嗎？」我問。

珍妮佛回答：「我們答應傑夫不再談這件事。」

「我們從沒告訴任何人，」薔薇說：「傑夫是我們堂兄，我們的兄弟。我們一起長大的，他不希望別人知道，所以我們就保密。」

這個晚上，我們討論了許多可能性。珍妮佛表示她對工程失去興趣，我建議她或許可以考慮讀天文學或天文物理。

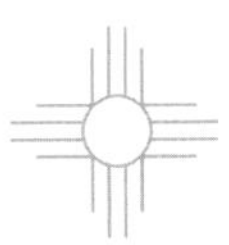

「這是個好主意。」蕾薇對珍妮佛說：「你腦筋好，或許你可以成為第一位旅行到別的星球的印第安太空人。我們已經有一位印第安人上太空了，他的名字叫什麼？那個喬克托族（Choctaw）的傢伙。」

「約翰・班內特・哈林頓（John Bennett Herrington）」我回答。

「對，就是他。貨真價實的印第安太空人。我從來沒想過自己可以看到這一天。」她說。

我們接著討論星人為何要來地球的各種理論。蕾薇強烈相信星人的任務是和平的。珍妮佛認為他們對人類有威脅。聽她們討論很有意思。兩人有同樣的經驗，卻有著完全不同的結論。我們道別時，珍妮佛答應保持聯絡，並認真考慮回學校讀書。

大約六個月前，我在華府的一個研習會遇到珍妮佛的父親。他告訴我，珍妮佛已經回到學校。我並沒有問他珍妮佛是否改了主修，因為兩周前，我已經接到珍妮佛的電子信件，她告訴我她進了大學的物理系。她打算副修天文學。

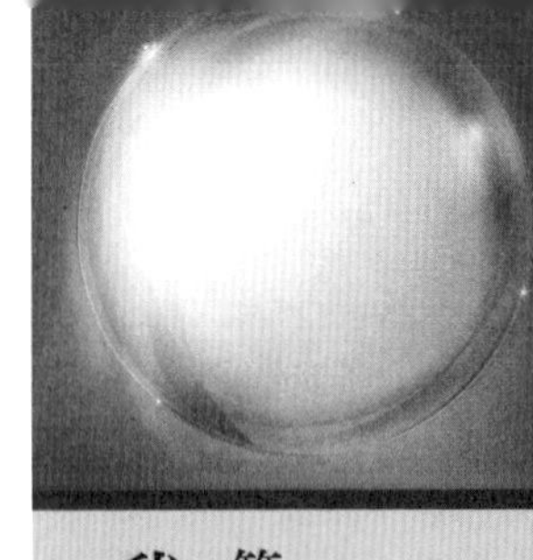

第十七章

我們不屬於這個地球

有好幾個獨立的證據顯示，「看似人類」的外星訪客已經混跡在重要的人口中心，而且有特定的政府機構和軍方知道此事。揭發者說，好些高度機密的政府文件證實了這個現象。

譬如，軍士長羅伯特・迪恩（Robert Dean）曾經在一九六四年北大西洋公約組織的高度機密文件中，看到高層政治家和軍事領袖與來訪的「看似人類」的外星人晤談的資料。這些看似人類的外星人能夠很容易地就混入人群而不被發現。根據迪恩的說法，讓大西洋公約組織領袖真正在意的，是外星人可能已經藏身在重要的政治與軍事機構當中，卻無人能夠分辨。

除了爆料者的證詞外，有些人也宣稱曾經接觸過在地球各地偽裝成一般人行動的外星人。

本章的故事是來自兩位具有外星血緣的女性，她們一直低調地生活在人類社會。

葛蒂

當我告訴叔叔我在進行接觸星人的個案研究時，他說：「你一定要見見葛蒂。」當時我正在阿拉巴馬州探視他，他剛從空軍退伍，並且剛搬到莫比爾（Mobile）。叔叔跟我一樣，成長環境中聽過許多星際訪客的故事，因此我並不意外他認識有類似經驗的人。

他說：「葛蒂不是被外星人綁架。她說她有八分之一的黑人，八分之三的切羅基人血統，還有二分之一的外星人血統。她喜歡誇耀這點。她住在田湯姆水道的水上屋裡。」

第二天，我們去拜訪葛蒂。她很高瘦，皮膚顏色接近咖啡牛奶。一頭又長又黑的捲髮，襯托著她的高顴骨，顯示出她的印第安血統。她貓般的灰色眼睛和黃雀斑，讓她看起來有種不屬塵世的味道，讓我想起我在懷俄明州伊瑟特（Ethete）的垃圾場救回的一隻緬因貓。

彼此介紹之後，葛蒂帶我們走進船屋客廳兼餐廳與廚房的區域。她為我們倒了櫻桃口味的冷飲，拿出一個大巧克力蛋糕。叔叔先吃了兩大塊，接著不疾不徐地告訴她，我對星際訪客的興趣。

「成長時期知道自己跟別人不一樣並不是件容易的事。」葛蒂開始說起。「我父親來自昴宿星團附近的一個星球，我母親一直不會唸那個名字。他們兩人都過世了。我父親在密西根過世，母親是葬在這附近的上帝教會（Church of God）裡的墓園。」

她站起身，打開冰箱，幫我的杯子加冰塊。

「我父母的關係很奇怪。我經常納悶母親到底是怎麼懷上我的。但她臨終前發誓喬是我的父親，而且他確實是來自另一個世界的外星人。我不覺得我母親會在這件事上騙我。她是基督徒，如果她沒告訴我實話，她會害怕下地獄的。」

她暫停了說話，幫我們加滿飲料，然後走到另一個房間，我猜是她的臥室。回來的時候，她手上拿著一張黑白照片，上面是一位黑白混血的女性和一位白人男性。

「這是他們的結婚照。他們在底特律結婚的。我父親的太空船墜落在密西根湖。他在密西根遇見我母親。我母親在汽車工廠工作，下班回家時，在一條巷子裡遇見他。他受傷了，母親同情他，於是帶他回家，三週後就結婚了。」

我把已經褪色的老照片還給她。照片位置她稱之為父親的人，臉上剛好有一道摺痕，因此看不清長相是否有任何特點。他的身形像人類，個子很高，看起來像白人。我問她：

「你父親在底特律工作過嗎？」

「噢，有的。我母親幫他安排去工廠工作。當年很容易弄到社會安全號碼。不像現在。那時候你只要去申請就好了。母親對大家說他又聾又啞，不能說話。那時候不像現在，不會有人調查你的身家。他們就是需要有人在生產線上工作就是了。我四歲的時候，父母搬到城外，他們租了一個小房子，買了車。夏天的晚上很溫暖，我父親會坐在外面，看著夜空。我一直認為他是在期盼他的族人能夠來接他，但他們一直沒來。我想這是為什麼他死了的緣故，他太傷心了，可是我母親說不是這樣的。」

「你跟你父親的關係親近嗎？」我問。

「跟一般父女不一樣。我知道他用他的方式關心我。他是一個小心謹慎的父親，總注意我的安全。他會警告我危險的地方，當我跌倒的時候扶我起來，但他不跟我說話。我們的房子有個小車庫，他幾乎所有的時間都在車庫裡，忙著一些電器，大部份是收音機，他幾乎任何東西都能修理。大家會拿小家電和割草機來讓他修。我經常坐在車庫，父親工作時，我玩收音機和娃娃。車庫裡有個五加侖的桶子，他會把大家付他的錢放在桶子，把桶子藏在輪胎和破布堆裡。他讓我知道，錢是為我存的，而且這是我們之間的秘密。他死的時候，罐子裡將近有一萬元，在那個時候是很大一筆錢，你都可以買個好房子了。」

「你相信他是外星人嗎？」我問。

「我知道他是外星人。他跟人類不一樣。他每週只睡幾個小時。他一直沒學說話，然而她和我母親之間似乎有某種力量讓他們彼此可以溝通。我從沒見過他吃或是喝東西，我母親說他的胃不一樣，他大都吃蘋果醬、桃子泥和嬰兒罐頭。噢，還有香蕉。她會幫他把香蕉壓成泥，用蜂蜜和牛奶拌一拌，煮成黏黏糊糊的一鍋。」

她停頓下來，又給了我一塊巧克力蛋糕。

「你記得他和你母親是哪一種關係嗎？」我問。

「我知道他們以一種很特殊的方式對彼此付出。母親照顧他，在公共場合保護他。我父親是很溫和的靈魂。我記得有一次，母親試著教他跳舞，但他無法跟上節奏移動腳步。他告訴母親，在他的星球，大家並不跳舞。他很喜歡去鄉下野餐。他在後院做了一個野餐桌，讓我們可以在室外吃東西。他照著雜誌裡的照片做的。他可以做出任何他看過的東西，或是修好任何東西。」

「你知不知道他是否曾經試圖聯絡他星球的人？」

「我母親說，他們結婚不久就發生了羅斯威爾的墜毀事件，父親變得很焦躁。他認為是他的人來進行救援。她試著跟他解釋那不是太空船，而是氣象探測氣球，但他強烈否定。他很確定太空船是來自他的星球。他想去新墨西哥州，後來我母親跟他解釋，軍方可能已經把所有墜毀的證據都移除了，他才心不甘情不願的待在密西根。母親說，從那之後，他就比較能夠接受自己的命運了。」

「他有沒有告訴你母親，他的太空船發生了什麼事？」

「沈到湖裡去了。幾小時後，一位漁夫把他從水裡救起來。我猜，冰冷的湖水幾乎讓他喪命。他沒有目標的亂走，最後到了底特律，在巷子裡遇見我母親。他很虛弱，她帶他回公寓，讓他有處暖和的地方可以待著。他一直不喜歡冷天。我母親說，在他的世界，氣候總是溫暖的。我記得他很愛花，春天花開的時候，他看起來比較快樂。他也喜歡看我母親頭上戴一朵花。夏天時，他會採野花送我們，看起來非常開心。冬天的時候，他經常下班後買花送給母親。母親說，那是因為他的星球上有很多花。」

「他是怎麼應付密西根的冰冷氣候呢？」我問。

「他不喜歡冷天。冬天的夜裡，他會待在屋裡的暖氣爐旁邊，用毯子把自己裹起來。母親說，他有一次跟她說，如果他非得待在地球，他很高興是跟我們兩個在一起。」

「你結過婚嗎？」我問。

「從來沒有。我照顧母親很長一段時間，我不想把她送進養老院。到她過世後，我的選擇就有限了，而我也認為沒有男人還更好。」

稍後，在回家的路上，我問叔叔曾否愛過葛蒂。他禮貌地迴避了我的問題。當我問他葛蒂幾歲時，他說葛蒂沒有年紀。

八年前，叔叔過世了。那時他七十多歲。葛蒂參加了喪禮，但沒有參加軍方在墳前辦的儀式。直到今天，我還是很難忘記她的長相。她仍然是當年那位高而輕盈的美女。一點也沒有老。遺憾的是，在喪禮上我沒有機會跟她說話，叔叔的朋友也沒有人認識她或是知道她住在哪裡。接下來的一年，每次我去阿拉巴馬處理叔叔的事情，都會試著在船屋社區找她，但都徒勞無功。有一次，我遇到一個自稱「河船山姆」的男子，他告訴我，他記得有位很高的黑白混血女子住在河上，但在某天半夜，她就這麼消失了，沒有給任何人留下隻字片語。山姆認為她很「奇特」。他說，他覺得她都沒有睡覺。有時候，河上溫度到達華氏一百度，卻還看到她裹著毯子。他說：「她是個好看的女人，但對男人沒興趣，如果你明白我的意思。」

隨著時間過去，我開始相信是因為星人，葛蒂和我叔叔才會遇到一起。這麼想讓我心裡感到安慰，相信有一天，他們會重新聚首。

瑞莎

每年我都會去阿拉巴馬探望叔叔。有一次，他要我回蒙大拿的路上順便去歐扎克（Ozarks），送個包裹給他的一位軍中友人。瑞莎跟叔叔一樣是空軍軍官，兩人服役都超過三十年，交情也超過了三十年。叔叔說瑞莎是一位忠誠的老友。「她是我見過最堅強的女性，精神，身體、情緒上都是。而且還特別聰明。」他說。

我大約在傍晚六點到達瑞莎家，那是一間不規則形狀的木屋，座落在很大的一座湖邊，四周都被歐扎克山脈圍繞著。車子快開到時，瑞莎已經在院子裡等著我了。我本來想把包裹交給她之後，找間最近的小旅館過夜。瑞莎完全不聽。她說：「我已經把客房準備好了，希望你能留下來過夜。我在這個荒僻的地方訪客不多。有時候會很寂寞。」吃完晚餐，瑞莎拿出一瓶酒和兩個玻璃杯，建議我們坐在有紗窗遮蔽、面對湖水的前廊。

我坐在搖椅，瑞莎倒了酒，坐在我旁邊的椅子上。我看著湖說：「這裡真是人間天堂。你當初怎麼找到這個地方的？」

她笑著說：「我想我就是運氣好或運氣差吧。這要看你是怎麼看這件事。原來的屋主想賣。一位大學朋友在鎮上開了房仲公司。我從空軍退休，正需要一個地方，而價錢合適，我就買了。」

「你做了很好的選擇。」我說。

「有時候我覺得這是個好選擇，有時候不這麼想。這裡讓人感到寂寞。我想念我的老朋友。想念你叔叔。他是我最要好的朋友。」

我仔細地聆聽。她的聲音裡有某種哀傷，不只是因為想念老友。我有那麼一下子陷入沉思，覺得她是我遇過最寂寞的人。後來隨著知道越多她的事，越發現我的猜測是對的。

「你叔叔告訴我，你在做星人的研究。」她打破沉默。

「我記錄故事有一陣子了。一開始，我以為只會收集到幾個，沒想到遇到一大堆人，他們都有跟星人有關的故事。多得驚人！」

「你叔叔有沒有跟你提過，我們在格陵蘭島一起服役時，看過幽浮？」她問。

「沒有。我問過他關於幽浮的事，但他給了我一些官方說法，我就沒再追問了。」

「我才不管軍方的講法是什麼，幽浮確實存在。」瑞莎說了起來。「他們的科技非常進步，相較之下，人類像是古時候的洞穴人，還在黑暗時期呢！幽浮經常出現在格陵蘭島的軍事基地。有一次，一艘小太空船降落在基地範圍裡，有個外星人從太空船出來，一位年輕空軍拿槍對準他，突然間，基地裡所有的武器都自動失效。後來，外星人回到他的太空船，瞬間，船就不見了。」她站起身，在前廊踱步。「這件事之後，整個基地警戒了一整個月，但我們都知道沒有用。如果他們想侵略地球或是征服我們，我們完全無法抵抗。有時候，身在這種假裝沒事的狀況中還真的很挫折。」

「我猜，如果這些事可以公諸於世，一定有很多類似的故事。」我回答，「我就遇過別的軍人也說類似的事。」

瑞莎說：「對。但這不是我要告訴你的故事。你叔叔說你的心胸開放，希望這是真的。」

「我想我是的。你要跟我說的故事，你跟我叔叔說過了嗎？」

「我告訴他的那晚，我們都喝多了，又沒別的地方可去。」瑞莎說。

「他相信你的故事嗎？」我問。

「我想，如果他不相信，他就不會叫你來找我了。」瑞莎回答。

「他沒有提到你有故事要說。」

「因為他不會不守信，他要我自己決定要不要跟你說。我已經決定了。我只有一個要求。讓我說我的故事，不要打斷。」

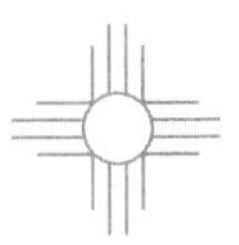

「好，沒問題。」我邊說邊拿起酒杯，喝了一口酒。我望著湖水，從瑞莎的第一句話開始，我就完全被她的故事吸引了。

「我不是在這個星球誕生的。大家都認為我是美國印第安人。我在所有的文件上都這麼寫，但真相是我被一位印第安女人養大，她把我當孫女撫養。我在一艘墜毀在地球的太空船上，七十多歲的瑪麗·貝勒溫發現了我。墜落地點靠近她家，顯然她聽到了聲音，過去查看，然後發現了我。從我拼湊出的事情看來，她並沒讓人知道我從哪裡來，她對外都說我是她的孫女。」她說。

她停頓了一會兒，我透過夜色仔細地端詳她。她有些地方讓人有不真實和超自然的感覺。她的臉有種透明感，像是會發光。她的灰色眼睛似是會看透人心，襯托她剪得短短的黑髮和橄欖色的皮膚。她的一邊臉頰上有個圓形的小疤，後來她告訴我那是她跌倒時，撞到瑪麗菜園裡的玉米梗所留下的。

「大家都認識瑪麗，當她說我是她孫女時，沒有人質疑，雖然大家都知道這不是事實。她在族裡很有地位，她因為她的藥草備受尊敬，從沒有人質疑我的出生。她也是部落的產婆，因此很容易向法院申請出生證明。於是我就成為一個叫瑞莎·貝勒溫的人類了。」

瑞莎停了一下，拿起酒杯，但沒有喝就又放回了桌上。

「關於我如何來到這個星球，從何而來，我知道的細節不多。長大後，瑪麗跟我說

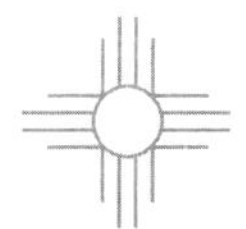

我的身世，可是她的資訊也有限。她帶我到太空船墜落的地點，那是個沼澤區，經常是一片雨水和死水。沒有證據可以證明她所說的話。她說當她找到我的時候，我抱著一位還活著的女性。那位女性請瑪麗照顧我。我沒有理由不相信瑪麗的話。事實上，我一直覺得自己和學校其他孩子不一樣，只是當時不知道是怎麼不一樣。」

她停頓一下，再度拿起酒杯，這次喝了一口。

「當我還是青少女時，我夢想著有天我的族人會來救我。我喜歡晚上到外面，坐在星空下，等待他們出現，但他們從沒來過。有時候我假裝自己在地球上有個特殊的目的，不過若真是如此，我到現在也還沒找到這個目的是什麼。我慢慢明白，我回不去了，所以最好就是在這裡好好過日子。」

「你覺得自己有哪些特質和地球上的人類不一樣？」我問。

「我跟其他孩子從來就處不來，不過很多孩子也有同樣的困擾。我只有跟瑪麗在一起的時候才覺得自在，她對宇宙有特殊的理解。」

她把酒杯加滿。

「我的身體跟人類不一樣。我沒有肚臍。」她拉起上衣給我看，應該是肚臍的地方很平坦。「我不太需要睡眠。每天二到四小時就夠了。我從小就這樣。瑪麗說她半夜醒來會看到我坐在床上說話、玩耍。我就是不需要睡覺。我的心跳速度很慢，是一般人的一半。即使如此，我還是可以通過軍方體檢。我比人類老化得慢。這些是小差異，但是加

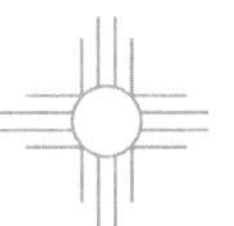

在一起，確實讓我不同。我不哭的。我聽過有人說那是因為我是印第安人，但其實不是。我沒辦法哭。我從未有過人類青少年經歷的荷爾蒙變化，因此從沒受到男性或女性的吸引。我兩歲就學會閱讀。我在學校跳級了好幾次，這讓我更像個怪胎。我在學校總是跟年紀較大的孩子在一起，而我做什麼事總是年紀太小。所以，雖然在很細微的地方我跟你們不一樣，但是我可以被認為是人類，因為這些差異都可以被解釋成古怪。」

她停下來，幫我加了些酒。

「瑪麗在我念大學時過世。一開始，我覺得非常迷失，不知道人生要怎麼辦。她是我的保護者、導師、我唯一的親人。然後，我發現了空軍。空軍成了我的家庭，我一直待到退休。」

「你看不出年紀。我很意外你已經退休了。」我說。

「我所有的老友都退休了，跟你叔叔一樣。我只但願當初選擇搬去阿拉巴馬而不是這裡。至少，我會有個瞭解我的朋友。你叔叔也一直說他是從別的星球來的。」

我笑了。我說：「他以前還在家裡的時候就喜歡那樣說。他說他跟我們都沒有血緣關係，他是從另一個星球掉到地球上的。我們都開玩笑說他是家族裡的外星人。」

瑞莎又再把酒杯加滿。「你還是可以賣了房子，搬到阿拉巴馬。」我說：「永遠不會嫌晚。我確信我叔叔會很喜歡有你做鄰居。」

瑞莎沒有回應。第二天離開時，我很確定她心裡在思考這個可能性。

回到家後，我打了電話給瑞莎，我們聊了很久。有好一陣子，我們每週都會通電話，但後來常被工作打斷，我們就越來越少通話了。大概一年後，我去三州保留區參訪，回家後聽到叔叔的電話留言。瑞莎從馬上摔下來，住在醫院的加護病房裡。我請了一週假，坐上最早的一班飛機去看她。下了飛機，我租了車就直接開到醫院。

瑞莎的身體成了軀殼，但精神上，她比以前更警醒、更有活力。她因為下半身癱瘓，需要住院很久。我叔叔經常從阿拉巴馬去看她，往返阿拉巴馬和阿肯色州。當她安靜地在睡眠中過世時，他正在安排將她轉院到阿拉巴馬的空軍榮民醫院就近照顧。

瑞莎過世後，她的律師在旅館找到我們。律師說我叔叔是遺產的唯一繼承人，因此要他決定墓碑上的字。叔叔很樂意地答應了。

如果你開車經過阿肯色州小岩城（Little Rock）和霍普市（Hope）之間的公路，你將會經過一個小鎮，那裡號稱有一百個可以釣魚的小湖。當你離開那個小鎮時，公路的左邊就是公墓。你在那裡會找到一個墓碑，上面刻著：「瑞莎．貝勒溫，瑪麗．貝勒溫的孫女，星辰的女兒。她不屬於地球。」

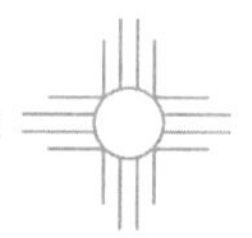

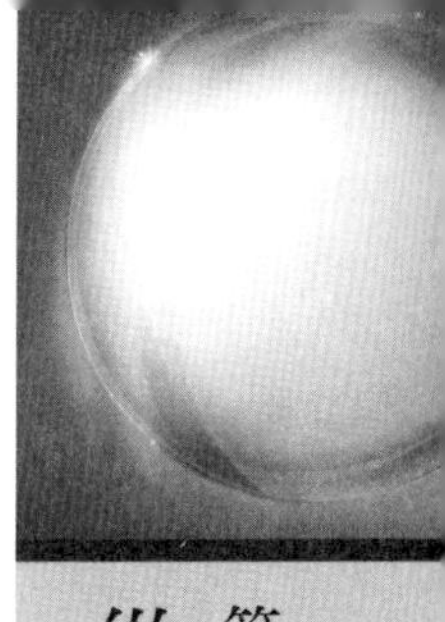

第十八章

從天而降的野牛

首宗被記錄的動物肢解事件發生在一九六七年九月，科羅拉多州接近阿拉摩沙（Alamosa）的聖路易斯山谷（San Luis Valley）。一隻名叫淑女的阿帕魯薩馬（Appaloosa）死了，而且被肢解。牠的頭和脖子的皮肉完全被剝去。調查者的報告說，整個區域充滿輻射能量。

在《天蛾人》（*The Mothman Prophecies*）書裡，作者約翰．基爾（John Keel）聲稱他在一九六六到一九六七年間，在西維吉尼亞州的樂點市（Point Pleasant）檢查過許多被殺死的狗、牛和馬。在基爾的描述裡，這些動物的喉嚨有類似外科手術的切口，而且屍體的血都流乾了。

幽浮經常被認為和這些肢解事件有關，因為有時它們被目擊出現在肢解動物事件的地點。雖然沒有人理解肢解動物和幽浮之間的關係，但確實有好幾十件動物肢解的事件發生，而且都是有記錄的。

在本章中，一位美國印第安男性報告他跟表兄弟狩獵時，看到一隻懷孕的美洲野牛從正在升空中的太空船掉下來。他過去查看時，發現母牛的身體已被嚴重肢解。

比爾

比爾住在愛達荷州的邊界，對面就是懷俄明州。他是個安靜的人，不喜歡受到注意。他是單親家長，有三個女兒。他的妻子在三年前因生產過世，比爾發誓會讓這三個孩子一起長大，雖然有親戚願意收養她們，比爾還是守住了承諾。比爾的哥哥約翰告訴我，比爾曾接觸過幽浮，他建議我拜訪比爾。我簡短地告訴比爾我的研究，並向他解釋我會保護他的隱私。

「我有一個要求。我的故事只說一次。請不要要求我重述。如果以後有人來問我跟此有關的事，我都會否認。同意嗎？」

「同意。我會隱藏你的身份，絕不會告訴別人你的名字。我保證。」我說。

「事件發生在幾年前，我們去狩獵的時候。」他開始說：「我和我的表兄弟『三隻麋鹿馬克』和『藍色查理』一起去的。你也認識他們。」我點頭。「我們騎馬到傑克森山谷（Jackson Hole）上面的塔克窩蹄山（Togwotee Mountains），架了營帳。我們計劃在那裡待一週，要不就是三個人都獵到麋鹿為止。」

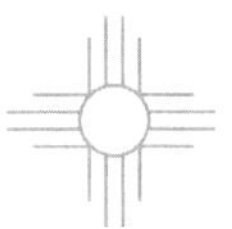

他停了下來，從桌下的冷藏箱拿出兩罐可樂，遞給我一罐。「第一天，我們起得很早。我們走到萊曼山脊（Lyman Ridge），在那邊分開。我們約好了重新見面的地點；打算黃昏時先碰面，再一起回營區。」他停頓一下，喝了一口可樂。「我是第一個回到約好的地點的人。當時幾乎已經天黑了，我等了十五分鐘，開始有點擔心我的表兄弟怎麼都還沒回來。天黑得很快。正當我想去找他們的時候，我就看到了。那個太空船飛得很低，就在樹梢的高度，然後它往山谷下降，就在我站的山脊下方。我的第一個反應是我一定是眼花了。我小心地沿著山脊走，想要看太空船到了哪裡。沒多久，我的表兄弟先後回來了。我們彼此互看一眼，我知道他們也看到太空船了。我建議暫時不要回營，先沿著山脊走，直到找到一個可以眺望山谷的懸崖。如果到時還沒找到太空船，就再回營區。就在我們快走到山脊邊緣時，我們看到了。」他停頓一下，好像在回憶當時的情景。

「你能描述太空船的樣子嗎？」我問。

「圓形，很大。太空船底下有閃爍的燈光。有好幾百個燈。很驚人的景象。從遠處看，像是一個小城市。令人無法置信的美麗景象。」

「你看到星人了嗎？」我問。

「我們觀察太空船至少三十或四十分鐘，沒看到星人。我記得我們趴在地上，從步槍的瞄準星看出去，這樣才看得更清楚。太空船的光把山谷打亮得像是百老匯舞台劇一樣。看得一清二楚。」他喝了一口可樂，搖著頭說：「查理說我們應該射擊。馬克同意。

他們兩個還討論了一會兒，但我告訴他們我不要參與。我覺得我們無須引起注意，那樣可能很危險。我們躲在懸崖邊，他們並不知道有人在看著他們，如果我們射擊，他們很可能會有回應。我建議我們回到營區，煮晚餐，睡覺。當我終於說服了他們，我站起身，等他們兩個也站起來，就是在這個時候，我們看到的景象，是我到下輩子都不會忘記的。」

「怎麼了？」我問。

「就在我們起身，再看一眼太空船時，我們看到一隻美洲野牛的屍體被丟出來。懷俄明州和愛達荷州的族人都有養美洲野牛，黃石公園也有野生的美洲野牛。看到野牛並不稀奇，但看到一頭野牛像是過期麵包一樣的被丟出太空船，這就不是任何人能想像得到的。我們透過步槍瞄準星觀察，手指就扣在扳機上。沒多久，太空船的燈開始轉動，太空船升到了空中，幾秒內就消失無蹤。它就這樣不見了。我們這時候是在完全的黑暗中。我們沉默地走回營區，沒吃晚餐，就直接睡了。」

「我不想打岔，但是我有沒有聽錯？你們三個人完全沒有討論看到的景象，回到營地沒有說話就直接睡了？」

「正是如此。第二天早上，我起得很早，我生了火，在爐上煮了一鍋水。我把培根肉放在長柄的煎鍋上，然後等著。那是我這生最漫長的半小時。我心裡很想去調查前一晚的現場，但為了尊重我的表兄弟，我必須等他們醒來。吃過早餐後，我們繞過山脊，走到死野牛那邊。我們震驚得說不出話來。這個可憐的傢伙被肢解了，牠是隻懷孕的母牛，小牛死在媽媽肚子裡，眼睛和性器官不見了。母牛的眼眶是空的，耳朵、尾巴和眼睛都不見了。肚子被剖開，包住寶寶的胎盤沒了。我們坐在那裡，覺得很困惑。我們知道應該要報告這件事，卻又害怕狩獵管理局會逮捕我們。因為是我們站在野牛屍體旁邊，不是星人。大家會說我們是某種變態瘋子，沒事找事做的人會在我們背後閒嗑牙。於是我們決定毀屍滅跡，保持沉默。我只告訴了我的哥哥約翰，他也同意保持沉默是最好的處理方式。查理和馬克發誓不說出去。他們永遠不會說一個字。現在你知道了，而且也瞭解為什麼我必須守密了吧。」

我說：「完全瞭解。我大概也會用相同的方式處理。」

「這很令人挫折，我們沒做錯事，但說是外星人做的，任誰也不會相信。我們可能得坐牢，還要賠一大筆錢。我們沒有人賠得起。我得養孩子。我不能失去我的工作。」

「我瞭解。我覺得你們處理得很好。」

「老人家常會談到星人。有時星人會進到汗屋，我們的長者也會去星際間旅行，拜訪星人。他們回來後，會告訴我們關於祖先不可思議的故事。我小時候不瞭解這些，長大後，我相信老人家說的都是真的。現在，當我閉起眼睛，腦海裡看到母牛和小牛的屍體，我知道他們並不是協助者，不是我們的祖先。這些是別種的星人，也許我們應該擔心這些星人。」

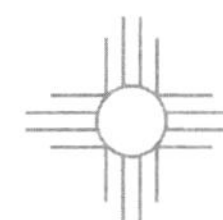

這時候有人敲門，比爾站起來開門。

藍色查理走了進來，跟我們打招呼。查理個子比比爾高，年紀小大約五歲。他臉上帶著笑，很像十歲男孩偷餅乾被逮到時的頑皮微笑。

「我聽說你在這裡。」他給我一個擁抱，「可是你們兩個關了門，躲在這裡做什麼？我跟你說過，表哥，她是我女朋友耶。」

比爾開玩笑的回答：「表弟，我們做的事，是你這個笨蛋永遠無法瞭解的。而且，如果她夠聰明，就會離你遠遠的。」比爾轉身對我說：「這傢伙有好多女朋友。他把她們嚼碎了再吐出來，就像吐煙草渣似的，你得小心這傢伙。」

我對他們兩人微笑。我瞭解這兩個表兄弟之間的玩笑話。他們喜歡互相戲謔關於女人的話題，但如果有任何女人對他們其中一人有興趣了，他會立刻消失，連隱身魔術大師胡狄尼（Houdini）都會自嘆弗如。

比爾繼續說：「沒啦。我只是在開玩笑，表弟。我們在聊幽浮。」查理看著比爾，臉上露出驚訝的表情。「我正在跟她說，我很確信幽浮的存在，因為你去年在霍金斯路看過一次。我說，如果我表弟說他看到幽浮，那麼，幽浮就真的存在。」

查理鬆了口氣似地微笑。我看著比爾，他趁查理沒注意時對我眨了眨眼。

「我在想，你可以跟我聊聊那次的經驗嗎？」我問查理。

「我聽說了你在收集幽浮的故事。」查理說：「其實也沒什麼值得說的。就是去年秋

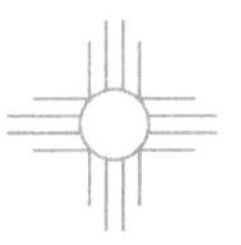

天，我經過霍金斯路。你開過那條路嗎？」我點頭。「所以你知道那條路有多彎曲狹窄了？」我又點點頭。「就是在路分岔的地方，左轉去拉斯維加斯的岔口。」我點頭，想起那裡有個手寫的拉斯維加斯標示，我還曾納悶在這個鮮有人跡的地方，怎麼會有這樣一個牌子。

查理繼續說道：「太空船停在公路左邊的草原上。我看到的時候，花了幾秒鐘才明白自己看到了什麼。它的直徑可能有五十呎。顏色灰灰的，算深灰或黑色吧。有紅色的光，亮了又滅，滅了又亮。我在路邊停下車子看。太空船大概待了五分鐘，然後開始升空，懸浮在草原上方，然後一下子就飛走了。回家前，我去警局報了案。那天晚上，保留區好幾個地方都有人報告目擊不明飛行物體。我知道自己看到了什麼。那絕對是碟子形狀的飛行器。」

「你以前看過類似的太空船嗎？」我問。

「我是退伍軍人，」查理說：「我在伊拉克收集軍情。我知道美國政府不可能有那樣的飛行器。那個東西能夠懸浮在空中，完全靜止不動，然後幾秒內就消失無蹤。我不知道他們從那裡來，但絕對不是地球上的東西。我確信是外星人的飛行器。沒有人，我是說沒有任何人，可以說服我不是。」

「這就是幽浮的故事。」比爾說。

我聽懂比爾話裡的意思。他已經說完他的故事了。

我每年都會去探望比爾幾次。那天之後，我們從未再談起幽浮。我答應過他。我會遵守諾言。

第十九章

他們會變形

在美國印第安文化裡，一個生物如果會變形為另一種生物，通常是從人類變成其他動物，我們便稱為變形者或幻形者。美國印第安文化的變形者不一定是邪惡的，不像其他文化裡的怪物或超自然邪靈，譬如吸血鬼和狼人。印第安文化裡的巫醫能夠透過變成其他生物，獲得療癒的力量。獵人可能變成動物，利用那個動物的技能來獲取獵物。

本章裡，一位長者和一位年輕獸醫學生遇到了會改變形狀的幽浮。他們依據自己的文化，將所見的情形稱為變形。

紅鳥奶奶

紅鳥奶奶的女兒說她母親這輩子經常接觸星人，我因此去拜訪她。紅鳥奶奶一直以來都把這些星人視為祖先。然而，最近的一些接觸讓她開始有了質疑。

我到達她的小木屋時，已經接近黃昏。

「從我小時候起，他們就來這裡了。」紅鳥奶奶說：「他們太常來了，我變得會期待他們。他們通常是過了半夜才來。我在夏天會熬夜看星星，一直待在外面，直到母親叫我進屋，但我還是會偷偷溜出去，因為我不想錯過星人。」

「他們一直來找你嗎？」我問。

「每年至少一次。大多時候，一年來三、四次。我現在一百歲了，他們還是來。等我的時候到了，他們就會來接我到星辰去。」

「所以你從來不怕這些星際訪客，對吧？」

「不怕，直到幾個星期前。我當時在廚房，看到東邊來了幾個很亮的圓形物體。我叫我女兒，但她沒聽到我叫她。她睡得很沉。」紅鳥奶奶說的是還跟她住在一起的七十四歲女兒珍珠。「於是我關了燈觀察。它們一個接一個的從天空往下墜。我以為它們要墜毀了。」

她從搖椅坐起來，走到門口，對我說：「來。」

我起身，跟著她走出去，站在小門廊上。

「有可能是隕石嗎？」我問。

「總共有六個物體。」她回。

「你看得出形狀嗎？還是都是圓形的發亮物體？」我問。

「當它們從東方過來時，看起來像很亮的圓球，但當我到了外面，它們已經在那裡了。」

我看著她指的地方，「在河上？」我問。

「河的上方。」她回答：「有六架。都是小太空船。直徑大約二、三十呎。它們就飄浮在那邊，好像天空有隱形的繩子吊著似的。」

「你的反應是什麼？」

「我朝它們走過去。到了離大概一百碼的時候，它們往上升，飛走了。於是我轉身走回屋子，這時有陣很強的風吹來，我停下腳步，轉身看東邊，我就是在這時候看到的。有另一艘太空船忽然出現，而且降落在草地上。」

「你是說，就在你屋子的前面？」

「對。可是很奇怪的事發生了。它不是我原先看到的圓形小船，現在是十倍大的船。我看了大概有三十分鐘。閃爍的燈光從白轉成橘色。」她打開又闔起她的手，模仿閃爍的光。「這是我第一次意識到他們不是祖先。這些星人不一樣。我從來不怕星人，但這次不一樣，我感到自己的心跳加快，手心冒汗。我很害怕。我打開門，進了屋子，把門鎖上。我坐在搖椅上等著。我想去叫醒珍珠，但我知道她會嚇壞，所以我決定再等等看會發生什麼事。我從窗戶可以看到太空船的燈光從很亮逐漸變暗。我覺得有點累，於是起來去廚房煮咖啡。我不想睡著。」

「你睡著了嗎？」我問。

「我們進去吧。」她邊說邊轉身開門。進了屋裡，我們坐在廚房餐桌前，珍珠幫她母親加滿咖啡，紅鳥奶奶放進四匙白糖，還加了奶精。

「我上了太空船。我不記得自己是被強迫去的，但我也沒印象自己是怎麼上去的。有人在檢查我，我想是一位醫生。他一直問我以地球年齡計算是幾歲。我不懂『地球年齡』的意思。我只知道『幾歲』。他想知道為什麼我活這麼久。我跟他說我沒辦法控制，這些問題沒有意義。」

「你可以描述一下那位醫生嗎？」我問。

「他看起來很奇怪。穿著發亮的黑色緊身衣，袖子長到他的手。他的手很大，手指頭很長。有我的兩倍長。」她邊說邊看自己的手。「細細的長手指。頭很大，比正常人大。肩膀看起來像是有墊肩。以他的身形來說，肩膀很寬。他的腿很瘦長，穿著亮閃閃的黑色緊身褲，看起來很好笑。」

「他的臉呢？」

「那是另一回事了，我無法描述他的臉，我只看得到自己在他臉上的反射。」

「你的反射？」

「對。像是在看商店的窗戶那樣。你明白我的意思嗎？」

「明白。玻璃上的倒影，對嗎？」

「對。」

「他有檢查你嗎？」

「我不記得有。他對我的年紀有興趣，他剪了一撮我的頭髮。」她拉著較短而無法跟其他頭髮綁成髻的那撮。「我從來不剪頭髮的。我不知道他拿我的頭髮去要做什麼？」

「你還記得關於太空船的任何事嗎？」

「有四個窗戶，我原以為是圓的，但不是，從裡面看是橢圓形的。船裡面有機器，我不知道是什麼機器。」

「機器？」

「我不知道是什麼。有的會閃燈，有的發出聲音。我叫它們機器。」紅鳥奶奶的語氣聽起來像是因為無法明確描述所看到的景象而感到挫折。

「你有沒有看到其他星人在船上？」我問。

「沒有。只有那位醫生，但是我覺得還有別人。我看到四張椅子。一定是有人坐。我問他從哪裡來，他說他來自一個地球人不知道的地方。」

「你還記得什麼嗎？」

「沒有了。第二天早上，我醒來的時候，人在搖椅上。我整晚都在搖椅。珍珠很晚才醒來，她看到我坐在搖椅上。」

珍珠看著她的母親，皺起眉頭說：「我以前從來沒看過我母親在搖椅上睡著過。我很害怕。」

紅鳥奶奶笑著說：「她以為我死了。」

「才沒有哩。媽，你會活得比我久。」珍珠回答。紅鳥奶奶沈默了一會兒，然後做個手勢，請珍珠為她加咖啡。

「我想他們對我下了咒語，把我抓到太空船上去。我是這麼想的。我想他們不認為我會記得他們做了什麼，但是這些星人低估了印第安人的心靈。我們是堅強的民族。」

「你認為他們不希望你記得嗎？」

「對。我想他們以為他們可以對我下咒語，我就會忘記一切。但是我記得，我記得那些關於年紀的問題。我在想，他們是不是覺得人類很笨。我猜他們在他們的星球不會活這麼久。或許他們死得早，他們在尋找延長壽命的方法。也許他們的問題是短命，而不是癌症和心臟病，所以他們帶像我這樣老的人到太空船，想要找出我們為什麼這麼幸運，可以活這麼多年。我想如果我們跟他們回家，我們在他們的星球上不會看到有一百歲的人。」

「你認為你從這個經驗學習到了什麼嗎？」我問。

「我學到他們不友善，不信任別人。要不，他們可以直接請我們幫忙，而不是像雞窩裡的狐狸這麼偷偷摸摸的。我想，他們可能是正在死亡的種族，因為他們對我這個老女人為什麼可以活這麼久這麼有興趣。我擔心他們可能會回來，我會害怕。」

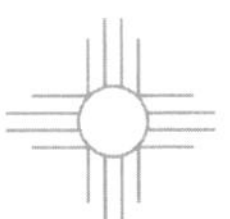

「你能告訴我，為什麼你害怕這群星人？」

「原因很明顯，不是嗎？如果他們可以旅行到這裡，他們就一定比我們聰明。如果他們可以對人類下咒語，他們就可以違反我們的意志或不讓我們知道的為所欲為。這些都應該讓我們害怕，並且做好他們會回來的準備。他們可以來這裡，把我和珍珠抓走，等到別人知道的時候也已經太晚了。如果我們失蹤了，你覺得警方能有什麼作為嗎？我們只會是另一樁懸案，沒有答案。」

「我可以理解你為什麼會害怕。你會不會想搬到鎮上，或是搬到別的地方呢？」我問。

「我的另一個女兒，瑪麗，她要我們搬去跟她一起住。她丈夫死了，她現在一個人住。她在明尼蘇達州的明尼亞波里斯（Minneapolis）有個房子，有自來水和廁所。有室內廁所真不錯。我們很可能真的會搬去跟她住。」

在我拜訪紅鳥奶奶的一週後，紅鳥奶奶過世了，那是她一〇一歲生日的前兩天。她的女兒珍珠搬到明尼亞波里斯和妹妹瑪麗一起住。去年，我去華府的路上經過明尼亞波里斯，我撥了電話給瑪麗，很意外地聽到是珍珠接的電話。她告訴我，她母親過世的那晚，有一艘太空船出現，繞著屋子，安靜的飄浮在上方，然後消失在夜空中。當晚更晚一些的時候，她到母親房間探視，發現母親已經過世。報告說她死於心臟病發作，但珍珠相信是星人祖先來接她母親回家了，雖然沒有證據證明。

珍珠認為，母親的過世是好事。在世的最後一週，她拒絕睡覺，行為也變得不合理。她很擔心變形星人會回來。珍珠說：「至少，她現在不需要再擔心被他們抓走了。」

有時，當我看著星辰，想著遠方的不同世界時，我會想到紅鳥奶奶。她是個溫和的人，一輩子相信某個種族的星人，然後當遇到另一個種族的星人，她無法應付他們的差異。或許，她的經驗可以協助解釋其他被綁架者所描述的不同種類的外星人。

總之，我聽了她的故事，也看到她的焦慮，我相信她的話。

潔西

「幽浮經常來這一帶。」潔西告訴我，「我從小就看到它們。但是最近看到的不一樣。」

「我跟你爸爸幾天前在部落辦公室聊過。他說你和幽浮有不尋常的接觸經驗。」我說。

「幽浮，還有裡面的生物。」她回。

「你可以跟我說說嗎？」我問。

「我認為他們比較高等，如果可以這麼說的話。」潔西回答：「這陣子他們出現、消失，然後又以不同形態出現。很奇怪。我想他們變得更複雜了。他們可以就在你眼前變形，讓你覺得你的眼睛是不是有問題。」

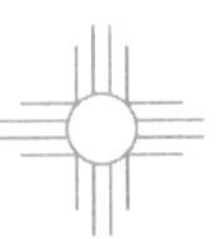

「可以解釋嗎？」我問。潔西把馬的食槽倒滿。她個子高瘦，尚未完全發育，但也不是小女孩了。她看起來像是青少年雜誌的封面女郎，而不像北達科他州印第安保留區牧場上餵馬的女孩。她一頭長長的黑髮編成法式辮子，垂在背後。脖子上的皮繩項鍊綴著一個熊爪，那是她十三歲親手獵殺的那頭熊的爪子。潔西在當地部落大學念大一，秋天想轉學到懷俄明大學念獸醫系。她在馬飼料裡加了些糖蜜，把馬從欄裡趕進來吃飼料，然後提議我們去鎮上喝咖啡。

「把你的車留在這裡。我帶你走另一條路去鎮上，我要給你看個東西。」

我回到我的車上，拿了皮包，坐上潔西的貨卡車。

「在我還小的時候，」她開始說，「我們就看到幽浮了；我父母跟我。圓形的，就像你在新聞裡聽到或科幻電影裡看到的那樣。它們有時候會停下來，飄浮在農場的水源上方，然後瞬間消失不見。它們經常來，我從沒想過不是所有的人都看得到它們。我想我就是以為它們是風景的一部分吧。很平常的景象。」

「你多常看到它們？」我問。

「每個月兩、三次。我從沒去算，但我知道是很平常的事。」

「你爸爸是怎麼跟你說關於幽浮的事？」

「他說不用怕，他們是祖先。他說他爸爸和爺爺都是這麼說的。我們族人強烈相信祖先會來看我們。你知道這點的。」我點頭同意。「總之，沒理由害怕。他們從來沒有要傷害我們。有時候，我覺得他們是來這裡休息的。以前，我曾祖父說他們會留訊息給族人。雖然現在他們不再給族人訊息了，但還是會來。」

山丘路很崎嶇，四輪傳動的車子開到山丘頂，潔西停了車，指著下面的山谷。「我高三時，跟五位好朋友來這裡度週末慶祝畢業。我們計畫了要一起慶祝畢業前的最後一個週末。我們一起長大的。畢業後，有的人要離開保留區去找工作，有的要去上大學。我們的畢業慶祝沒有男孩。」

「你父親提到的事件就是在這裡發生的嗎？」

「不是。但這裡是我第一次看到變形者的地方。」

我知道她指的是可以從一個形狀變成另一個形狀的生物。

「可以跟我多說點嗎？」

「那晚，我們架了營帳，生了火，烤了漢堡肉，又烤棉花糖。我們很輕鬆地聊天，談大家一起經歷的往事。大概午夜時，我們看到七個太空船從山丘那邊飛過來。它們在下面的山谷飛來飛去。我們在它們上方的山頂可以看到整個經過。」

「你看到它們時，心裡在想什麼？」

「它們不像我平常看到的幽浮。」

「怎麼說？」

「我通常是看到單獨一架懸浮在水源上方，或是降落在水源旁邊。我從來沒有一次

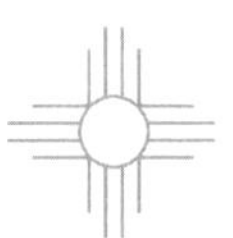

看到過七架，而且有時它們飛行中，就在我們眼前變成了光球，還會合體。後來我們看到的是一架很大的太空船，形狀跟剛剛完全不同，像一個巨大的三角形，它往上飛，幾秒鐘就不見了。」

「你的朋友們怎麼看這件事？」我問。

「我們都有點緊張。有兩個人說要回家，她們很害怕。其他人留了下來。我們以前都看過幽浮，不那麼容易被嚇到。」潔西邊說邊笑。

「那晚你還看到了什麼嗎？」我問。

「沒有。第二晚也什麼都沒看到。天空完全沒有任何動靜。星期一回到學校之後，大家都在聊幽浮。不過，很快地，大家也就忘了這回事。」

「你是什麼時候又遇到類似事件的？」

「我記得很清楚，是在國慶日七月四日的前一個禮拜。」她邊說邊開動貨卡車，往東開往鎮上。「我一個人在牧場。爸爸在部落辦公室開會，討論放煙火的事，媽媽為了教學執照，整個週末在米納特接受教師訓練。快黃昏的時候，我看到七個光球接近牧場。我坐在走廊邊看。我記得自己手上握著車子鎖匙，心想萬一有什麼不好的事發生，我還可以趕快逃走。」潔西說。

「你為什麼認為可能有不好的事發生？」我問。

「我就是覺得不對勁。直覺吧。總之，我坐在那裡看著七個光球越來越近。忽然間，

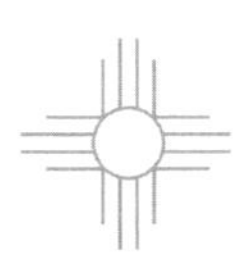

其中一個脫了隊，朝著屋子來，它在離屋子三十呎的時候停住。飄浮在離地面幾呎高的地方。」

「其他的光球呢？」

「我那時候只能注意離我很近的這個，心裡在想是否來得及跑到車上。我真的不知道其他的在哪裡。就在我朝車子靠近的時候，光球又變形了，然後一個人形就在我眼前出現，他穿著淺色的衣服。他叫我不要害怕。我覺得頭暈。我不知道是因為害怕，還是我聞到的味道。」

她暫停下來，看著我，問道：「你去過黃石公園嗎？」

「去過很多次，我住得地方離那裡很近。」我回答。

「如果你去老忠實間歇泉（The Old Faithful）和那些滾燙的溫泉，就是那個味道。」

「你是說硫磺味？」

「對。同樣的味道。我記得黃石的味道。像腐爛的雞蛋。非常強烈的味道。化學課上也聞過。硫磺。對。我就是聞到那個味道。」

「對，那個味道是很不好聞。」

「總之，那個外星人朝著我過來，說他來這裡很長一段時間了，他看著我長大，一直想跟我打招呼，還想問我關於馬的事。」

「你的馬？」我問。

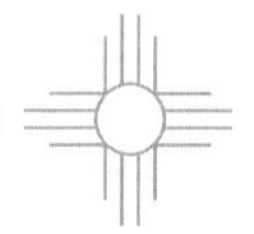

「他想知道馬的消化系統。他問馬要喝多少水。這些問題讓我困惑。我問他有沒有馬，他說他們幫他們的星球帶了一些，可是那些馬快死了。他想知道該怎麼辦。」

「我跟他解釋要餵什麼食物，跟他說馬的胃很敏感，吃錯食物或中毒都會因絞痛而死。我不確定他是不是聽得懂。」

「他有沒有跟你說別的？」

「沒有。就只有馬的事。」

「你有沒有問他從哪裡來？」

「我當時無法好好思考。我什麼都沒問。」潔西回。

「你能描述他的樣子嗎？」我問。

「身高一般，大概五呎十吋，很瘦。我看不出其他特徵了，天很暗，他的緊身衣在黑暗中會發光。所以我看得出身形。」

「聊完馬之後呢？」

「他有點像是倒在地上，又再變成光球，然後飛去跟別的光球一起了。後來我看到它們在山坡上，它們變成一個很大的太空船，瞬間飛走了。我從此再也沒看過它們。一次就夠了。這個是不同的幽浮。從那時候起，我每天都會擔心我的馬，桑德。我再也不讓牠自己待在草原上了。我怕他們會來抓走牠。如果桑德不見了，我真不知道要怎麼辦。我計劃這個秋天去懷俄明的時候帶牠一起去。我有馬術獎學金。」

幾個月後，我去丹佛途中，經過卡斯波（Casper）。那裡正舉辦全美大學馬術比賽。潔西騎著桑德，看起來人馬一體。新聞上的消息沒錯，她確實是賽馬冠軍的材料。那晚，比賽結束後，我邀請潔西和她的父母一起吃宵夜。我們閒聊著保留區發生的事，以及潔西的第一年大學生活。

我們走向車子時，潔西說：「我一直沒再看到那個星人。一開始，我很擔心他們從別人那裡偷走的那些馬。我現在只希望我給他的資訊能夠救到那些馬，希望牠們還活著。我畢業之後，如果他們再來找我，我就更能幫上他們了。」

第二天早上，我出發去丹佛。車開出停車場時，我看到潔西，跟她揮了揮手。我想，如果有人能夠教導外星人要如何照顧馬匹，那一定就是潔西了。我會很放心把我的馬交給她照顧。

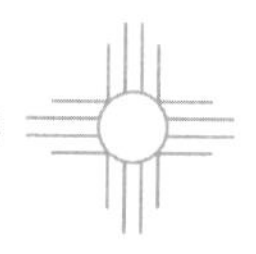

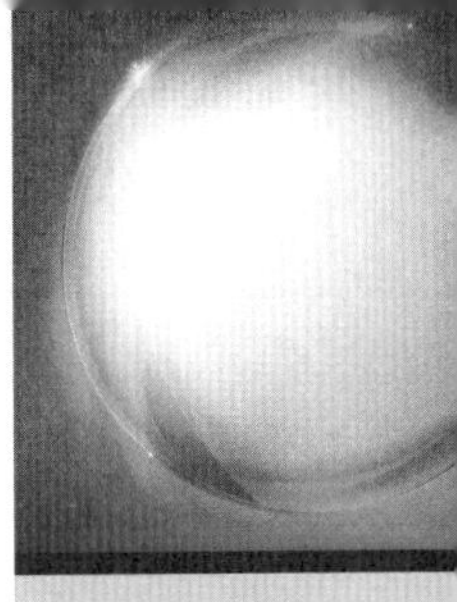

第二十章

外星來的解救者

印第安寄宿學校最初是由基督教傳教者所建立。建校經費由聯邦政府出資，目的是同化印第安孩子。十九世紀後期和二十世紀初，印第安事務局負起教育美國印第安兒童的責任，不再讓教會主導。然而學校的主要目標仍是同化。

這些學校孩子接受的歐美文化包括：剪掉長髮以符合歐式標準；不准說印第安話；用歐美名字取代傳統名字；穿著打扮模仿歐美同儕。課程主要是職業訓練，也教學生閱讀和說英語。

學校經驗對這些被迫與父母分開的孩子往往很辛苦，有時一分開就是好幾年。學校鼓勵他們放棄美國印第安人的身份認同，甚至鼓勵他們忘記自己的家庭。寄宿學校曾經有多起性侵、身體虐待和精神虐待的案例紀錄。雖然目前還有少數幾所寄宿學校存在，但自七〇年代中期開始，印第安各族已堅持自己設立社區學校。

本章中，你將讀到在寄宿學校接觸外星人的經驗。這次事件最終導致了那所學校關閉。

汪比利努巴（喬曼）

我們在看台上尋找比較安靜的角落時，他告訴我：「喬曼不是我真正的名字，是我在寄宿學校時，修女取的。你可以叫我傑瑞或任何名字，就是不要叫我喬曼。」

我們坐在橄欖球球場的五十碼線外。當時是春天，不是球季。眼前沒有球員或球迷。我看著身旁這位中年男人，我心想，他以前一定很帥。我看過很多像傑瑞這樣被社會系統打敗了的人。他們會過早老化。他們失去了生命的熱情，眼裡不再有光芒。

「修女為什麼叫你喬曼？」我問。

「他們把我帶到寄宿學校時，我沒有出生證明。至少，我媽媽是這麼跟我說的。學校自作主張，幫我弄了一張出生證明。修女選了喬曼這個名字。我討厭這個名字。」

「我很遺憾。你母親幫你取什麼名字呢？」我問。

他說：「我叫汪比利努巴，意思是『兩隻老鷹』，不是『喬曼．兩個』。你能想像嗎？他們就是這麼的笨。他們甚至不知道努巴不是我的姓。」

我回答：「汪比利努巴是個好名字。你知道你可以去法院申請改名嗎？」他看著我，很驚訝地搖搖頭。我說：「你應該去法院改名。如果你想的話，我會幫你拿到所有的資

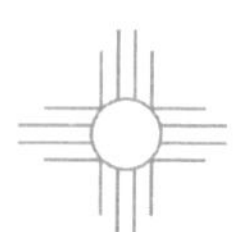

料和表格。我不覺得手續會很困難。」

「謝謝。我要改名。我母親已經過世了，她以前聽到別人叫我喬曼還會哭。對她來說，我永遠都是汪比利努巴。」他說。

「你姊姊告訴我，你的寄宿學校發生了一件跟幽浮有關的事。她說學校還因此關閉。你可以跟我說這件事的始末嗎？」

「你知道現在幾點了嗎？」汪比利問。

「快要下午四點了。」我回答。

「真抱歉，我必須去工作了。我在學校當管理員助手，我下午四點上班。有打卡的。」

「沒問題，是我的錯，我無意讓你遲到。」我回答。然後跟著他，朝大樓走去。

「什麼時候比較適合跟你談談呢？」我問。

「我晚上九點可以休息吃飯。」

「我可以九點來學校。我會帶些三明治過來。」

「聽起來很棒。我等你。」

八點四十五分，我開車進停車場。汪比利等在門旁，幫我開門。他帶我去教師休息室，我打開披薩盒子，把兩片披薩放在紙盤上遞給他。我仔細看著吃披薩的他。一頭蓬亂的頭髮，缺了幾顆牙。他的外表會讓人以為他若不是流浪街頭，就是已接近流浪街頭

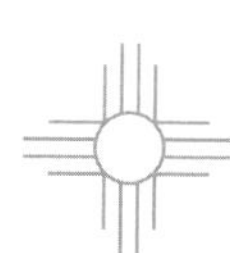

的處境。然而，他有種特別的素質，他的謙遜讓他有時看起來幾乎有王者之風。

「希望你喜歡披薩。這時候我只找得到這個。」我說。

「我最喜歡的就是披薩了。」他回答。

他吃了兩片之後，又從盒子裡拿了一片，並拿起餐巾紙擦手。「你問我教會學校發生的幽浮的事。我記得很清楚，那好像才昨天的事。我們剛上完晚自習，回到了房間。我們有兩個宿舍區。一區住的是六到十二歲的男孩，另一區住的是十三歲以上的男孩。我住在年齡較小的那一區。通常修士們大約九點會來查房、關燈。當那個亮光把整個房間照亮時，我們大部份人都已經在床上了。當光的亮度逐漸減弱，我們跳離開床，朝窗戶衝過去，好奇地要看是怎麼回事。修士們這時候出現，要我們保持冷靜。」

「修士對外面發生的事感到好奇嗎？」我問。

「只有保羅修士。他跟我們一起往窗外看。其他的修士不知為何，匆匆忙忙地離開房間。」

「你往外看到什麼了嗎？」

「我站在那裡，臉貼著冰冷的窗戶，我看到一個完美的半圓形飄浮在宿舍上方。我只看得到一部份，其他部分在我的視線外。它飄浮在半空中。那東西很奇怪。我知道它不是從這個世界來的。我往後頭看，想找個躲起來的地方，萬一這東西飛進來的話……保羅修士則是跪在地上猛唸玫瑰經。」

「其他的孩子是什麼反應？」我問。

「有些比較小的孩子開始哭。我不覺得是被幽浮嚇哭的，他們應該是被保羅修士唸玫瑰經的尖銳聲音嚇到的。一個年紀比較大的男孩，班尼烏鴉，他打開了門，我們都跟著他下樓走到外面。我是最早跑到院子裡的男孩之一。我往修士住的宿舍區看過去，發現多明尼克神父站在門口，被眼前的景象嚇呆了，他一動也不動。」

「你究竟看到了什麼？」我問他。

「我看到一個圓形的銀色太空船。直徑大約五、六十呎，飄浮在建築物上方二十五呎的高度。它有不同強度的紅光在閃爍。這個太空船至少有四、五層樓高。大概是在二樓或三樓的高度有許多小窗戶。我看不到裡面有任何生物。太空船停留了大約十五到二十分鐘，然後消失在夜空中。但這還沒結束呢，接下來的七個晚上，在同樣的時間，同樣的事又再發生一次。那真是很驚人的景象，尤其對一個十二歲的小孩來說。當時我們還沒有電視，但是我們會偷偷讀學校禁止我們讀的太空漫畫書。我們都很確定這些訪客來自外太空。第一晚之後，我們晚上都被鎖在宿舍，沒有機會再出去了。我們知道他們在那裡，因為我們可以看到透過窗戶，把房間照得像白天似的光。」

「修士或修女有沒有跟你們討論晚上發生的事？」我問。

「我們聽到唯一的話就是：如果有人被逮到起床或夢遊，就會被嚴厲懲罰。也就是說，他們試圖讓我們相信，我們只是在夢遊而已。我們都知道事實並非如此，可是我們什麼都沒說，我們不想被處罰。我們會私下幻想太空訪客是來保護我們不被殘忍的修女虐待。」

「你還記得任何跟那晚有關的事情嗎？」我問。

「嗯，我不知道是否有關，但是一個星期後，我們整個宿舍的人都得了奇怪的感冒。大家全身都起了紅疹。有位修女負責護理，她隔離了整棟宿舍，不准我們去上課或去餐廳。食物是放在餐車送到門口，送菜的人戴著口罩，非常緊張。我們大部份的人都很開心，沒人管我們，很自由，因為沒有監督我們的修女了。不過，好景不長。一週後，紅疹就退了。」

「我聽說學校是因為某些神秘事件而關閉。你認為幽浮就是所謂的神秘事件嗎？」我問。

「隨著時間過去，這個事件成為學校神秘傳言的一部分。暑假回家的學生告訴家長幽浮的事，所以很多家長不敢送孩子回學校。我母親告訴我，她和一些家長討論後，她決定不要送我回去學校了。我後來聽說學校的入學人數大幅下降，最後，天主教會因為學生人數太少而把學校關閉。」

「你曾經跟你母親說過那晚發生的事嗎？」

「沒有。我討厭那所學校，而且我不在乎她從哪裡聽說這件事的，只要我不用回去學校就好。不過，我有時候會想起那天晚上。我記得小時候在學校，我會祈禱外星人來拯救我們，而以某個角度看，他們確實救了我們。無論那個星期發生了什麼事，都間接導致了學校關閉。誰曉得呢，也許那就是太空訪客的目的。我寧願認為這是他們用來終結學校孩子所承受的不公平待遇的方式。」

汪比利和我的友誼一直持續。他經常打電話給我，告訴我他的學校發生的事。去年，他被升為管理員，他現在會很自豪的說「我的學校」。兩個月前，他被選為部落大學委員會的一員。差不多在我們認識的一年後，州政府法庭批准了他更改名字的申請。法律上，他現在是汪比利努巴了。新的出生證明發下來幾週後，我在學校餐廳幫他舉辦了一個披薩派對慶祝。我很榮幸地向社區介紹汪比利努巴。我們用燃燒儀式為那晚畫下句點。當舊喬曼的出生證明在火中化為灰燼時，每個人的眼眶都溼了。

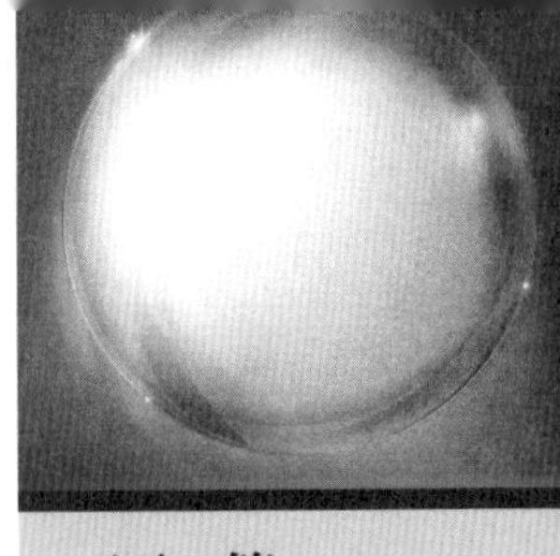

第二十一章

星人醫生

外星人綁架的報告雖然通常來自成人，證據顯示小孩也有類似經驗。被綁架的小孩的家庭往往有被綁架的歷史。

珍妮・蘭道斯（Jenny Randles）做過一項調查外星綁架動機的研究。她總共調查了五十位個案，除了四位之外，所有被綁架的人都在四十歲以下。大部份被綁架的年長者說，他們因為醫學理由而被排拒。蘭道斯認為被外星人綁架是年輕人的經驗。有人認為這是因為許多綁架的重點跟生殖系統有關。

本章中，一位來自西維吉尼亞州的七十九歲切羅基與喬克托族的女士宣稱，她因為年紀而倖免於外星人的控制。另一位來自北方草原的年長女士則宣稱外星人只對她的年紀有興趣。

伊芙阿姨

「你就是那位幽浮女士，對吧？」她問。

我坐在她的客廳沙發，沙發有些老舊，我小心地把錄音機放在我們兩人之間。我笑著說：「我不確定我能夠擁有這個頭銜，但我確實在收集幽浮和外星人來訪的故事。你的姪女告訴我，你有過好幾次經驗。」

「我告訴姪女不要告訴任何人關於幽浮的事。」她說。

「安妮和我是同學。她說你的故事很不尋常，說我應該訪問你，把你的故事放在我要寫的書裡。這是一本關於美國印第安人和星人的書。」我說。

「你現在不住在這邊了，對不對？」她問，似乎完全不理會我來探訪她的解釋。

「對，我現在住在蒙大拿。」

「離西維吉尼亞好遠。」她回答：「我從來沒去過蒙大拿，太遠了。我只離開過維吉尼亞州一次。有一年，我去佛羅里達探望外甥女。就是約翰‧丹佛（John Denver）出了《鄉村路》（*Country Roads*）那首歌的那一年。」

「我記得那首歌。」我說。

「嗯，那首歌害我好想家，姪女還必須去佛羅里達帶我回來，我就是一天也不能多待在那兒了。而且，我也從來不想離開家。這裡雖沒啥，但這裡是家。」

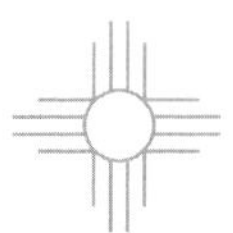

伊芙阿姨家有三個房間：廚房、臥室和一個小客廳。客廳中間有個暖爐。在靠山腰的地方，有一排附屬的小屋養豬和雞。房子右邊有個小菜園。左邊有個室外廁所。門廊階梯前面有個打水幫浦，這是唯一的水源。

「在佛羅里達，燈光太多了。」她開始說起她的故事。「如果幽浮降落，大家也不會注意到。在我們山裡，你會看到很多東西。我可以跟你說很多故事，但最可怕的，就發生在我的前廊。當外星人來到這裡把你抓走，政府卻說外星人根本不存在，這真是悲哀啊。我倒真想找個國會議員來這裡，讓他被綁架看看。也許那時候他們就會改變態度了。也許讓布希總統或老布希來試試看。讓他們體會一下。」

伊芙已經過了七十九歲生日，看起來卻只有六十歲，她認為是因為自己切羅基和喬克托的基因。她母親是純切羅基人，活到一百零一歲。外婆活到九十九。她的頭髮梳成髻，綁在頸後。她從十六歲起，頭髮就一直是這麼梳了。她從未結婚，但她自豪的說：「這並不表示我是處女。」

「你是什麼時候第一次見到外星人？」

「一開始是有些雞不見了。每隔幾個晚上，會有三、四隻雞不見。我檢查了雞窩和雞，可是看不出來有人侵入的跡象。我決定熬夜監看。我想我也許可以逮到竊賊。我因為一個人住，總是把長槍上好了子彈。我帶著槍，到前廊監視。大概十一點鐘時，就有狀況了。」

「你能夠明確告訴我看到了什麼嗎？」我問。

「我記得的第一件事，就是橘黃色的光照亮了院子。那不像白天的光，那像是光暈。我從沒見過任何類似的景象。我架起槍瞄準，用柱子穩住槍，準備看接下來會發生什麼事。忽然間，我看到一個像人形的東西走向我。我要開槍，但發射不了。我以為我忘了關保險，所以再檢查一次，但它已經是關掉的。那個東西繼續朝我走來。我站起來，試著扣扳機，還是無法發射。然後那個東西拿了我的槍，丟在地上，叫我跟著它。」

「它跟你說話？」我問。

「我剛剛才跟你說的啊，它要我跟著它。」

「我的意思是，你有沒有聽到它說話？還是你是在心裡聽到？」我問。

她停了一下，搖搖頭說：「好問題。我就是知道。他們從來不是像你和我這樣說話的。我不確定我是怎麼知道它的意思的。」

「你的意思是說，它並沒有像人類這樣說話？」

「我不知道。我只知道我跟著它。我稱『它』，因為它不是人類。不是女人或男人。就是『它』。我們走到山坡，那裡有個深灰色金屬的橢圓形太空船。很大，看起來像是運石油卡車上面的石油槽，只是它有油槽的六、七倍大，佔滿了整片地。以前男生在家的時候，我們會在地上種玉米，冬天給雞吃。這塊地大約有兩畝。這艘太空船真大。我記得我走進去，然後被帶到一個房間，就我一個人。」

「你可以告訴我它們長什麼樣子嗎？」

「嗯……有件事很確定。它們不像小綠人。」她說：「老實說，它們比較像昆蟲，很大的昆蟲。細長的腿和手臂。對它們的身體來說，手臂太長了，脖子也又長又細，頭像西瓜那麼大。它們有奇怪的大眼睛，沒有像我們這樣的鼻子，只在眼睛之間聳起的地方有兩個小洞。它們的嘴沒有嘴唇，只有一個細縫，好像被刀片割出來似的。臉一半像人類，一半像昆蟲。我想我看到有母的，也有公的。母的比公的大很多……比較高也比較重。我有想到，如果人類也是這樣該有多好。女人就不用擔心體重了。」她停頓了一下，笑了起來。「安妮就不用一天到晚節食，她那個混蛋丈夫湯姆也不能一天到晚挖苦她的體重了。」

我聽著她的話，對於她的見解和她在有壓力的狀態下，還能記得這麼多的小細節感到訝異。

「它還對你說了什麼嗎？」我問。

「我記得心裡在想，這麼醜的生物怎麼可能這麼先進。我正在這麼想，它們就跟我說它們是從很遠的地方來的訪客。我覺得它們會讀心術。」

「你為什麼這麼想？」

「記得我跟你說，我心裡在想它們好醜嗎？我心想，這麼醜的生物怎麼可能這麼先

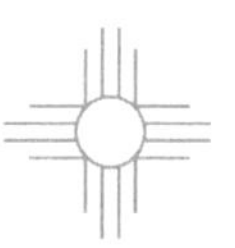

進？」

「是的，我記得。」

「我才剛這麼想，其中一個就告訴我，在它們的世界，『美麗』不重要。它們說，美麗沒有意義。它們也覺得人類很醜。我覺得這很有意思，有點像鍋子笑水壺黑。從它們說的話，我認為它們會讀心術，否則的話，它為什麼要說那些話呢？我才剛剛心裡在想它們好醜。」

「它們有沒有告訴你，它們來的目的？」我問。

「它們講到記錄宇宙的生命。它們在做記錄之類的事。對我來說，它們就是賊。跟鄰居桑德斯家的男孩一樣，沒有好到哪去。它們偷走了我的雞和豬，甚至偷走了我的寵物兔子。它們說是為了科學，可是去他的科學。它們也在人身上作實驗，就像它們用雞和豬作實驗一樣。我看到一個房間裡有好多人躺在桌上或儲存箱裡。」

「儲存箱？你的意思是……？」

「它們的牆上有好幾層檯面，上面放了人。」

「你是指牆上有架子嗎？」我問。

「我想可以叫做架子吧。這些人看起來在睡覺，沒有受傷。我進到其中一個房間，試圖叫醒大家。我想，我們大家一起，應該可以合力抓住一、兩個外星人吧，但不論我大喊還是去碰他們，沒有人有任何反應。很奇怪。」

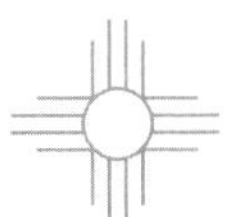

「它們有在你身上作實驗嗎？」我問。

「沒有。一個母的說我太老了。它們需要年輕的樣本。在這個狀況下，年老反而是有好處的。」她說著便笑了。

「你覺得它們為什麼帶你上太空船？」

「可能怕我打電話給警長吧。這些生物選擇偏僻的地方降落，做它們的骯髒事。這樣就不會有人相信受害者。它們是很聰明的小雜種。我想，如果我是它們，我也不會想要別人注意到我。它們有很強效的藥，只要被它們碰一下，就會讓人忘記一切。我看過它們看人一眼後，那個人就被麻痺或是在昏睡狀態了。它們很有力量。我的小農場很偏僻，旁邊都沒有別的人家，附近又有山丘遮蔽，除了我，沒有人知道它們在這裡。誰會相信一個瘋狂的獨居印第安老太婆呢？」

「你在太空船上的時候，看到多少人類？」

「很多，我會說至少有二、三十個。有些人躺在檯子上，像是在醫院病房那樣。其他人茫然的坐著。」

「你認為它們為什麼會讓你看到這些？」

「我又能怎麼樣呢？沒有人會聽我說。就像我說的，我是個老女人。大家會笑我。這些生物把我拘禁在太空船上，直到它們結束了它們的骯髒事才讓我走。並沒有證據顯示它們來過，警長才不會聽我說的呢！」

「你看過它們幾次？」我問。

「它們大概來過六次。」

「來的都是同樣的生物嗎？」我問。

「嗯，看起來一樣。這個經驗讓我明白外頭有很多生物，即使我們不願意相信。你想想，如果大家知道外面有比我們還聰明的大昆蟲，大家會有何反應？」

「我真的不知道。」我回答。

「我有個主意。」她說：「你可以這麼想。想想那些去神的教會或聖靈派的基督徒。他們相信上帝用自己的樣子創造了人類。如果現在發現有生物比他們聰明，而且看起來一點也不像他們，那上帝會是什麼樣子呢？我想這一定會讓他們很困惑。」

「那你呢？你會覺得不舒服嗎？」

「它們的存在不會讓我不舒服。我不是聖靈派教徒，我才不在乎呢！我認為上帝可以創造出各種東西。我只是希望自己可以弄到什麼證據。如果你不能證明，說這些故事就沒有用。」

「我很感激你告訴我你的故事。如果我寫了書，你的故事一定會在裡面。會有人相信你的。」

「告訴你這些故事對我一點好處也沒有。我只是告訴你發生在我身上的事。只是這樣而已。對我沒有差別。」

自上次拜訪後，我沒再見過伊芙或她的姪女安妮。不過，我去西維吉尼亞的那趟旅行，最令人難忘的就是拜訪伊芙阿姨的那一天。

塔莉

塔莉住在保留區的小天主堂後面，那個保留區位於偏遠的小村莊，只有十戶人家。她告訴我，當她死後，她要有天主教的喪禮，但是她也仍然信仰部落的傳統。雖然她已經八十九歲，手足也都已過世，她的精神和體力依然健朗。我見到她的那天，她帶我走去看太空船經常降落的地點。沿途中，她會花時間停下來教導我生長在小徑上的各種野生植物的用法。

當我問塔莉最近一次目擊的時間，她看著我說：「我這輩子一直都看到星人。第一次的時候大約八歲，我在河邊摘野莓果。我看著太空船下降，在河的對面著陸。我走過河，很小心地踩著石頭，才不會把腳弄溼。我很好奇，我從未看過那樣的東西。當我到了離它大概二十呎的時候，有個門開了，於是我走了進去。我記得星人讓我覺得自己受到他們的歡迎。太空船裡有兩個女性。其中一個摸我的頭髮，說我的頭髮很漂亮。」

「你害怕嗎？」我問。

「我以為他們是我祖母的朋友。」塔莉搖搖頭說。

「你為什麼會這麼想？」

「我也不確定。也許他們這麼告訴我吧。每一年他們來的時候，我都會去看他們。有時候我帶花，有時候帶石頭去送給他們。祖母說石頭都有靈魂，我試著對他們解釋，雖然我不覺得他們瞭解。星人教我如何用手治療病痛。」

我一定是看起來非常驚訝，於是她又說了一次：「星人醫生教我如何用我的手治療病痛。他們也教了我祖母。大家以前會從各地來找她治療。」

她邀我一起走到河邊。她在河岸上指著對岸，告訴我那是太空訪客來訪的地方。「我的祖母叫『蘋果女人』，因為她出生的時候，臉頰像蘋果一樣紅潤。她活到一百零四歲。她過世時，星人似乎很傷心看不到她了。但每一年，星人還是會來，我也還是會去見他們，拿草藥給他們。」

「所以聽起來，你承襲了你祖母的工作，是嗎？」我問。

「我祖母要我繼續她跟星人的合作。我從未結婚。我沒有孩子，所以沒有人會承襲我的工作了。我不會活得像我祖母一樣久。我很快就會離開這個世界，我擔心星人以後沒有可以接觸的人了。」

「你能描述星人的樣子嗎？」

「白皮膚，又高又瘦。他們比我們聰明很多，可是他們對我們的生活方式很有興趣。

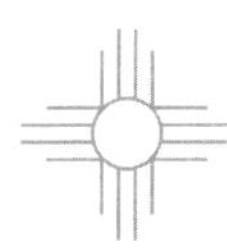

他們透過在星系間旅行，從各處學習。他們收集資料，想瞭解地球人類老化的過程。他們在研究為什麼我們過世得這麼早。星人活得比我們久。」

「他們有說多久嗎？」我問。

「正常的年紀是地球的一千歲。他們沒有我們的疾病。他們的文化裡沒有菸草跟酒。他們很小就選擇自己的職業，而且一輩子就做那個工作，他們是自己工作領域的專家，因此有許多發明來改善他們的生活。星人醫生一直來地球，他們大部份只是觀察，但是世界各地都有所謂的『幫手』和他們接觸。我祖母和我都是他們的幫手。星人稱自己為『觀察者』。他們把生命帶到這個星球，然後研究生命是如何改變。」

「你記得還從他們那裡學到了什麼嗎？」

「是的。他們並不暴力。他們說，宇宙中有四個暴力的種族，地球人是其中之一。」

在走回她家的路上，我們巧遇天主教神父，神父每週會拜訪社區一次，然後週日來主持彌撒。他邀請我們去小教堂，在他辦公室一起喝他煮的牛肉湯。他說：「我昨晚煮好，放在鍋子裡帶來的。」我們圍坐在桌前喝湯，塔莉向他解釋我來訪的原因。他對聽到幽浮的故事，似乎並不感到意外。

我問神父是否曾看過幽浮，他往後靠著椅背說：「私下的說法，有看過。官方的說法，沒有。」

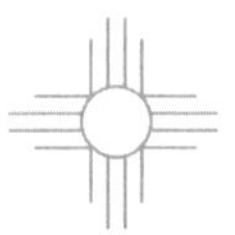

我請他解釋。他說天主教尚未對幽浮提出正式的立場，所以他不方便公開討論。然而，他很清楚自己曾經看過幽浮，而且他也不懷疑塔莉的經驗。他也證實他目擊過幽浮降落在小河對面的田野，但他從來沒有陪塔莉去過那個地點。

我問他是否願意告訴我他自己的經驗，他回答：「以我的身份，我寧可不要談論我的經驗。」雖說他確認了他知道幽浮是真的，而且「絕對不是這個地球的東西」。

接下來的五年，每當我去保留區，我都會經常順道探望塔莉。她一直很健康和清醒，直到九十五歲過世。喪禮那天，好些人看到一個幽浮出現在天空，懸浮在那裡。我是其中的一個。

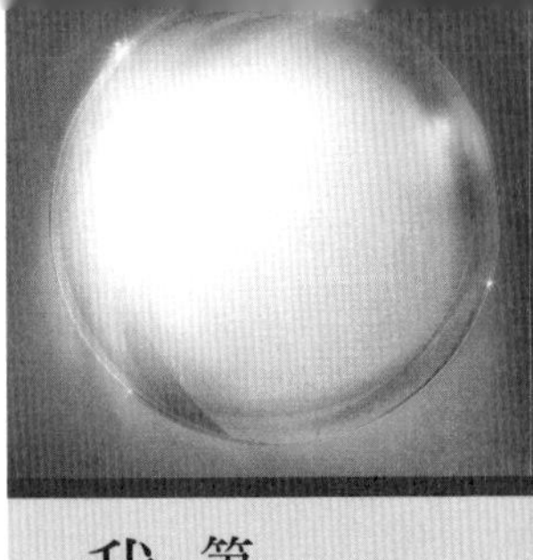

第二十二章 我二十五歲時，他們會離開

華盛頓州有許多目擊幽浮的報告，中南部的亞卡馬印第安保留區就曾經發生一連串疑似幽浮的目擊事件。這個現象在一九七二年到一九七四年間達到高峰，直到今天仍然持續發生。

亞卡馬族（Yakama）向來就有和星人互動的口述歷史和傳說。族裡有稱為「樹枝印第安人」（stick Indians）的「小小人」（little people）的故事，以及光體的傳說。現代的目擊報告則包括了接觸類人類、奇怪的生物和奇怪的心智現象。也曾有案例提到與光的互動。

二〇〇三年，一位亞卡馬少女談到自己從五歲起就不斷被綁架的經驗。

蒂芬妮

我透過海倫阿姨認識了蒂芬妮。第一次見到她的時候，蒂芬妮十七歲，她看起來和一般少女一樣，興趣包括男孩、派對和手機。雖然她有一點過重，她是很傑出的田徑選手。

「學校還好啦。」她說，點了一份大薯條加辣醬和一杯櫻桃可樂。「希望你不介意。我今天在學校沒有吃午餐，我很餓。」我們是店裡唯一的顧客。這家餐廳就在蒂芬妮念高三的高中附近。

「沒問題。」我回答，「你想吃什麼就點什麼。」

「我聽說過你。海倫阿姨稱你是幽浮女士。她說你收集外星人還是星人的故事。老人家都這麼叫他們。」

「我收集很久了。大家聽說了我在進行的研究，所以會來找我，告訴我他們的故事。你呢？你怎麼稱他們？外星人還是星人？」

「我稱他們外星人，因為他們從別的星球來。我是有故事要說。這事已經持續很久一段時間了。」

「你的海倫阿姨說你從五歲起就一直跟外星人有接觸。你可以跟我說說這件事嗎？」我問。

「五歲的時候，有一次我跟祖母一起到家附近的森林找野生藥草。我們總是在春天做這件事。我很喜歡和祖母一起散步。她會花時間為我解說一切。當時是春天，我喜歡溫暖的天氣和春天的氣息，森林有剛冒出來的野花，還有小鳥築巢。我們走過一條很長

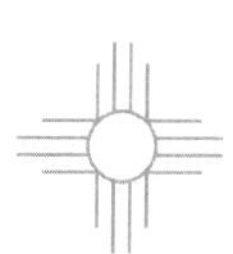

的小路，到了一片開闊的空地，我祖父在這裡種玉米。就在這片地的南方，有一個圓形的金屬物體，最貼切的形容是像一個巨大的陀螺。就在我們朝那個物體接近的時候，有個門開了，我們便走了進去。一個女人站在那裡。我對她記得不多。不過接下來你可能會覺得很荒唐……她會發光。」

「發光？」

「是的，發光。就好像她的四周都有光，全身都籠罩在光裡。她會發光。」蒂芬妮停頓了一會兒，像是在想別的方式表達，她繼續說：「看起來她好像認識我祖母。她們像朋友一樣打招呼，我祖母交給她一包藥草，她們一樣樣檢查和討論。我想我祖母在教她如何用藥草療癒別人。我聽不到她們說話，但我記得有各種手勢，像是指著植物不同的部分，所以我大概知道是怎麼回事。」

「我們離開前，這個奇怪的女人把我抱到桌上。祖母站在我旁邊，握住我的手。奇怪的女人叫我『孫女』。我記得自己覺得困惑。我不喜歡這個叫我孫女的女人。我有祖母，她就在我旁邊。這個新的祖母檢查我的耳朵，剪了一撮頭髮和一片指甲。她摩擦我的手臂，拿一個好像是槍，但比較寬的東西抵著我的皮膚，然後扣下扳機，我的手臂很痛，我記得我在尖叫，但祖母就只是站在那裡。那個女人把槍拿走的時候，我看了我的手臂，上面有四個小小的血點。皮膚馬上就淤血了。她把我抱下桌子，我還記得我很用力踢她，她連眉頭都沒皺一下。後來，我真正的祖母握著我的手，我們走出太空船，繼續收集藥草。這就是經過。我對天發誓。」

「你曾經跟祖母談到這件事嗎？」

「她在我十歲時過世了。我記得有一次我提起來，她說我不應該說這些事。我再也不想回到那片地了，雖然祖母很冷靜，但這整件事卻讓我很害怕。或許如果她活久一點，我就會瞭解他們的目的，但是我還不知道她為什麼鼓勵我跟他們接觸，她就過世了。」

「你記得你下一次被綁架是什麼時候嗎？」

「下一年。這次我是一個人。我們去採野莓果，我爸爸讓我們每個人負責採一個區域。雖然我只有六歲，他期待我像別人一樣努力。他幫我找了一片很好的地，長了很多果子。就在我開始認真採的時候，兩個女人來把我帶走了。我被帶到太空船上，和其他小孩在一個房間。有些小孩在哭，有些在睡覺。我們一個一個的被帶離開，輪到我的時候，她們又做同樣的事。剪一撮頭髮和一片指甲，然後，這個金屬槍又出現了。我開始掙扎，接下來我知道的就是哥哥在我旁邊，往我的籃子裡放野莓，而且提醒我，爸爸說如果我們不工作，就不可以吃東西。哥哥想知道我都在幹嘛，我告訴他，我和兩個朋友散步去了。他說附近都沒人，只有我，我是在做白日夢。就這樣。」

「這就是你最後一次的接觸嗎？」

「他們每年都來。有兩次我跟祖母在一起。她表現得好像他們是朋友。她過世之後，他們還是繼續來。總是同樣的程序。有時候我想，他們對人類的成長過程有興趣，這是為什麼他們每年要從我身上採樣本。他們可能對我看到的其他小孩都做一樣的事。」

「他們長什麼樣子？」

「就像我們。除了有奇怪的光暈外，就像一般人。有時候他們不是走路，而是飄浮的。他們的生活一定沒有壓力，臉上沒有抬頭紋或皺紋。你會誤以為他們都是同一個年紀，除了那個偶爾出現的祖母外。」

「你小時候會怕他們，你現在還會怕嗎？」我問。

「絕對怕的。我還很火大。」

「你可以解釋原因嗎？」我問。

「被帶走很干擾生活，尤其是我根本無能為力，無法反抗。」

「你曾跟他們說過你的感覺嗎？」

「有。他們說那是我與生俱來的權利，天曉得那是什麼意思。我完全沒有辦法反抗。我只希望趕快停止。我明年要去你教書的蒙大拿州立大學唸書。我可不想一輩子都在被抓到太空船上，這樣很難跟男友或丈夫解釋。」她吃完了薯條，請女侍再倒一杯櫻桃可樂。「也許等我念了大學，他們比較難躲過別人耳目的把我帶走。保留區太偏僻了。」

「你第一次遇到外星人時，你說有個老女人叫你孫女。你後來是否遇過其他外星人，你能描述他們的樣子嗎？」我問。

「我還小的時候，只見過那個叫我孫女的女人。在我眼裡，她看起來很老，比我祖母還老。她很瘦，穿著長袍。她的白髮很稀疏。皮膚像紙一樣白。完全沒顏色。」女侍拿另一杯飲料給她，她暫停了說話。

「我最近看到別的人。他們看起來不一樣。如果你看他們的眼睛，你會被催眠。他們的眼睛很迷人，我試著不去看，但還是會忍不住。好像我怎麼努力避開，都沒辦法不看。他們的眼睛上有像是大蛙鏡或眼罩的護目鏡。有一次，我看到有一個沒戴，他的眼睛像是貓的眼睛。我睡覺都會夢到這些眼睛。光是想到就會發抖。」她繼續說道。

她的身體顫抖，她把手臂圍住自己，好像想擋住寒意。

「你現在看到別的人，但你還有再看到那位祖母嗎？」我問。

「有。她還在。可是好像不再是負責的人了。也許她從來也不是領導人。我不知道，最近我覺得他們對我的動機不再良善，我很怕他們。」

「你的意思是什麼？」

「他們的檢查不一樣了，我覺得他們想讓我懷孕。我很擔心。他們的動機越來越偏向『性』，我很害怕。」

「可以解釋嗎？」

「這很尷尬。我很確定他們害我不是處女了。有一次他們綁架我之後，我那邊很痛，洗澡的時候內褲上有血。那時不是我的經期。之後的每年，我都會感覺同樣的痛，好像他們侵入我的身體一樣。我想他們在侵犯我，可是我一點辦法也沒有。」

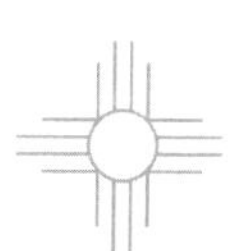

我聽到她聲音中的焦慮。她的害怕顯然不是無中生有。「你能說詳細點嗎？」

「他們問我關於懷孕和排卵的問題。我自己也不確定答案。我必須在圖書館查資料。我擔心他們要讓我生外星人的孩子，或甚至強迫我和某人發生性行為，作為實驗。這是為什麼我想跟你談。你有沒有遇過可以逃避被綁架的人？」

「只有三個。」我回答。

「他們是怎麼阻止外星人的？」蒂芬妮問。

「都是男性，沒有女性。在每個案例，當事人都強烈要求不被綁架，結果有效。他們就是說他們很久以來一直被綁架，他們想要自由。根據我訪談的人所說的，綁架就此停止了。」

「你覺得對我會有用嗎？」她問。

「我不知道，不過值得一試。」我回答。「你可以要求他們不要打擾你。我訪談過一位年輕男子，他就是這麼說的，結果他們就走了。上次我看到他的時候，外星人已經五年沒來找他了。」

「謝謝，我會試試看。」她說。我聽到她的語氣像是鬆了口氣，但我無法為她感到開心。我完全無法確定這個方法對女性也有效。

「或許另一個方法是不要一個人獨處。也許這會讓他們卻步。」

她搖頭：「沒有用。他們在我家人面前抓走我。一開始，我父母以為綁架只是我的

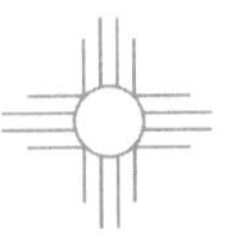

想像。有一天晚上，我待在海倫阿姨家，他們還是來找我。她半夜醒來，我已經不見了。第二天早上，她發現我在離家三英里的公路上遊蕩。」

「她跟我說了。」我回答。

「她也被嚇到了。之後，她就努力讓我身邊都有人陪，但似乎沒用。我想，他們要來帶你走的時候，可以催眠別人，讓他們什麼都不記得。我想他們把我的家人全都催眠了。」

下個秋天，蒂芬妮上了蒙大拿州立大學。她常常到我辦公室，告訴我她修的課和成績。有時候，我們兩個會一起午餐。她不只一次在深夜打電話給我，告訴我她很害怕，於是我會開車去她住的宿舍接她。她也因此經常在我那邊過週末。畢業一年後，蒂芬妮打電話給我，說她上次被綁架時，她要求外星人放過她。據她的說法，她同意跟他們合作以交換不被綁架的自由。她說，當她二十五歲時，他們就不會再來找她了。她還有兩年。

第二十三章 不准用槍

有好幾個報告顯示幽浮會干擾核彈基地。空軍飛行員曾說他們追逐幽浮，卻發現無法啟動武器。在數千件警方目擊幽浮的報告中，也有許多提到他們的武器和警車都莫名的無法使用。

有一個有趣的例子發生在二〇〇二年的七月二十一日。那天，阿根廷奇真市（Chajan）的警長亞里阿斯（Arias）接到目擊幽浮的通報後，出發到現場調查。根據亞里阿斯所說，他看到一個三角形的物體，有幾百個小窗戶露出微弱的燈光。他透過車裡的無線電報告情況，接著他的車子就無法啟動了。他於是走出車子，手放在腰上的槍上，這是他記得的最後一件事。一個半小時後，大家找到他，他的槍上了膛但無法發射。

在本章裡，讀者將看到警長亞里阿斯並非唯一遇到類似情況的人。

席德與艾迪

我經由艾迪的妹妹知道艾迪和他的朋友席德。她警告我，這兩人都不太願意談論他們在一〇八六公路的「無人路段」的經驗。這是她對北達科他州這個偏僻路段的稱法。她告訴我，他們覺得如果事情外傳，會對他們的工作有嚴重影響。他們選擇沉默，也要知道的人發誓保密。

二〇〇六年夏天，我路經北達科他州，我找到了艾迪，他同意跟我談談，前提是席德必須也同意。一天後，我在約定的地點見到他們。當我在他們指定的休息站停好車，走出車子時，兩人跟我打招呼，邀我坐在席德卡車的後擋板上。

「那時大概是半夜兩點，」席德說：「我知道，因為我剛看了手錶。我正要從蒙大拿的彼林斯回家，我送東西去給我哥哥，他和一個烏鴉族（Crow）女人住在彼林斯。我後來決定開車回北達科他，不在他們那邊過夜。那是週六的晚上，我星期天需要改學生報告，準備下星期的課。我在高中教數學。我吃完晚飯就離開彼林斯，那時可能是六點左右。我想路程大概是四百英里。我心想，休息站停個幾次，加上吃頓飯，應該半夜兩點就會到家。」

「你呢？艾迪，那個晚上你在哪裡？」我問。

「我那時候也在在一〇八六公路上。我本來計劃和席德一起去，但我爸爸需要我在

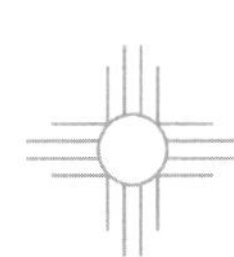

牧場幫忙，所以我婉拒了席德，留在家幫老爸。那天晚上我去了朋友家，我們一堆單身漢，週六晚上總是約在一塊吃披薩，玩撲克牌。我離開的時候已經很晚，都過了半夜一點了。我們兩個同時遇到太空船實在很巧。」

「艾迪，你妹妹告訴我，你和席德一直是好朋友？」

「我們的爺爺是好朋友，我們的爸爸也是好朋友。我們從小就認識。」艾迪回答。

「從這傢伙一呎高的時候，我就在照顧他了。」席德大笑著說。

我看著這兩個好友。艾迪比席德高個一吋左右，但是席德比艾迪重了至少二十五磅。兩個人都肌肉結實，我猜是在家庭牧場工作的緣故。

「我們是同學。」席德說：「在同一個籃球隊和足球隊打球。夏天在同一個牧場打工。我們上同一所大學。艾迪有籃球獎學金，我有足球獎學金。我們五年前從大學畢業後，就一直在同一所高中教書到現在。我當足球教練，他當籃球教練。我們互相當對方的助理教練。對，我想你可以說我們是朋友。只是朋友，不是伴侶噢。雖然有時候我的女朋友會抱怨，說我根本就是和艾迪結婚了。」席德又笑了。「我跟她說，我永遠不可能和這麼醜的人結婚。」

他們倆都笑了，用拳頭互相輕擊。

我問席德：「你女朋友知道你的目擊經驗嗎？」

「不知道。我不是要說負面的話，可是女朋友來來去去。桑亞是白人，雖然她說她

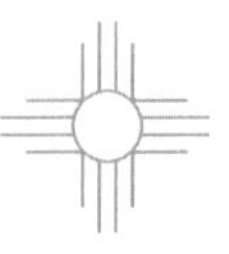

愛我的族人，但我想，要她住在保留區會很辛苦。我沒有離開這裡的打算。我從一開始就讓她知道這點。她來自新罕布夏（New Hampshire），我想，她覺得和印第安人結婚聽起來很浪漫。可是如果她必須住在保留區，我不確定她能受得了這種偏僻和貧窮。」

「這裡的生活並不容易。」艾迪說：「我們小時候在學校看到很多不是印第安人的老師來了這裡，和當地男人結婚，生了一、兩個小孩，然後離婚，因為女人想要離開。我們不容易離開保留區。我們和這片土地和人們有連結。這很難解釋。」

「總之，我去上大學，為的就是可以回來為族人服務。」席德說：「我就是這樣的一個人。如果，我們發展到了那一天，她可能決定她無法跟我在這裡生活，假使是這樣，我也不用擔心她會遷就我。她現在在念研究所，我們每個月見一次面，或是放假的時候見。」

「我能理解。」我回答：「你們誰要跟我說發生了什麼事呢？」

「既然是我開始的，就由我來說好了。」席德說：「我剛剛說到我看了時間，突然間，前面有很亮的紅光，我以為是出了車禍還是什麼的。各種想法在我腦袋冒出來。我在想不知道有多少人受傷，有沒有人死亡。你會擔心的，因為這裡的人都彼此認識。」

「對啊，大家或者是親戚，或伴侶，或是前任伴侶。」艾迪補充。

席德看看他的朋友，點點頭，然後望向遠方，繼續說：「突然間，紅光消失了。我正在想到底是怎麼回事，紅光又出現了，在大約離地二、三十呎的高度。我慌了，急踩煞車，卡車來了個急轉彎，到了對向車道。同時間，紅光繼續接近我。忽然，卡車熄火了。車頭燈熄了。我急著重新發動卡車，但引擎就是不動。我以為是我油門踩太快，引擎熄火。天很黑，我甚至看不見自己的手。紅光又消失了。那一段公路旁沒有人家，外面一片黑，我彎下身，往天上看，除了黑，什麼也看不到。我伸手到前座抽屜，找到了手電筒。我決定下車。突然間，整個地區被一片很亮的白光照亮。我望向光源，看到一個很高的人接近卡車。我伸手到前座下方，拿出我的四五手槍。平常我都會把裝了子彈的槍放在那裡的槍盒。」他停頓下來，來回踱步。「當我看到這個陌生人的時候，我很害怕。事情不太對勁。我把槍的保險關上。我要準備好。槍是我父親送我的，他六〇年代的時候在丹佛花九十五元買的新槍。這是我的大學畢業禮物。我在想，如果這傢伙想要對我怎樣，我會給他點顏色瞧瞧，他就會離開了。」

「你有沒有看清楚他的長相？」我問。

「我一直沒有好好看到他的臉。他走近一些後，我試著開車門，但是打不開。我覺得被困住了。我用全身頂著車門，用盡力氣，就是開不了。我在車裡拼命掙扎，覺得快沒力了。我忽然覺得好累，光很刺眼，我只想睡覺。我決定休息一下，那就是我最後記得的事了，後來就是早上五點，艾迪在對面路邊發現了我。」

席德在我身邊坐下，艾迪正好起身。

「我的經驗很類似。」艾迪開始述說，「我在公路上大概離席德沒有幾分鐘的車距。

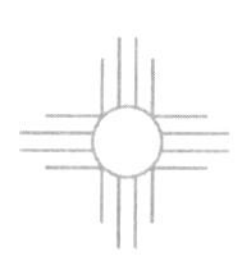

就像我之前說的，真是太巧了。半夜兩點，沒有什麼人在公路上，我正開到一段很直的路段，這時我看到一個很亮的紅光飄浮在天上。我本來以為是米納特空軍基地的飛機。可是很奇怪，它飛得很低，但除了是空軍基地的飛機外，沒有別的合理解釋。當我離得近些時，那個紅光先是讓我看不到任何東西，然後忽然降落在公路旁的地上。光減弱了一些，我可以看到飛行器的外形，像是長的圓筒。就在我慢下來，想看個仔細時，我看到席德的卡車。我立刻認出是他的車。他的車尾朝前，車頭朝著路邊的溝渠。在那個當下，我並不知道該怎麼辦。」

「你的意思是……？」我邊問邊看著席德的雪佛萊新型小卡車。卡車漆成紅色，車門上還漆了各種深淺不一的橘紅色火焰。

「嗯……我朋友的卡車停在公路旁，可是看起來不像是他停在那邊的，然後某個太空船又降落在公路邊。我的眼角餘光看到一個很矮的生物走向我。他的腳步很奇怪，像是在滑行而不是走路。手臂比一般人長很多。好像是從科幻電影走出來的人一樣。」

「從這裡開始，我和艾迪的記憶就不一樣了。」席德插話。

「怎麼不一樣？」我問。

「我看到的是高個子。」席德說。

「我看到矮個子。」艾迪說：「這個差異很重要。走近我的陌生人不到四呎，可能還更矮。雖然外形像人類，但他不是人類。他有點像大昆蟲和人類的混血。絕對不是人類。」

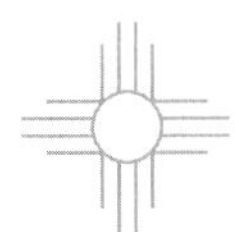

「你可以回頭從你看到那個人影接近，然後你很擔心你的朋友那裡開始講起嗎？」我問。

「好。」艾迪回答。「如果席德有了麻煩，我知道我不能丟下他不管。於是我打開車門，往卡車跑過去。突然間，我沒辦法動了。我看著這個陌生人接近席德的卡車，他把席德拉出來，帶到田野。我想找人來幫忙。我打撲克牌的朋友家離這裡不到十分鐘車程，可是我動不了。那個感覺很奇怪。我可以思考，可以轉動眼睛，卻不能動，連一根手指也動不了。我試著轉頭看是怎麼一回事的時候，我看到太空船的頂端打開，另一個生物出現，兩個人一起帶席德進到太空船。我努力掙扎，但是沒用。我忽然明白自己也有危險，但我完全無法反抗。當我看到人影接近我時，我知道是他們來抓我了。席德已經被外星人綁架，現在輪到我了。」

「你有好好看清楚綁架你的人嗎？」我問。

「我記得最清楚的就是他的手，看起來像爪子，只有三根長長的手指。頭是圓的，球狀的眼睛，瞳孔是直的，像貓的眼睛。我必須承認很嚇人。」艾迪說。

「你還記得什麼嗎？」我問。

「還有一件事。這個生物有一層薄薄的頭罩，幾乎像是橡皮做的，平滑而且繃得緊緊的。但是在應該是耳朵的地方卻沒有突起。我對這點很好奇，還有對他的大圓頭和眼睛。他的眼睛看起來像是機器。睜開和閉上的動作就像照相機的快門。」

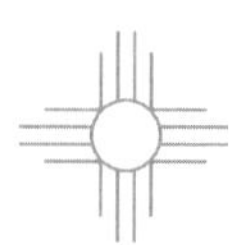

「接下來我記得的事就是艾迪跪在我身邊。」席德說：「他在叫我醒來。我想睜開眼睛，但是眼瞼像是黏住了。我說我要喝水，艾迪去拿了一瓶水來，我喝了些，把剩下的全倒在臉上，那時候我才能把眼睛張開。我坐起來後，發現自己在路的另一邊，而不是我停卡車的這邊。」

「你呢？艾迪？你記得的有什麼不一樣嗎？」我問。

「沒有。我醒來時是在車子的後座。我完全不知道自己怎麼會在那裡。我下了車，開始找席德。我看到他趴在草地上，大約離公路二十多公尺。他在圍欄裡。我翻過圍欄，叫醒他。席德不舒服。他吐了好幾次。我們就坐在那裡，直到有位同事經過，停下車查看。他告訴學校的每個人，我們一定是整夜都在外面鬼混。」

「我很生氣。」席德插話，「同事不該是這樣的。結果我們到了學校，聽到各種謠言。我們被同事取笑，還取笑了好幾個星期。這就是保留區不好的地方。大家喜歡閒言閒語說別人八卦。」

「席德和我覺得很孤單。」艾迪說：「我們不能跟大家說我們的遭遇。我們不想被看成是兩個被外星人綁架的北達科他州教練。最後，我們決定去找神父。席德是虔信的教徒。我小時候也去教堂，但信仰對我可有可無。天主教和太多痛苦連結在一起了，我很難是虔誠的信徒。」

「你們告訴神父發生了什麼事嗎？」

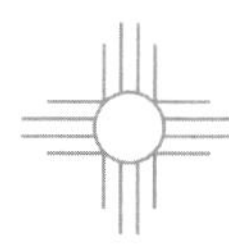

「我們說了。」

「然後呢？」

「他告訴我們最好保持沉默。」席德回答。

「他說天主教堂私下接受外星人存在的概念，但不會公開承認。他也告訴我們，為了我們的工作著想，最好不要再提起。」艾迪接著說。

「他說得沒錯。我們永遠無法承受別人的眼光，而且可能會毀了我們在社區和學校的地位。」席德同意。

「我的瞭解是，你們只告訴了艾迪的妹妹，對嗎？」我說。

「對。現在又告訴你。這是為什麼你必須發誓保守秘密。如果你寫或談到這件事，一定要讓我們匿名。如果消息洩露，我們不但要面對取笑，我們的競爭者也會在籃球場或足球場上笑我們的學生。這會讓學生不好過。我們最後會不得不離開我們的工作。我們可不希望如此。我們去念大學，為的就是回來服務族人。我們不想破壞現況，所以我們用自己的方式處理這件事。」

「你們兩個有沒有仔細看到太空船的樣子？」我問。

「我沒有，我只看到強光。」席德說。

「我有。」艾迪說：「它是長長的管狀飛行器。前面有很大的紅燈。太空船大概有六十呎長。很像石油槽，但更大。下面有比較小的白光，可能是降落用的燈光。太空船

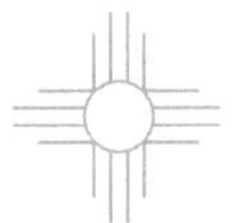

的上面可以打開，但不像是有艙門，它就是直接打開了，裡面有很亮的光射出來，讓人幾乎看不到東西。我懷疑他們在如此強光中要怎麼看。也許這是為什麼他們的眼睛那麼大吧。他們需要大眼睛來看。」他停頓一下，好像在思考自己說的話，然後繼續：「當他碰我的時候，力道之大，我根本無法擺脫。他有很長的腿，讓我想到蚱蜢。」

「我們從小受到的教育是說上帝照自己的樣子創造了人類。如果真是如此，那麼是誰創造了這些生物？」席德問。

「他有什麼權力到這裡來綁架我們，而我們卻毫無招架之力？」艾迪評論。

「我記得我還小的時候，跟爺爺去過一次日舞（Sundance）儀式。有很多部落長老在，他們談到了星人、星際旅行和心智旅行。他們說星人帶我們來到地球，我們是他們的孩子。」

「我不覺得他們說的是抓我們的那些生物。」艾迪說。

「也許不是，不過他們是這麼說的。」席德回答。

我後來沒再見到艾迪或席德。艾迪的妹妹偶爾會和我聯絡。我知道艾迪結婚了，有對雙胞胎兒子，名字叫愛德華和席德尼。艾迪最近被選為部落委員會的一員，他還在繼續教籃球隊。席德仍然在教數學和足球隊。他最近和一位南達科塔州的女孩訂婚了。艾迪的妹妹告訴我，兩人不曾再提過目擊事件。

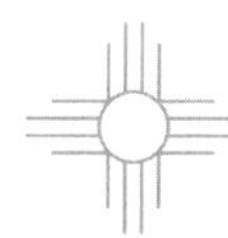

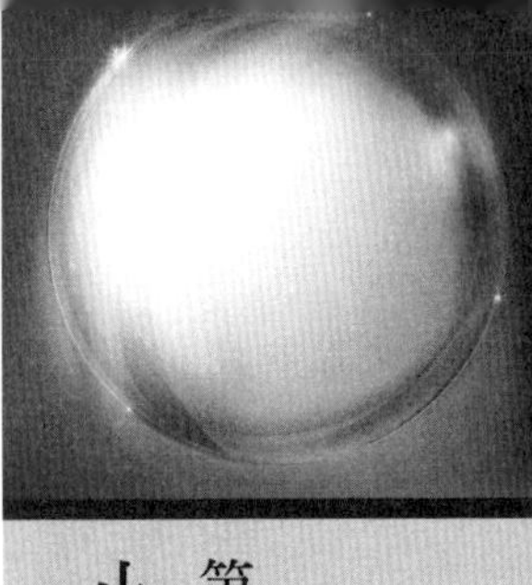

第二十四章
小小人就是星人

北美原住民有很多關於「小小人」的傳說。這些小小人住在山上、森林裡或岩石堆附近。五大湖區各族的岩石雕刻裡的小小人有角，並且以獨木舟代步。切羅基族認為有三種小小人：岩石人（Rock People）、月桂人（Laurel People）和山茱萸人（Dogwood People）。岩石人愛報復，還會偷小孩。月桂人會胡鬧，很頑皮。山茱萸人會幫助人，會用草藥療癒。

在北方平原上，有幾個部落也有關於小小人的故事。烏鴉族印第安人認為普萊爾山（Pryor Mountains）是神聖的，因為有小小人住在那裡保護族人。即使到了今天，族人仍然在醫療石（Medicine Rock）那裡為小小人獻上貢品。

本章敘述的是一位黑腳族印第安人（Blackfeet Indian）的故事，他在臨近冰川國家公園（Glacier National Park）的山上，追蹤小小人雪上的足跡。

湯姆

我到蒙大拿的第一個星期就認識湯姆了。他是大學研究所碩士班的學生。我和他還有他太太，後來成為很親近的朋友。我問湯姆，他的族人是否有關於小小人、幽浮或外星人的故事，他微笑告訴我族裡有許多關於小小人的故事，但只有一次他自己也在故事裡。

「那是我十歲時候的事。」他開始說：「我會記得是因為我那時第一次擁有腳踏車，我可以騎去上學。某天早上，我醒來後發現正在下雪。這表示我得走路去學校了。我並不在意走在雪地。爺爺說雪是偉大神靈用來蓋住世上所有醜陋的神奇白色粉塵，所以當我打開門，看到外面下雪時，心裡很興奮。」

我的秘書這時端了兩杯咖啡走進來，湯姆暫停了說話，等到她離開才繼續：「那天早上，我離開家，出發去學校，走著走著就決定今天不去學校了。為了避免被警察或老師看到，我走到小巷子，往鎮的西邊去。我想我可以躲過大家，白天在森林裡，然後放學時間再回家，不會有人知道。在那個時候，大多數人都沒有電話，學校也無法打電話到家裡查。我第二天早上會請字寫得很好看的女生幫我寫一張請假單，這樣就不會有人知道我逃學了。」他停下來喝口咖啡。「如果你知道去哪裡的話，剛下雪的時候有很多很棒的東西可以看。」

「我那天的經驗就很棒。」他又喝一口咖啡。「我往山上的路必須經過老狼的家，他有可能跟我爸爸說我逃學，但我想只要我動作夠快，他應該不會看到我。就在我要偷溜過他家土地後面時，我聽到他說山裡有小小人。從我有記憶起，我就從部落長老那裡聽說過小小人。我知道幾百年來他們一直在我們住的山裡出現，但我從未見過。有很多故事說小小人會綁架小孩子，這些孩子就再也找不到了。因此老狼的警告讓我停下了腳步。」

「別的部落也有類似故事。」我說。

「就在我站在那裡，在決定該怎麼做的時候，老狼過來了。他帶我到穀倉後面，指給我看小小的足跡，大概是我的腳的一半大。他說：『這就是他們的足跡，一路往山上去。如果你想看看，讓我吃完早餐，我就跟你去。』我沒有頂嘴，我跟著他繞過穀倉，進了他家。」

「他問我：『你吃過了嗎？』我搖頭說沒有，他邀我一起吃他的小麵包、果醬和咖啡。我們吃飽後，他穿上大衣，我跟在他後面，一起上山。我們爬得很慢，他用他的拐杖一一指出雪地上的每個小腳印。偶爾，他會停下來喘氣，或指著兔子的足跡、鹿的大便或郊狼的足跡。我們經過茂密的森林，往上爬了兩英里後，他停下腳步，警告我前面樹林會有一片空地。他提醒我：『那裡就是他們降落的地方。如果我們不要他們看到我們的話，我們就必須非常安靜。』我們像山貓一樣，幾乎是用肢體仆俯前進，我們躲在樹後，仔細注意四周狀況和聲音，警戒著小小人的出現。我們終於通過了森林，蹲在空地邊的一塊大岩石後面。沒有任何人的蹤影。當老狼確定我們很安全後，我們繼續跟隨小小人的腳印來到一個很大的圓形禿地。那裡像是有個什麼東西讓雪融化，而且留下了一個完美的圓形。」

「你是說有艘太空船留下了一個光禿禿的圓形地？」我問。

「老狼是這麼說的。他們會來這塊草原，因為人們很少上山。他們很享受山上的空氣和風景。」

「你有沒有看到他們坐太空船來去的其他證據？」我問。

「噢，有。老狼有指出他們的足印，足印直接到圓形區域，然後就沒有了。他給我看圓圈裡被燒過的草，他認為是太空船造成的。」

「你對這樣的景象有什麼感覺？」我問。

「我覺得很榮幸能看到很少人看過的情景。我看待老狼的眼光從此不同了。我瞭解他和小小人有關聯，雖然他看起來在保護我，事實上，他也是在保護他們。」

「他有沒有跟你說小小人從哪裡來？」我問。

「他告訴我小小人回家了，我得等到下一次才能看到他們。他才這麼一說，我就瞄到天空有個金屬東西。我往那個方向看過去，藍天上有艘太空船。它被太陽照到反光。太空船在天際消失後，我們沈默地慢步回到山下。我回家前，跟老狼先生一起吃了甜玉米和早上剩下的麵包當午餐，下午我幫他劈了木柴。」

「所以你相信小小人就是星人嗎？」我問。

「我們一直都相信小小人從外星來。古早時候，他們和印第安人和平共處。他們幫助我們。但後來發生了些事，他們便回到外星的家，很久沒有回來。他們是離開又回來之後，才開始綁架小孩的。」他停了一下，微笑著說：「之後的每年，第一次下雪的那天我都會逃學。雖然我會看到小腳印，然後跟著腳印一路到山上的空地，但我從來沒有看過小小人。老狼和我總是一起去。」

「老狼先生還在世嗎？」我問。

「我念高三的時候，我們最後一次一起上山。四個月後，我被徵召入伍。我去老狼家道別，我們都知道我要去越南了。我們一起吃甜玉米和麵包當午餐，他告訴我，現在他可以到『另一邊』而不用擔心了。他說：『他們只綁架小孩。』他是在用自己的方式告訴我，我現在是成年人了。直到現在，每年第一次下雪的時候，我都會請一天假，爬山去找小小人。有時我會看到他們的足跡。我從來沒有看到小小人，但我知道他們在那裡，就像我知道，每年秋天，當我上山的時候，老狼都在我身邊教我關於森林以及黑腳族的一切。有時候，你不需要看到才知道存在。」

這些年來，湯姆告訴我許多他和星人的故事，但這個小男孩在雪中追蹤小腳印的故

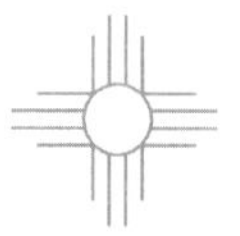

事最令人難忘。如果說我在尋找幽浮和星人經驗的過程中，學到了任何事的話，那就是湯姆所說的：「你不需要看到才知道存在。」

第二十五章
旅行彈珠的故事

關於幽浮和外星人，已過世的知名懷疑論者菲利浦·克拉斯（Philip Klass）曾說：「……我們人類很愛收集紀念品，雖然如此，這些（曾經到太空船上的）人卻沒有一個帶回任何東西，例如外星的工具或物品。如果有，就可以一次解決這個爭議了。」也有其他人指出接觸外星人的說法缺乏實質證據。

我也發現，在幽浮的報告中，從未有過人類送禮物給星人的紀錄。本章的故事因而益顯珍貴。

艾文和欣西亞／莉蒂亞和哈洛

「他們是守護者。」當我坐在他的廚房，喝著黑咖啡，從盒子裡拿檸檬餅乾吃的時候，艾文這麼告訴我。他的妻子欣西亞正在水槽那邊忙，一面洗盤子，眼睛還注意著鍋子正在煎的鹿肉。艾文和欣西亞結婚四十二年了，他們經常很有默契地幫彼此接話。他們有四個孩子和九個孫子女，一家住在互助計劃低收入戶的五英畝社區裡，這樣的社區在北方平原很常見。一位親戚告訴他們我在收集目擊幽浮的故事，他們便邀我去做客。

「這是我爺爺告訴我的。」艾文起了頭：「他說我們從星星來，我們也會回到星星去。我們的祖先住在外星，注意著我們。他們是看護這個星球的人。我們相信銀河是星人創造出來的道路，指引我們如何回到天上。有時候他們來這裡觀察我們，有時候他們帶我們去拜訪外星。這已經進行了幾百年了。」

我問：「你跟星人有過接觸嗎？」艾文往後坐，靠著椅背，看著欣西亞。她轉身看他，給他一個肯定的眼神。

「我們兩個都看過不只一次。」艾文繼續說：「有時候他們來湖裡取水。他們就只是飄浮在湖面上，你可以看到湖水升起來。很像下雨，只是倒了過來。水不是一滴一滴，而是很寬的一股湖水被吸進太空船底下。這很難形容。有時候他們會降落在湖附近。我們兩人都看過。他們從來不接近屋子。我們兩個都曾經站在前廊，看著他們；他們就在太空船外面走來走去，好像在檢查外面的結構。」

「你的家人或朋友曾經看過他們嗎？」我問。

「我們的小孩看過。」欣西亞邊說邊坐到桌前。「他們過了一陣子就看得很習慣了。對他們來說，這很正常。」

「你曾經和別人討論過你的經驗嗎？」我問。

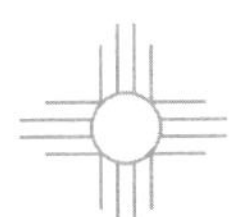

艾文笑了。「印第安人一向就跟星人有關。幽浮或所謂的外星人的經驗不會嚇到任何人。只有電視和科幻頻道在編造不是事實的東西。對我們而言，外星人不是外星人。他們就是我們。他們是我們的祖先和守護者。他們注意我們並且照顧我們。」他說。

「你為什麼從沒告訴別人這些經驗？」我問。

「我們是很驕傲的人。每件我們知道並告訴了白人的事，都會被扭曲或利用。當我們告訴他們我們的歷史，他們說那只是傳說。當我們告訴他們我們的古老傳說，他們根本不在意或不相信。那我們為什麼要告訴他們幾百年來我們和星人的特殊關係呢？他們會說只是傳說。我們有我們的秘密，有時候最好不要說出去。」

「你為什麼選擇把你的故事告訴我？我無法保證我一定會寫一本書，即使寫了，也不知道是否有人會出版。」我問。

「我想要把星人的事說個清楚。大家都很困惑，不知道真相是怎樣。即使是保留區裡的孩子，也是受到電視的影響比族人歷史的影響來得大。我們不需要害怕星人。他們是人類的祖先。他們是我們的守護者。而且，我們想要把我們的故事告訴一個尊重印第安人的人，一個自己人。我們不是要出名。我們只是要讓別人知道這些事確實發生了，不論政府是怎麼說的。星人可以隨意來去地球，我們根本制止不了他們。我們的武器完全無法抵擋他們，可是，他們也從來沒有用武器對付我們。他們並不想攻擊地球。他們對我們有興趣只因為我們是他們的子孫。如果你以後沒出書，那也沒關係。至少你知道

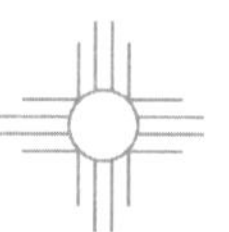

了真相，而且你也可以告訴別人。」

吃過了鹿肉、洋芋泥加肉醬和青豆的晚餐後，艾文和欣西亞帶我去湖邊看星人最喜歡的降落地點。「我想他們知道他們在這裡很安全。我們最近的鄰居在十二英里外。沒有多少人會經過這裡，除非是來找我們。我們是保留區最邊緣的房子了。如果你一直沿這條路往下走，你就出了保留區了。這不是保留區裡大家喜歡走的路，如果能選擇的話，他們才不要開在碎石子路上呢！」艾文說。

就在我們站在湖邊，享受著水面吹來的微風時，他們的大女兒莉蒂亞帶著兩個女兒來了。她帶了些自己養的雞所下的蛋和自己種的蕃茄給父母。他們介紹了我和我來此的目的，莉蒂亞對我微笑，說她和她的弟弟哈洛曾經試著和星人溝通。

「他們降落在湖附近，離那些樹很近。」她指著種在土地西邊的防風林。「那天爸媽不在家。我不記得他們去哪裡了，也許是在田裡工作吧。小時候，爸爸種乾草和苜蓿給馬和牛吃。那天，星人來了，是在快黃昏的時候，但還有日光。哈洛和我看到他們降落。我們決定去湖邊，看看可不可以跟他們說話。我們到了後，站在太空船外面。我們很耐性的等，直到一扇門打開，兩個小的星人出來。我記得我有揮手，小小的揮。他們其中一個也揮揮手。哈洛走向他，給了他一顆彈珠。接著他們兩個就轉身，回到太空船裡。星人把哈洛的彈珠留著了。我們好興奮，一路跑回家。到了前廊的時候，我們回頭看到太空船升空，往西飛去。」

「很有意思。外星人帶走彈珠離開了。」我說。

「對。後來哈洛和我夏天晚上都會坐在外面，想著不知道他的彈珠在哪裡了。我們會為『在太空旅行的彈珠』編故事。我在圖書館找到一本關於天文的書，我們學會認不同的星座，背星星的名字，挑戰彼此說關於星人和旅行彈珠的故事。小孩子的玩意兒，其實。」她停下來，給五歲女兒喝水。「那些日子真好玩。但願我的孩子能有那麼簡單的生活。那時是好日子。」她接著說。

我看著她擁抱她的父親，她母親臉上的表情則告訴我，她多麼以這個女兒為傲。

「我一直到幾個星期後才知道他們做了什麼。」欣西亞說：「我們總是跟孩子說，星人是守護者，他們看護我們。我們跟孩子解釋他們不該干預星人在這裡的任務。當然，艾文告訴了孩子他爺爺說的故事。可是我們從沒想到他們會去跟星人接觸。我們從來沒教他們要害怕，所以他們就只是好奇，孩子嘛！」

「我還會想到那顆彈珠。哈洛也是。」莉蒂亞說：「上個週末我們才講到了呢！我們那時候多天真啊。從小爸媽就教我們要大方，於是哈洛就把自己最喜歡的彈珠送給星人。」

我請她描述這些太空訪客的樣子，她說個子比一般印第安人來得小。「他們很小，可能只有五呎高。粉紅的皮膚，穿一件式的深褐色緊身衣，緊身衣把頭也蓋住了，像有兜帽一樣，衣服很貼身，就好像是身體的一部分。他們看來很嬌弱，身體很瘦，沒有人類女性的胸部，所以我假設他們是男的。他們一直沒說話，也沒發出聲音。我只記得這樣了。」

「我聽過的目擊者都說他們的皮膚是白的，從來沒有說是粉紅的。你確定是粉紅？」

「是粉紅的，不是白的。」

「眼睛呢？」我問。

「我不知道。他們戴著看起來很奇怪，像是圓球狀的眼鏡。我記得心裡還在想，我想要一副。」她沉默了一會兒，好像在回想。「我們有仔細的看了太空船。我們繞著它走，在數一共有幾步。一圈是一百四十四步。我們當時是九歲和十歲，所以步伐會比一呎短，但那個太空船還是很大，它是圓形的，霧銀色，看起來沒有門，後來門開的時候，我們都嚇了一跳。門的地方像個V字，就這樣向兩旁打開了。關上之後，看不出有門。太空船像是完整的一體成型。我們看不到裡面。裡面沒有露出光，沒有窗戶。太空船很漂亮。我記得心裡還希望他們邀我們進去看看。」

我和這家人又多聊了一個小時，才跟著莉蒂亞回鎮上。我們在冷飲店停下來，我說要請她和孩子們吃冰淇淋。莉蒂亞同意了，還說要請哈洛也過來。她用手機打電話給他，十分鐘內，哈洛便開車到了。

他看到我們坐在戶外的野餐桌前，他點了一客香蕉船，走過來加入了我們。孩子玩耍的時候，莉蒂亞向哈洛介紹我，問哈洛是否願意分享他和星人祖先的經驗。他遲疑了

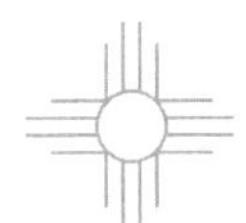

一下，莉蒂亞跟她說沒有關係。她解釋她在他們父母家遇到我，我在收集印第安各族的目擊證詞。

「這一定表示你沒問題。」他邊說邊伸出手，握手後，他開始吃他的香蕉船。「我不知道他們說了什麼，但我會告訴你我記得的部分。爸媽總是教我們星人和我們之間的血緣。我們經常會看到星人從天空降落在我家附近。爸總是說我們家對他們來說很安全。有一天，爸媽去鎮上了，我記得莉蒂亞和我單獨在家。他們把弟弟約翰和凱斯也帶去了。」

「我想你是對的。」莉蒂亞插話，「我告訴你他們可能在田裡，可是哈洛說的才對。我現在記起來了，我們從學校回來，他們留了一張字條，說他們帶凱斯去看醫生。」

「沒錯，」哈洛說：「我記得我們還因為不能跟去鎮上而不開心。」

「然後我提醒你凱斯生病了，他們沒辦法，只好把我們留下。」

「她總是最聰明、最有智慧的一個。」他笑著說。

「我年紀最大呀！」她說。

「總之，我們那時在餵豬，給他們新鮮的水喝。那是我們的工作。」哈洛接著說。莉蒂亞點頭。

「突然間，他們降落在湖邊。那個黃昏很溫暖，很棒的黃昏，我想是五月。學校還沒放暑假，但天氣已經暖了。」

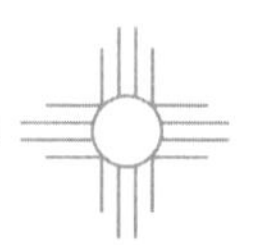

「我不記得是幾月。」莉蒂亞說。

「我記得是五月，因為那時候學校男生都會帶彈珠去學校玩。之前的土地不是凍僵就是在融雪，太泥濘了。我很確定是五月。總之，那時天還沒黑，我們從學校回到家大概會是五點。坐校車要一個小時。我記得還有陽光，因為太空船會反光，很亮，我必須遮著眼睛，有好幾次根本看不清楚。」

「對。我記得陽光照在太空船上。」莉蒂亞附和。

「我告訴莉蒂亞我要過去。她不是很確定，但她跟我一樣好奇。我們到了那裡，沒看到任何人。我記得我們繞著太空船走，數著步伐。然後我們就站在那裡，等著看看有沒有什麼事發生。忽然，門開了，兩個星人從太空船裡出來。他們站著看我們，好像他們不知道要拿我們怎麼辦。我記得我有對他們揮手。我想你也有揮手。」他指著莉蒂亞說。「第二個出來的人也向我們揮手。我走向他，給了他我的幸運貓眼彈珠。他收下後看了看，然後合上手，回到太空船，太空船就飛走了。」

我問他記不記得那個黃昏的其他事。他說他和莉蒂亞爭論是否要告訴爸媽。他們決定不說，怕惹上麻煩。後來他們還是忍不住告訴了父親。

「我們總是在編關於彈珠的故事，想像它可能旅行到哪個星球去了。我到現在還會想到。莉蒂亞一直沒原諒我送給星人一顆彈珠。她說她也希望自己有送他什麼，讓他帶到星際去。」他暫停下來，給外甥女吃了一口正在融化的香蕉船。「後來我們還看過他們很多次。事實上，我想我們上次看到他們是……上個月？八月？」他問莉蒂亞。莉蒂亞點頭，同時幫五歲女兒擦掉手上的冰淇淋。「莉蒂亞和我有時候會去幫忙爸媽做事。他們不年輕了，但還是什麼都自己來，所以我們會去幫忙收割。那晚，他們來了，從湖裡取了水。天很暗，太空船飄浮在湖面上，然後升空，飛走了。」

我問他們的弟弟凱斯和約翰有沒有看過星人。哈洛回答：「噢，有。他們兩人都看過。凱斯住在北達科他州，他跟我說了好幾次，說他在那邊也看到幽浮。」

「約翰住在亞利桑那州。」莉蒂亞接著說：「我們說他是『受教育的那個』。其實我們都有學位，只是書沒有約翰念得多。他是博士。他太太是亞利桑那人，她不喜歡保留區，所以他不常回家。」

我問他們會不會告訴孩子們星人的故事，他們倆都點頭。

「這是我們的責任，教導孩子傳統的生活方式和真相。星人是我們的真相之一。」哈洛肯定地說。

在這之後，我又見了哈洛和莉蒂亞幾次。他們兩個人都在社區擁有專業職位。欣西亞和艾文繼續住在自己的農場。莉蒂亞最近離婚了，打算搬回去和父母住。

就像哈洛和莉蒂亞，當我站在後院看著星星時，我也經常想到「旅行的彈珠」，它會在哪裡呢？同時間，我也想著一個小男孩的天真和慷慨；他把他最寶貝的收藏送給了來自太空的訪客。

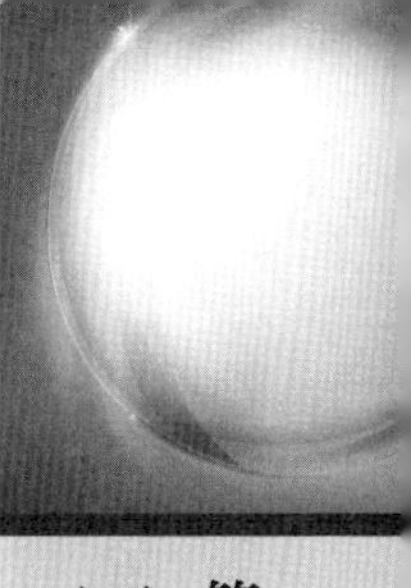

第二十六章 四位警察的證詞

在星人與警察的接觸案例當中，其中最有名的一件發生於一九六四年四月二十四日的新墨西哥州索科羅（Socorro）。三十一歲的資深警官龍尼・查摩拉（Lonnie Zamora）在追逐一輛超速汽車的過程中，聽到一聲很大的聲響，接著就看到遠處出現一團藍色和橘黃色火焰。他的第一個念頭是附近的火藥庫爆炸了。他用無線電聯絡總部，告知他要前往調查。就在快抵達目的地時，他看到一個橢圓形的發亮物體。他描述這個物體大約有汽車那麼大，沒有窗戶，沒有任何入口，不明物體的側面有紅色圖案。他還說看到兩個生物穿著白色連身服在物體附近走動。根據他的報告，這兩個生物個子很小，大約是小孩的身高。就在他用無線電告知總部他要更前近查看時，其中一個生物看到他，然後兩個生物都快速進入太空船。他還沒來得及靠近，就聽到引擎聲大作，不明物體升空，飛走了。

不久後，幾個警察和調查人員到了現場。他們發現很深的降落痕跡並且拍了照存證。他們也發現腳印，以及降落處附近彎折和燒焦的灌木叢。

龍尼·查摩拉是受過訓練的警官。本章的警官當事人也跟查摩拉一樣，受過觀察和客觀報告的專業訓練。

艾拉

艾拉警官和我在幫派預防計劃案合作。四十多歲的他是兩個青春期兒子的單親家長。他在警界很有名，別的警官都很尊敬他，因為他遇到危機向來能保持冷靜。我約了艾拉吃午飯，討論一個關於「終止暴力」的活動。講著講著，他提到上個週末有個有趣的經驗。

「我參加過波灣戰爭，」他解釋：「見過各種軍機，但從未看過上週末在路上看到的飛行器。我不是工程師也不是飛行員，但我覺得它的速度破了所有紀錄，它的操作性也令人無法置信。它可以快速轉變方向、減速，然後加速到你無法想像的速度，全都在一秒鐘內發生。」

「你看到的時候，你是單獨一個人嗎？」我問。

「我兒子傑可布和威爾森都跟我在一起，我們那時剛看完籃球賽，正在回家的路上。」

「你跟那個物體距離多遠？」

「有那麼一刻，它飛過馬路，就在我們前面，它飄浮在路面上。我慢下車速，準備

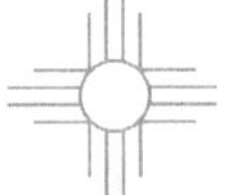

隨時調轉車頭，往反方向開。這時它又衝過馬路，對著山丘傾斜飛行，然後高速上升，任何飛機若是以那個速度上升，一定會熄火的。真是不可置信。」

「你看到公路上有其他人嗎？」我問。

「公路上當時沒有其他的車。」

「有些人認為幽浮是氣象氣球或大氣的變化。有了這次目擊經驗之後，你對那麼說的人有什麼看法？」

他笑了：「我想他們需要戴眼鏡。但事實是，我有點憤怒。政府應該不要再對人民撒謊。我們需要知道真相。我看到的不是飛機，不是氣象氣球，也不是大氣逆溫層的變化。它是太空船。如果我們不是那些人的朋友，我們需要跟他們做朋友。」

「你是說，我們應該和這些太空訪客交朋友？」我問。

「絕對的。」

「你跟任何人說過這次的接觸嗎？」

艾拉點頭：「我有兩位好朋友。湯尼．龍門和傑克．史巴若。他們都是警官。我們會互相說心事。我們都是單身父親。我有兩個兒子，湯尼有三個兒子，傑克有一個女兒。他們兩個也有過接觸。當他們提出目擊報告時，別的警官毫不留情的取笑他們，稱他們是『小綠人巡守』，然後每天早上問他們幽浮和小綠人的事。」他停頓了一下。「我不能保證什麼，可是我可以問他們是否願意說他們的故事。他們已經很怕被取笑了。」

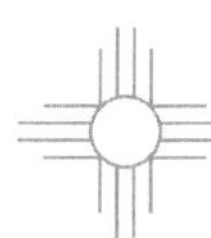

第二天，我去警察局找艾拉，他告訴我湯尼和傑克願意跟我說他們的經歷。我們走到艾拉的警車，他用無線電呼叫他們。他們同意下午五點下班後在旅館大廳見我。

湯尼與傑克

他們準時出現，向我介紹自己。湯尼建議我們開車到飲料店喝一杯。「我們可以坐在戶外的桌子，這樣比較私密。」

「我們不喜歡在有人能聽到的地方談論這件事。」傑克解釋說：「剛發生的時候，我們告訴了其他一些警官，他們到現在還在取笑我們看到小綠人的事。」

「這個稱呼會一直跟著我們到墳墓。」湯尼插話，「可能我們的孩子都會被說成是『小綠人巡守的孩子』。這裡的取笑很不留情面。這是文化的一部份，可是我不需要這樣的文化。」

我們決定離開旅館去外面會合，不到五分鐘，湯尼便開著警車停在我的速霸路車子旁。湯尼和我選了一張野餐桌，傑克去幫大家點巧克力奶昔。

「那是去年秋天發生的事。」湯尼邊說邊遞給我一杯巧克力奶昔。「我們在東邊狩獵。天開始暗了，我們決定回到車上。是傑克先看到的。」

「我看到它飛越山丘出現，停下來，然後又消失在山丘後面。」傑克說：「我確定它

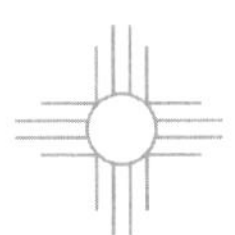

降落了。湯尼一開始根本不相信我，因為沒有半點聲音。然後他看到亮光，知道那邊一定有些什麼。幾分鐘後，我們決定過去看看。」

「我們很快就發現它了。」湯尼說。

「你可以描述它的樣子嗎？」我問。

「圓形的，太空船底下有白光。」湯尼說。

「也有紅光。」傑克補充。

「沒錯。我看到四個紅燈。」湯尼說。

「太空船附近有任何活動嗎？」我問。

「有兩個人，穿著暗色的衣服。他們出了太空船，繞著它走。我不知道他們在做什麼。我們帶著來福步槍，討論要不要抓他們回來，這樣我們就有證據了。可是我們想，那會讓很多調查局的人跑來保留區。我們可不想看到這種情形。於是我們就只是躲起來，觀察他們。」傑克說。

「以我的觀察，他們沒有傷害任何東西或任何人，」湯尼說：「他們就是四處走動，查看他們太空船的外觀。我沒有看到任何武器。如果能夠證明幽浮的存在當然很好，我也不在意當那個提出證明的人，但是我告訴傑克，當白人來到這個國家時，有些人抓了印第安人展示，好像印第安人不是人似的。」

「我們不希望像那樣，我們獵鹿，不獵外星人。」傑克說。

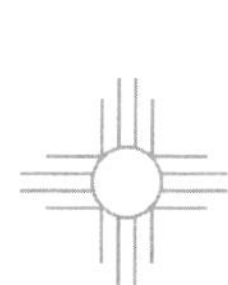

「而且我們是警官。」湯尼接著說道：「後來我們去了一個部落儀式，儀式後，我們見了巫醫，跟他談到這件事。巫醫告訴我們，自古以來，星人一直在造訪我們，他們是和平的生物，無意傷害我們。」

「巫醫說白人並不相信星人，」傑克說：「而印第安人向來都知道他們來造訪地球。」

「你們觀察了多久？」我問。

「十或十五分鐘。我們回到車上時已經過了七點。」

「你們離開的時候，他們還在嗎？」

「不在了。我們待在那邊，直到他們回到太空船，升空離開。才幾秒鐘他們就消失了。」

「他們離開之後，我才明白我有多興奮。我可以聽到自己的心跳。我這時候才真正意識到我們看到了什麼。」傑克說。

「有位朋友也是警官，他在碎皮尖山那邊也有類似經驗。那是在東邊。我們可以問他願不願意跟你說。」湯尼表示。

「我不確定他會願意。我們互相發誓保密的。布萊特知道我們的下場，他不希望別的警官知道他也有過目擊經驗。」傑克說。

「他不像我們這麼凶悍，我們臉皮比較厚。」湯尼笑著說。

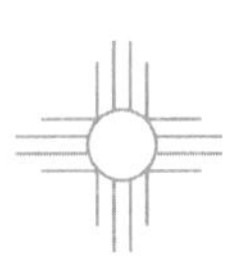

我仔細看著湯尼，他的眼神出賣了他說的話。湯尼和傑克都被目擊經驗影響了，但主要是來自同事的取笑，而不是外星人。

布萊特

那天晚上，我接到布萊特警官的電話。他同意見我，談談他的經驗，只要我不揭露他的真實姓名就好。我們約好了第二天下午五點，他下班的時候見面。

布萊特走出小貨車介紹自己，並邀我上他的車子。他說：「我想，你或許想去碎皮尖山看看，貨車比轎車更適合開在碎石子路。」

我們朝東方開，我問：「這是你第一次接觸太空船嗎？」

「我還是小男孩時，我爸爸經常帶我沿著河邊狩獵。星人以前就是在那裡留下訊息給我們的祖先。我不懂為什麼他們不再來了。我甚至不知道為什麼我會記得這些事。父親跟我說這些故事已經是很久以前的事了。」

「你的父親還在嗎？」我問。

「是的。他現在和我一起住。他一直非常努力保持他的獨立性。他現在九十五歲了。但有時，我們還是要接受命運的安排，也盡量把自己的人生過好。我想這點他做到了。」

「你可以跟我說說你的目擊經驗嗎？」我問。

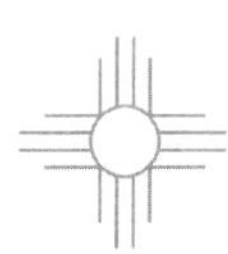

「我記得日期，二〇〇四年的四月十三日，我生日那天。梅阿姨幫我做了生日大餐。我開車來這邊調查，因為有牧場的人說有東西嚇到他們的牛和馬。我回去時已經很晚，我看到一艘太空船飛過我前面的公路，然後飛到小尖山後面就消失了。我慢下車速，想要等它再出現，但它沒有出現。」

「太空船有多大？」我問。

「非常大，直徑至少六十呎，高度也許有四十或五十呎，底下有一閃一閃的紅色燈光，當它飛越公路，周遭都蒙上了一層紅色，包括公路、岩石和樹木。它沒有聲音，可是當它飛過我的車子，我車子的燈變暗了，我還以為會熄滅，但後來又變得比之前更亮。」

「太空船不見時，你的反應如何？」我問。

「我把車子停在路邊，走出車子。我想聽聽看有什麼聲音。我看著夜空，又看了地平線，我想要找到它，可是什麼都沒有。我決定爬過小尖山，看看那邊有什麼。」布萊特這時慢下車速，然後把車開到路邊。

「我當時大概就是停在這裡。」他邊說邊把車子平行停靠在碎皮小尖山旁邊。「你要走一走嗎？」

我走出貨車，跟著他。十五分鐘後我們到了那個小尖山。他說：「我繞過這邊，」他帶引我到山的另一邊。「我大概是在這裡看到光，我很小心地前進，直到可以看到整個

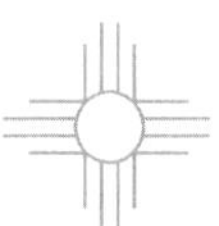

太空船。有四個很像人的生物在太空船下面移動。他們看起來像是在檢查，確定太空船沒有問題。那個景象真的很不可思議。我站在那裡好幾分鐘，就在觀察眼前的景象。然後我決定走出去，到他們能看到的視線範圍叫他們。結果我這麼一做，他們就迅速回到太空船，立刻飛走了。我在心裡回憶這一幕回憶了幾千次。我在想，我當時是不是應該保持安靜，也許那樣子我就可以發現些什麼。也或者我應該就安靜的走過去，不要叫他們，這樣他們就不會被我嚇到了。總之，這就是我的故事。就是這樣。我在回程時一直掙扎要不要報告這件事，最後我決定閉嘴不說。我必須照顧我爸爸和四個女兒，我不希望有人認為我的家庭壓力太大而要我休長假，我可沒辦法承擔。」

「你認為印第安事務局會這麼做嗎？」我問。

「絕對會的。最糟糕的是，我是伊拉克退伍軍人，我可不希望任何人認為我有創傷後壓力症候群。我可能會失去工作。我就聽說過我的小組裡有人發生這樣的事。不，當遇到這種事，最好就是不要說。」

「你回想那個晚上，你到了太空船降落地點的時候，有沒有細看那個太空船？」我問。

「它很大。非常大。它一直沒有碰到地面，就是飄浮在那裡，離地三、四呎。它照在地面的光看起來像是白天一樣。我沒有看到任何標誌。我們喜歡到處插旗子，我那時想要找有沒有什麼旗子。它沒有窗戶。我想它是深灰色的，可是我是在太空船的光線籠罩下看的，而且又是晚上。」

「有門嗎？」我問。

「太空船下面有個艙口還是什麼的。這些生物一看到我就進到太空船裡，飛走了。」

「你可以描述你看到的生物嗎？」

「可能不是很仔細。他們大概四呎高。我會這麼說，是因為他們可以在太空船下面自在的走動，如果是我就不可能，我是五呎十吋。他們的衣服很合身，他們看起來像人類。膚色很淡，也許是白色或淺灰色。他們的頭跟身體相比，頭很大，然後手臂很長。這是我記得的。」

「你還想得起別的嗎？」我問。

「我記得我不怕他們。我看到太空船覺得很興奮。我知道他們不屬於地球，我知道自己目擊的是我父親跟我說過的星人。」

「你後來有沒有再回到這裡？」我接著問。

「我第二天就回來了。我停了車，走到事發地點，可是沒有半點證據顯示他們曾經在這裡。我走遍了整個地區尋找蛛絲馬跡。什麼也沒有。」

後來我又跟布萊特聊過幾次。他的父親仍然會說星人的故事。布萊特告訴我，無論是上班還是下班後，他總是會特別注意夜空。

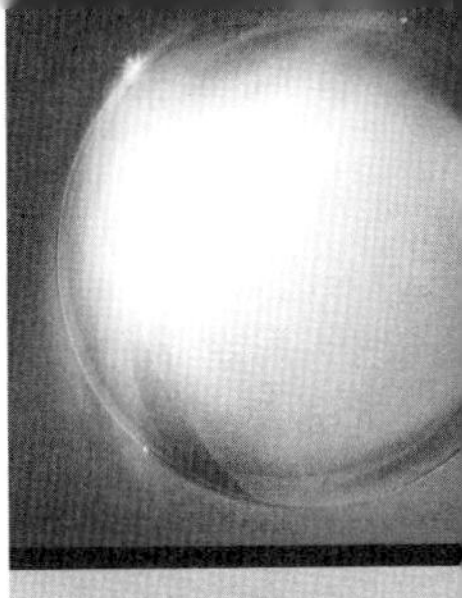

第二十七章
星人搭便車

在幽浮研究者間，流傳著一些搭便車的人遇到幽浮的故事。其中一個較有名的案例是一九六五年的艾克斯特接觸（Exeter Encounter）。一位年輕人在搭便車時，遇到幽浮。由於他在附近農莊無法得到協助，一對年長者讓他搭便車，帶他到附近的警局。他和兩位很受地方信任的警官一起回到事發原地，並且再度目擊幽浮出現。

本章則是一位載到星人的駕駛的難忘經驗。

達科塔

某個黃昏，我在亞利桑那州的琴利遇到達科塔。就在我走進旅館時，他朝我走來，問可不可以跟我聊聊。他解釋他有目擊經驗，想跟人談談。我們在幾乎無人的餐廳裡找了個安靜的桌子，點了冰茶。

我們點飲料的時候，我問他：「你是這裡的人嗎？」

他回答：「我事實上是來自南達科他州。我拿了電腦學位，開了自己的小公司，我幫想要建立電腦系統的部落政府提供現場服務。我很幸運，拿到學位的時候，保留區剛開始進入科技時代。我的公司是唯一提供這種服務的印第安人公司，所以生意很好。一開始只有我一個人，現在公司有十位員工到各保留區巡迴協助。」

「所以你常常到西南部來？」

「每個月都來。」他回答。當女服務生把冰茶放到我們面前時，他停頓了一會兒。女服務生走遠到聽不到我們說話時，他才繼續：「事情發生的地點在琴利和窗戶石（Window Rock）之間。那時差不多半夜了，是一個又下雨又下雪的晚上。那條路入了夜就很黑，而且有時候從對面上坡開來的車燈會讓你一下子什麼也看不到，所以我開得很慢。我看到路邊有個人影，我停下車來。你知道的，如果你看到一個印第安人走在路邊，你會停車載他一程。你會想，這是保留區，大家都是兄弟。你永遠都要幫助自己人。」

「我瞭解。我也做過同樣的事。」我回答。

「當時我不知道他是外星人。」他說。

「你是說，你載了外星人一程？」

「對。我認為他是外星人。可是我在停車的時候，以為他是印第安人。」

「但是你現在認為他是外星人？」

「我不但認為，我知道他是。」

「你何時發現他是外星人的？」我問。

「當他進到車子，我注意到他的衣著不是印第安人會穿的。這邊的印第安人穿牛仔褲、牛仔外套，加上T恤或襯衫。那晚很冷。窗戶石和琴利之間在下雪，他沒有穿外套。他穿的像是連身長褲，可是布料很奇怪。在儀表板的燈光下好像會發光。我問他要去哪裡，他沒說話，就只是指著前方。」

「你有沒有覺得這一點很奇怪？」

「我不是納瓦霍族，他們的文化比較不一樣。他們比我們和你們的部落更封閉。我起初以為是因為他不認識我，所以不想說話。」

「你什麼時候覺得他是外星人的？」

「如果你開過窗戶石和琴利這段路，就會知道這路上有很多上下坡。當時天很黑，雨裡還混雜著雪。在某個路段，我到了上坡，我以為是對向來的卡車車燈讓我暫時看不見任何東西。但突然間，我的車子熄火了。前面的燈變得靜止不動。我以為前面有車禍發生。這時我只是擔心自己的車子熄火了。我的車在路中央，外面又正在下雪。我擔心後面的來車也會因為強光看不見而撞上我的車。我試著重新發動引擎。我的乘客走出車子，走進了強光。一會兒之後，他和另一個人過來，打開車門，要我跟他們走。」

「你有什麼想法？」

「一開始，我以為是在開玩笑。然後我覺得我沒有選擇。不但如此，我還覺得自己沒了意志力。」

「那車子怎麼辦？」我好奇的問。

「他們說沒關係。」

「他們有跟你說話嗎？」

「我不確定。我就只是知道沒關係。」

「他們帶你去了哪裡？」

「他們帶我到太空船上。」

「你可以描述他們的樣子嗎？」

「當我發現自己身在太空船時，我很興奮。我聽說過有人被綁架到太空船上，可是從來沒想到會發生在我身上。我想問各樣的問題，但我被放在一個房間，裡面還有其他的印第安人，我想是納瓦霍族。他們把我留在那裡。沒有人說話。我試著跟旁邊的人交談，但他們完全沒理我。現場只有我不在出神狀態。」

「你可以描述綁架你的人嗎？」我又問。

「他們和我一樣高，但比我瘦很多。他們穿全身式的緊身衣，胸前有個銀色三角形。他們看起來像人類。」

「看起來像印第安人嗎？」

「不。他們的皮膚比較白。我記得看到他們的手，手指很長很白。」

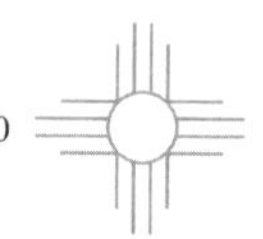

「你記不記得你在太空船上發生了什麼事？」

「我不知道。有人進來把我從一群人的房間帶到另一個房間，那裡只有我一個人。這時候我開始擔心自己的安全。我想逃走，但他們阻止了我，甚至根本沒有碰到我。」

「沒有碰到你是什麼意思？」

「我也不確定。我在走廊跑，然後忽然就被『定』在原處了。我動不了，我不知道為什麼會這樣，我很害怕。我想就是在那個時候我意識到他們有控制權，抗拒根本沒用。之前我以為我比他們強壯，因為他們很瘦。我錯了，他們讓我很無助。後來我就不記得發生什麼事了。我只記得光，很強的光。」

「你有受傷嗎？」

「沒有。接下來我就回到車上了。我轉動鑰匙，引擎立刻發動。我開到琴利，住進旅館。第二天早晨，我的脖子很僵硬，左手臂很酸。但我想那是因為我有掙扎，也或者是睡覺時壓到了。」

「現在你有時間思考，你認為是發生了什麼事？」我問。

「我認為我在路上讓一個外星人搭了便車，我還以為自己載的是納瓦霍人。我認為我們到了他的太空船之後，他們可能告訴我什麼事都沒有發生，也許清除了我的記憶，但沒有成功。我還記得主要的經過。這教會了我一件事。以後讓陌生人搭便車的時候要更謹慎了。」他哈哈大笑。

「還有呢？」

「我一向好奇外太空，不知道外太空有沒有生物。現在我知道外星人確實存在。當我聽到幽浮時，我不會再對說的人那麼批評了。如果我把這件事說出去，可能會丟了我的合約。當我告訴你我的故事時，你會覺得我瘋了嗎？」

「不，我不覺得你瘋了。」我問。

自從在琴利跟達科塔聊過後，我又見了他幾次。他有過另外兩次接觸。每一次，他們都會帶他到太空船上，他會有大約四小時的時間不見了。他從來沒能抗拒得了他們。近來，他只肯在白天開車。他說他不想半夜三更再遇見太空訪客了。

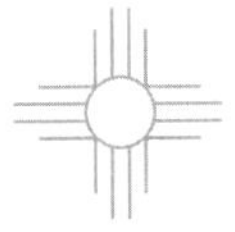

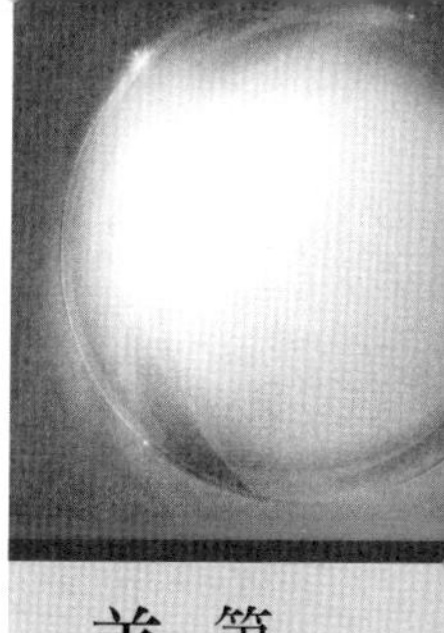

第二十八章 美國印第安人和宇宙的連結

一九七〇年代見證了美國印第安人和外星人間的強烈連結，這些觀點改變了大家對聖地的態度，各種印第安人的精神也受到歡迎。幾乎一夜之間，原住民的聖地成為與外星祖先相關的神秘心靈力量的中心，而美國印第安人的靈性也紮根於太空訪客所創的優越古文明和科學中。

大家對歐洲神秘地點的古老知識產生興趣與研究是源自巨石陣。學者注意到巨石的位置與太陽的升落起降和至點有關。美國考古學家也指出中南美洲和美國都有類似排列的地點，譬如懷俄明州的大角醫藥輪（Big Horn Medicine Wheel）、伊利諾州的卡霍基亞遺址（Cahokia）和新墨西哥州的恰克山峽遺址（Chaco Canyon），這些地方都呈現出精密的天文知識。六〇和七〇年代，天文考古學和幽浮的研究興起。在這個時期，太空訪客和古老的考古遺址被聯想在一起。艾利希・馮・丹尼肯（Erich von Däniken）就認為古代馬雅和印加文化裡存在著幽浮的證據，大家因此對古老外星人和星人的連結感到興趣。拉科塔部落的學者小汎・底勞瑞亞（Vine Deloria, Jr.）將這個概念更進一步拓展，他認為傳統的美國印第安故事或許並不只是和創造有關的傳說，而是原住民對宇宙的集體記憶。

美國印第安人和星人

世界上許多原住民都有跟星人有關的神秘習俗和儀式。正如美國印第安部落，大部份的原住民將這些傳統視為宗教的一部份，或至少是古老歷史的一部分。其他族裔則相信他們的祖先來自外星，並經常與星人交流和合作。隨著對世界各地古老遺址的新詮釋，原住民和星際的連結逐漸浮現。最著名的就是霍皮族的神話，它詳細描述了三個古老世界的毀滅，以及被某種不明力量所驅動的「飛行盾牌」的戰爭。到了一九五五年，末世預言開始在霍皮族人間擴散。這些預言的主要來源就是一群霍皮族的傳統主義者，他們不但在霍皮族出了名，在外界也頗聞名。

當人類在一九六九年登陸月球，一位霍皮族人告訴有名的霍皮族預言研究者羅伯．克萊門（Robert Clemmer）：「霍皮族曾經去過月球。如果他們到處看看，就會找到我們的石刻了。」來自聖塔克拉帕布羅（Santa Clara Pueblo）的提瓦（Tewa）長老荷西．露切羅（Jose Lucero）告訴作家南西．紅星（Nancy Red Star）：「人們說被綁架，我們則說他們來拜訪我們。」一九七〇年，霍皮族長老丹．卡強瓦酋長（Dan Katchongva）宣布幽浮與霍皮族宗教的連結。這位霍皮長老談到未來，他認為在淨化之日（Day of Purification），來自其他星球的太空旅者將把族中的忠實信徒帶到宇宙更安全的地方。根據卡強瓦的說法，亞利桑那州米宋諾維（Mishongnovi）附近的一個古老石刻就是他們宗教信仰的核心；這個石刻上刻有圓形飛行物體和一位霍皮族女性。

其他部落也有許多代代相傳的古老起源故事，這些沒有被現代文化詮釋的故事一直被忽略。或許，星人、幽浮和美國印第安人之間的真正連結，便是存在於這些原始的故事裡。

雖然大眾並不熟悉傳統神話和傳奇，但在八〇年代和九〇年代早期，部落和星人淵源的故事卻陸續冒了出來。雖然這些故事少了霍皮族神話裡的現代詮釋，但仍然是呈現古代知識與星人關聯的好例子。譬如，切羅基族的故事提到星人為切羅基人創造了地球。易洛魁族（Iroquois）和切羅基族相信「雷人」（Thunderer）的超自然力量。在某個故事裡，有位年輕人跌斷了腿，被朋友拋棄在山溝。醒來時，他發現四個穿著像雲一般長袍的人。他問他們是誰，他們說是「雷人」，是來保護他的。其他族也有類似故事。阿岡昆族（Algonquin）的一個故事提到有個很大的籃子從天而降，上面有十二位美麗的女子。許多人認為這個籃子就是現代的幽浮。黑腳族印第安人的故事則說到一個女人愛上早晨的太陽，並被接到天上生活。波尼部落（Pawnee）的斯基迪人（Skidi）會根據恆星和行星的位置設計屋子與村落。他們的創世神話提到火星是紅色的晨星戰士，金星是女性，是黃昏之星。火星與金星結了婚，生下人類。克里族（Cree）聲稱他們以精神體的形態來自星辰，然後在地球上擁有了血肉之軀。塞米諾爾族（Seminole）的故事說到飛行到天上，拜訪偉大的神靈。斯諾夸爾米族（Snoqualmie）的故事則說到兩位姐妹許願天上的兩顆星星能成為她們的丈夫。當她們醒來時，她們已經在天上的世界，而星星成為她們的男人。姊姊生了個小孩叫星孩（Star Child），她把孩子帶回地球，大家稱他為變形者（Transformer）。星孩在地球上會運用自己的宇宙力量改變或轉化世界。

塔尼可（Tanico）的圖拉（Tula）印第安人是「馬納塔卡（Manataka）的守護者」。馬納塔卡是阿肯色州的聖山，族人認為星人就是來此造訪。這個地方也是卡多（Caddo）、瓜泡（Quapaw）、奧塞治（Osage）、土尼卡（Tunica）和波尼族人的聖地。圖拉族說，馬納塔卡山裡有七個水晶洞。中央的水晶洞裡有一顆很大的水晶石，上面有星人的訊息。大多數的西南部落將聖路易山谷（San Luis Valley）裡的布蘭卡山巒（Blanca Massif）視為「東方的聖山」。納瓦霍族認為星人乘飛行的豆莢來到此處。波尼族則有個故事敘述一個叫帕荷卡它瓦（Pahokatawa）的人以隕石的模樣來到地球。當他被敵人殺死之後，神祇從天上下來使他復活。帕荷卡它瓦教導波尼族，當很多隕石落下，並不代表是世界末日。

星人和小小人

許多部落都有關於小小人的故事。這些小小人住在地面或來自外星，他們會綁架婦

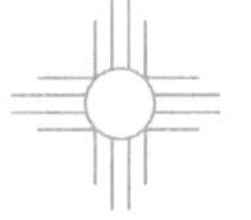

女和孩童。當切羅基人搬到了現在的美國東南部時，他們發現新的土地上有小小人居住。這些小人住在地底下，而且相當文明。他們的眼睛很大，對光線非常敏感。有的故事說他們有藍色的皮膚。切羅基人稱他們為「月人」。切羅基人口中的藍色小人並不是指住在森林裡的小小人（Yunwi Tsunsdi）。後者經常出現在切羅基人的傳統故事裡。幽浮的研究者傑克斯・瓦利（Jacques Vallee）描述小小人如何綁架孕婦跟年輕母親。他也提到小小人有時會綁架孩童，還會留下自己的孩子替代。族人稱這些孩子為暗中被偷換而留下的醜怪小孩（Changelings）。其他族則提及神祇從天而降，使偏僻鄉村的女人懷孕，並讓她們撫養星人的孩子直到六歲，然後神祇會回來把孩子帶走。許多部落都提到小小人喜歡綁架婦女和孩童。

隨著我在美國各地旅行，訪問曾與幽浮或星人有過接觸的美國印第安人，我知道了向來只在家族中代代傳遞的秘密。當然也有其他每個印第安人都知道的秘密，族人只是不說而已。里戈伯塔・門楚（Rigoberta Menchu）知道這些秘密，她便寫道：「我還在守著我身為印第安人的秘密。我還在守著我認為無人知曉的秘密。即使是人類學者或知識份子也……無法知曉我們所有的秘密。」本書就是述說印第安人與星人接觸的秘密，在此之前不曾被說出的故事。

關於說故事的人

當我在寫這些多年來收集到的故事時，我是照著他們當初跟我說的方式寫的。這些故事並不能代表所有的訪談記錄或全部內容。為了簡明扼要，我篩選了其中一些對話。研究結果顯示，說故事的人並不是比一般人更「靈性」，雖然其中許多是部落中受人尊敬的長者。跡象顯示，許多當事者對這些經驗保持開放的態度，因為他們聽過關於星人的傳說，而這可能讓他們更容易接受與星人接觸的事。有些人並不是那麼願意說，因為擔心家人或族人的責備。然而他們指出，他們想分享自己的經驗，主要是希望讓不明白星人造訪意義的人能夠多些瞭解。

他們告訴我故事的前題是：我必須幫他們保守秘密，不透露他們的真實身份。每位訪談對象都不想因此出名。通常，這些人聽說了我在進行這方面的研究，因而主動找到我。有些個案則是透過我熟悉的親友介紹。我並沒有把某些我認為當事人身份可能曝光的故事放進書裡，有幾個故事因為有此可能而沒被收錄。書中所有的當事人都是美國印第安人。每一位都是由我親自進行訪談。四分之三的當事人住在美國十五州的保留區裡。其中沒有任何一位有心理或人格異常的徵狀，或是異常的行為模式。有些早期的研究者因對象具有這些特質而認為外星人綁架並非真實事件。我的研究顯示，這些訪談對象不但是負責任的社會成員，同時也是誠實的個體，他們不說謊或作假。大部份的人除了最親近的親友之外，從來沒有跟別人分享這些經歷。

受訪者中，將近百分之三十的人受過大學教育，有專業的工作，譬如老師、警官、部落的行政人員。百分之二十五是受人尊敬的長老。其他則擁有各種教育程度，有的是高中中輟生，有的上過一些大學課程。這些受訪者中，百分之七十八的人有工作。

陳述者中，有的以幽默的口吻說自己的故事。其中一位從小就不斷被綁架的個案說：「當你能對某件事笑的時候，你就不會哭了。我是被綁架者，但我也是別的身份。即使是在糟糕的日子裡，我仍然是兒子、叔叔、哥哥、處理少年犯的警官、朋友和一個好人。」他大笑，然後看著我說：「你可能不想在我狀況好的時候見到我。我簡直是魅力無窮。」因為我也是印第安人，我可以瞭解他的幽默。別人則可能會完全誤解了他的意思。

本書所有的見證者都呈現了清楚和可信的故事。所有的人都有很強的自我認同感，也有很堅強的宗教信仰，無論是基督教或美國印第安信仰。大部份的接觸者是天主教徒，但他們也會參加印第安人的宗教儀式。所有憶起的經歷都沒有透過催眠技巧的引導。其中只有一位曾有酗酒的紀錄。其他人不酗酒、不嗑藥，也不是正在戒酒或戒毒。大部份的受訪者害怕他們的身份和故事如果被主流媒體披露，他們會被其他族人嘲弄。更重要的是，受訪者都害怕可能為保留區引來媒體的注意。

全部的受訪者都同意，只要我讓他們保持匿名，我就可以用他們的故事進行研究或著作。我答應他們，如果有一天我寫了美國印第安人和星人的書，收入的十分之一將捐贈作為美國印第安學生的大學獎學金。這項獎學金在蒙大拿州立大學已經成立了。

感謝詞

一本書結束時，習慣上都要感謝出過力的每一位。像這樣的一本書，更是有許多應該感謝的人，然而他們的名字卻沒有在書中出現，尤其是那些告訴我故事的人。我答應過要讓他們匿名，但他們的故事並不因此而比較不重要。由於他們願意與我分享他們的故事，這本書才得以出版。

我要感謝在我研究期間，支持我的所有人。如果我個別感謝，可能會連帶導致說故事者的身份曝光。你們知道你們是誰，你們也知道我心裡永遠對你們存著感激。

我很高興有機會在此向兩位週三寫作小組的成員致謝：蘭迪・雷德奇（Randy Radke）和瓊・歐布萊恩（Joan O'Brien）。謝謝他們的支持與寶貴的建議。

我也要特別感謝好友梅根・春天（Megan Spring）的意見與鼓勵。

我最要感謝的就是我的編輯派崔克・修吉（Patrick Huyghe）。他對本書從一開始到最後的支持都無可比擬。

最後，我要特別感謝我的丈夫基普・史奇蓋爾。感謝他一直在我身邊提供洞見與支持。

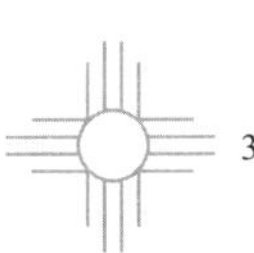

宇宙花園 18

遇見外星人

ENCOUNTERS WITH STAR PEOPLE

作者：阿迪・六殺手・克拉克（Ardy Sixkiller Clarke）

譯者：丁凡

出版：宇宙花園

通訊地址：北市安和路1段11號4樓

e-mail：gardener@cosmicgarden.com.tw

編輯：宇宙花園

內頁版面：黃雅藍

印刷：金東印刷事業有限公司

總經銷：聯合發行股份有限公司　電話：(02)2917-8022

初版一刷：2015年7月　　定價：NT$ 390元

ISBN：978-986-91965-0-5

ENCOUNTERS WITH STAR PEOPLE by Ardy Sixkiller Clarke

國家圖書館出版品預行編目資料

遇見外星人：美國印第安人的幽浮接觸實錄 / 阿迪．六殺手．克拉克（Ardy Sixkiller Clarke）著；丁凡譯. -- 初版. -- 臺北市：宇宙花園, 2015.07　面；　公分. --（宇宙花園；18）

譯自：Encounters with star people : Untold Stories of American Indians

ISBN 978-986-91965-0-5（平裝）

1.傳說 2.印第安族 3.美國

539.552　　104010624